高等职业技术教育"十二五"规划教材

计算机基础知识及基本操作技能

（第2版）

主 编 杨 桦 肖祥林
副主编 巫 强 廖崎兵 杨 康 赵 玲
主 审 陈 斌 王 华

西南交通大学出版社
·成都·

```
图书在版编目（CIP）数据

　　计算机基础知识及基本操作技能：第2版/杨桦，
肖祥林主编. — 成都：西南交通大学出版社，2014.7
（2021.7重印）
　　高等职业技术教育"十二五"规划教材
　　ISBN 978-7-5643-3218-1

　　Ⅰ.①计… Ⅱ.①杨… ②肖… Ⅲ.①电子计算机－
高等职业教育－教材 Ⅳ.①TP3

　　中国版本图书馆CIP数据核字（2014）第167917号
```

高等职业技术教育"十二五"规划教材
计算机基础知识及基本操作技能
（第2版）

主编　杨　桦　肖祥林

责任编辑	王　旻
特邀编辑	王玉珂
封面设计	墨创文化
出版发行	西南交通大学出版社 （四川省成都市二环路北一段111号 西南交通大学创新大厦21楼）
发行部电话	028-87600564　028-87600533
邮政编码	610031
网　　址	http://www.xnjdcbs.com
印　　刷	成都中永印务有限责任公司
成品尺寸	185 mm × 260 mm
印　　张	17
字　　数	426千字
版　　次	2014年7月第2版
印　　次	2021年7月第12次
书　　号	ISBN 978-7-5643-3218-1
定　　价	38.00元

图书如有印装质量问题　本社负责退换
版权所有　盗版必究　举报电话：028-87600562

第二版前言

一、关于本书

本书根据教育部考试中心颁布的《全国计算机等级考试一级MSOffice考试大纲（2013年版）》，在第一版教材的基础之上进行了重新编写，内容紧扣新大纲的要求，完全适应考生的需要。

二、本书特点

本书在内容编排上，结合了第一版的特点，以"入门—训练—实践"为主线，让学习者能更加容易地掌握该教材上的知识。本书以培养读者的实际操作和应用能力为最终目的，主要特点体现在重点突出、编排合理、语言简练、实例示范性强。

三、内容结构

本书内容包括计算机基础知识、Windows 7操作系统的功能和使用、字表处理软件Word 2010的功能和使用、电子表格Excel 2010的功能和使用、演示文稿PowerPoint 2010、计算机网络的基础知识等。

本书第1章由肖祥林老师编写，第2章由赵玲老师编写，第3章由廖崎兵老师编写，第4章由杨康老师编写，第5章由巫强老师编写，第6章由杨桦老师编写，全书由杨桦、肖祥林老师负责统稿，陈斌教授、王华副教授主审。

四、适用对象

本书不但可供参加全国计算机等级考试的考生使用，同时本书强调技能与实践，也可作为各高等职业院校相关专业的学习教材。对从事计算机方面教学和科研的教师、科技人员，本书也有一定的参考价值。

由于时间仓促，篇幅有限，书中不足之处在所难免，请广大读者批评指正。

编　者

2014年5月

第一版前言

一、关于本书

自从原国家教委于 1994 年推出计算机等级考试以来，它已经有效地推动了计算机基础知识的普及工作，为社会培养了一批又一批熟练运用计算机和软件技术的专业人才。今天，计算机信息技术已经被许多部门列入必备的专业知识和技能。

本书是根据国家教育部考试中心最新制订的《全国计算机等级考试考试大纲》中一级 MSOffice 考试大纲要求，结合作者多年从事教学和应用软件开发的实践经验编写而成的。

二、本书特点

本书在内容编排上，不但注意计算机知识的启蒙作用，更注重内容的实用性和易掌握性，以培养读者的实际操作和应用能力为最终目的。本书重点突出、编排合理、语言简练、实例示范性强。

三、内容结构

本书内容包括计算机基础知识、计算机系统的组成、操作系统的功能和使用、字表处理软件 Word 的功能和使用、电子表格 Excel 的功能和使用、演示文稿 PowerPoint、计算机网络的知识以及工具软件的使用等。

本书介绍的内容都是社会上最实用的技术，体现了"在保证内容的完整性和科学性的前提下突出实用性"的原则。

本书第 1、5 章由雷菡老师编写，第 2、3 章由张雪峰老师编写，第 4 章由赵玲老师编写，第 6、7 章由韩宝安老师编写，全书由杨桦老师负责统稿，陈斌教授主审。

四、适用对象

本书不但可供参加全国计算机等级考试的考生使用，同时也可供大、中专院校学生和各级各类人员学习计算机应用基础者使用。对从事计算机方面教学和科研的教师、科技人员，本书也有一定的参考价值。

由于时间仓促，篇幅有限，书中不足之处在所难免，请广大读者批评指正。

编 者
2011 年 5 月

目 录

第1章 计算机基础知识 ... 1
1.1 计算机概述 ... 1
1.2 数制与编码 ... 8
1.3 微型计算机系统的基本组成 ... 15
1.4 微型计算机硬件系统 ... 17
1.5 多媒体计算机 ... 24
1.6 计算机软件系统 ... 25
1.7 计算机病毒 ... 32
本章小结 ... 36

第2章 Windows 7操作系统 ... 38
2.1 Windows 7概述 ... 38
2.2 Windows 7的基本操作 ... 45
2.3 Windows 7的文件和文件夹管理 ... 54
2.4 Windows 7的控制面板 ... 64
2.5 其 他 ... 71
本章小结 ... 75

第3章 Word 2010文字处理软件 ... 76
3.1 Word 2010概述 ... 76
3.2 Word 2010基本操作 ... 81
3.3 Word 2010文档的编辑 ... 86
3.4 Word 2010文档排版 ... 92
3.5 Word 2010表格排版技术 ... 109
3.6 图文处理 ... 122
3.7 页面设置与打印 ... 131
本章小结 ... 140

第4章 Excel 2010电子表格 ... 142
4.1 Excel 2010概述 ... 142
4.2 Excel 2010的基本操作 ... 149
4.3 Excel 2010的图表操作 ... 169
4.4 Excel 2010的数据处理与分析 ... 174
本章小结 ... 191

第 5 章　PowerPoint 2010 演示文稿 192
5.1　认识PowerPoint 2010 192
5.2　PowerPoint 2010使用基础 195
5.3　模板和母版的应用 204
5.4　美化演示文稿 215
5.5　动画制作 221
5.6　演示文稿的打印 233
本章小结 237

第 6 章　计算机网络基础知识 238
6.1　网络的产生和发展 238
6.2　网络的定义和功能 240
6.3　网络的分类 242
6.4　网络的构建 246
6.5　Internet基础与应用 250
6.6　IE浏览器及电子邮件 257
本章小结 265

参考文献 266

第 1 章 计算机基础知识

在当今社会，计算机的应用已相当广泛，涉及从科学计算到工农业生产，从通信技术到文化教育，从电子商务到家庭娱乐等各个领域。电子计算机是 20 世纪科学技术最卓越的成就之一，它的出现引起了当代生产技术和社会、生活的巨大变化，正在成为人们现代生活中不可缺少的工具之一。本章主要介绍计算机的发展简史、几种数制及其相互转换、计算机系统组成、多媒体以及计算机病毒等基础知识。

知识目标：
- 了解计算机的基本概念与不同分类
- 了解现代电子计算机的发展简史
- 知道计算机的特点及应用领域
- 了解数的编码并掌握常用数制间的转换
- 理解字符与汉字的编码
- 掌握计算机系统的组成
- 了解多媒体计算机的组成
- 掌握计算机病毒的定义、特点及分类

技能目标：
- 掌握二进制数、十进制数及十六进制数的转换
- 掌握计算机系统的组成，能够区分系统软件与常见应用软件
- 学习病毒的相关知识，掌握病毒的定义及特点

1.1 计算机概述

1.1.1 计算机及其分类

【知识点】

计算机、个人电脑

【相关知识介绍】

在通常用语中，计算机一般指电子计算机中的个人电脑，如图 1.1 所示，是一种能够按照指令对各种数据和信息进行自动加工和处理的电子设备。在学术性或正式场合，计算机（Computer/Calculation Machine）是各种计算设备的总称。

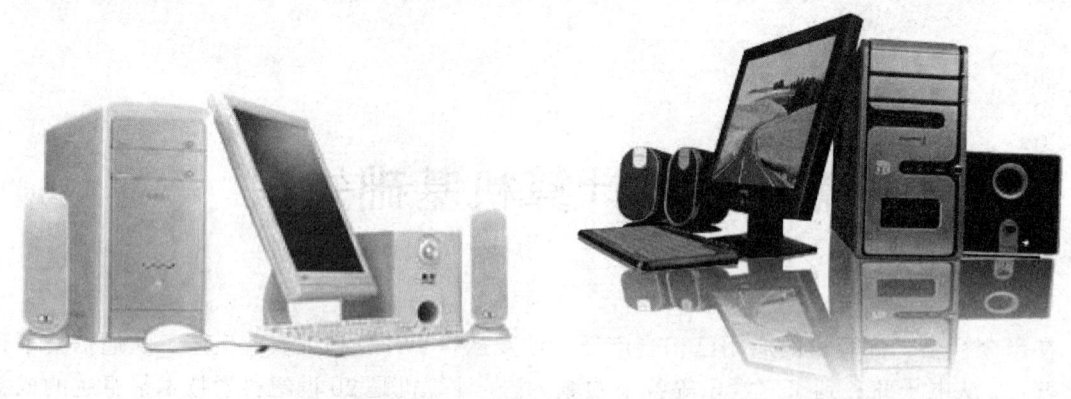

图 1.1　通常用语中的计算机

依照不同的标准，计算机有多种分类方法，常见的分类有以下几种。

1. 按处理数据的类型分类

按处理数据的类型不同，计算机可分为数字计算机、模拟计算机及混合计算机 3 类。

1）数字计算机

数字计算机是通过电信号的有无来表示数据，并运用算术和逻辑法则进行计算，它具有运算速度快、计算精度高、灵活性大和便于存储的特点，适合科学计算、信息处理、实时控制、人工智能等应用。

2）模拟计算机

模拟计算机是通过电压高低来表示数据，即通过电的物理变化过程来进行数值计算，在模拟计算和控制系统中应用较多，但其信息不易存储，应用不及数字计算机普遍。

3）混合计算机

混合计算机（hybrid computer）是可以进行数字信息和模拟物理量处理的计算机系统。混合计算机一般由数字计算机、模拟计算机和混合接口 3 部分组成，其中模拟计算机部分承担快速计算的工作，而数字计算机部分则承担高精度运算和数据处理，同时具有数字计算机和模拟计算机的特点：运算速度快、计算精度高、逻辑和存储能力强、存储容量大和仿真能力强。随着电子技术的不断发展，混合计算机主要应用于航空航天、导弹系统等实时性的复杂大系统中。

2. 按使用范围分类

按使用范围大小的不同，计算机可以分为专用计算机和通用计算机。

专用计算机就是专门为某种需求而设计的，不能作他用，它具有运算速度快、计算精度高、运行效率高的特点。通用计算机适用于一般的应用领域，通常人们所说的"计算机"就是指通用计算机。

3. 按性能分类

依据计算机的主要性能（如字长、存储容量、运算速度、外部设备等）进行分类，可分为超级计算机、大型计算机、小型计算机、微型计算机、工作站和服务器 6 类。这也是常用的分类方法。

1）超级计算机

超级计算机又称巨型计算机或超级电脑，人们通常把最大、最快并且最贵的主机称为超级计算机。它主要用于气象、太空、能源和医药等领域与战略武器研制中的复杂计算，世界上只有少数几个公司能生产超级计算机，例如美国 Cray 公司生产的 Cray-1、Cray-2、Cray-3，我们国家自行研制的"银河"、"曙光"和"神威"机等，它们对尖端科学、战略武器以及社会和经济模拟等新领域的研究都具有极其重要的意义。

2）大型计算机

大型计算机又称大型电脑，它包括通常所说的大型机和中型机。一般只有大中型企事业单位才有足够的财力和人力去配置和管理大型主机，并以这台大机器及其外部设备为基础，组成一个计算中心，统一安排对主要资源的使用。例如美国 IBM 公司生产的 IBM360，370，4300 以及 9000 系列。

3）小型计算机

小型计算机又称小型电脑。由于它价格低廉，适合中小型企事业单位。例如 DEC 公司的 VAX 系列、DG 公司的 MV 系列、IBM 公司的 AS/4000 系列。

4）微型计算机

微型计算机又称微型电脑，简称 PC，如台式机、笔记本电脑、便携机、掌上电脑、PDA等。目前，微型计算机已广泛应用于学校、单位和家庭。人们通常所说的计算机主要指微型计算机。

5）工作站

工作站与高档微机之间的界限并不是十分明确，而且高性能的工作站正接近小型机，甚至接近低端主机。但是，工作站毕竟有它明显的特征：运算速度通常比微型机要快；使用大屏幕、高分辨率的显示器；有大容量的存储器，而且有较强的网络通信功能。它主要应用于计算机辅助设计、图像处理及计算机网络领域。

6）服务器

服务器主要是通过网络对外提供服务。相对于普通的 PC 来说，它对稳定性、安全性、性能等方面都有更高的要求。

1.1.2 计算机的发展

【知识点】

计算机发展阶段

【相关知识介绍】

自从人类文明形成，人类就不断地追求先进的计算工具。远在我国古代，人们就为计数和计算发明了算筹、算盘等工具。在西方，1625 年，英国人威廉·奥特发明计算尺。1642年，法国数学家帕斯卡发明机械计算器，用机械代替了人的思考记录，标志着人类开始向自动计算工具领域迈进。

1854 年，英国逻辑学家、数学家乔治·布尔设计了一套符号，表示逻辑理论中的基本概念，并规定了运算法则，建立了逻辑代数，为现代计算机采用二进制奠定了理论基础。

1936 年，英国数学家图灵发表论文，给出了现代电子计算机的数学模型，从理论上证明了通用计算机产生的可能性。

1945 年，美籍匈牙利数学家约翰·冯·诺依曼首先提出在计算机中存储程序的概念，奠定了现代计算机的结构理论基础。

一般来说，人们习惯按照使用电子器件的不同，将现代计算机的发展分为电子管、晶体管、集成电路、大规模及超大规模集成电路四代。

1. 第一代计算机（1946—1957 年）

1946 年，世界上出现了第一台电子数字计算机 ENIAC（Electronic Numerical Integrator and Calculator，电子数字积分器和计算器），如图 1.2 所示。该计算机是由美国宾夕法尼亚大学莫尔电工学院制造的，它的体积庞大，占地面积约 170 m^2，质量约 30 t，消耗近 100 kW 的电力。过去需要 100 多名工程师花费 1 年才能解决的计算问题，它只需要 2 h 就能给出答案。

图 1.2　第一台电子数字计算机 ENIAC

ENIAC 机的问世具有划时代的意义，表明计算机时代的到来，在以后的 40 多年里，计算机技术发展异常迅速，在人类科技史上还没有一种学科可以与电子计算机的发展速度相提并论。以 ENIAC 为代表的第一代计算机，用电子管作为基本电子器件，使用机器语言和汇编语言，主要应用于国防和科学计算，运算速度每秒几千次至几万次。

2. 第二代计算机（1958—1964 年）

1954 年，美国贝尔实验室研制成功第一台使用晶体管线路的计算机，取名"催迪克"（TRADIC），装有 800 个晶体管。晶体管电子计算机的诞生，是第二代电子计算机的标志，如图 1.3 所示。只要几个大一点的柜子就可将它容下，运算速度也大大提高了。第二代电子计算机以晶体管为主要器件，软件上出现了操作系统和算法语言，运算速度每秒几万次至几十万次。

图 1.3 第一台使用晶体管线路的计算机"催迪克"

3. 第三代计算机（1965—1970 年）

1959 年 2 月 6 日，来自曾开发出第一台晶体管收音机的 TI 公司的基尔比（J. Kilby），向美国专利局申报专利"半导体集成电路"。在此之后出现的计算机是第三代集成电路计算机。第三代计算机普遍采用集成电路，体积缩小，运算速度每秒几十万次至几百万次。由于采用了半导体存储器作为主存，存储器的容量与速度都有了革命性的突破，系统软件也在这个阶段有了很大发展，并且出现了计算机高级语言，如 BASIC、PASCAL 等。

4. 第四代计算机（1971 年至今）

从 20 世纪 70 年代开始，进入了计算机发展的最新阶段。到 1976 年，由大规模和超大规模集成电路制成的"克雷一号"，标志着计算机进入了第四代，它以大规模和超大规模集成电路为主要器件，运算速度每秒几百万次至上亿次。超大规模集成电路的发明，使电子计算机不断向着小型化、微型化、低功耗、智能化、系统化的方向更新换代。

计算机的发展阶段如表 1.1 所示。

表 1.1 计算机发展阶段示意表

年代 器件	第一代 1946—1957 年	第二代 1958—1964 年	第三代 1965—1970 年	第四代 1971 年至今
电子器件	电子管	晶体管	中、小规模集成电路	大规模和超大规模集成电路
主存储器	磁芯、磁鼓	磁芯、磁鼓	磁芯、磁鼓、半导体存储器	半导体存储器
外部辅助存储器	磁带、磁鼓	磁带、磁鼓	磁带、磁鼓、磁盘	磁带、磁盘、光盘
处理方式	机器语言 汇编语言	监控程序 连续处理作业 高级语言编译	多道程序 实时处理	实时、分时处理 网络操作系统
运算速度	5 千次/秒～ 3 万次/秒	几万次/秒～ 百万次/秒	百万次/秒～ 几百万次/秒	几百万次/秒～千亿次/秒
代表性机型	UNIVAC-I	IBM-7000 系列	IBM-360 系列	IBM 4300/3090/9000 系列

20 世纪 90 年代，计算机向"智能"方向发展，制造出与人脑功能相似的计算机，可以进行思维、学习、记忆、网络通信等工作。

进入 21 世纪，计算机更是笔记本化、微型化和专业化，每秒运算速度超过 100 万次，不但操作简易、价格便宜，而且可以代替人们的部分脑力劳动，甚至在某些方面扩展了人的智能。于是，今天的微型电子计算机就被形象地称作电脑了。

1.1.3 计算机的特点及应用

【知识点】
计算机的特点、应用领域
【相关知识介绍】

1. 计算机的特点

计算机是一种可以进行自动控制、具有记忆功能的现代化计算工具和信息处理工具，它有以下 5 方面的特点：

（1）运算速度快。

计算机的运算速度用 MIPS（每秒百万条指令）衡量，现代计算机的运算速度在几十 MIPS 以上。过去需要几年、几十年才能完成的运算任务，现在只需要几天、几小时，甚至更短的时间。

（2）计算精度高。

计算机内部用二进制数字进行计算，数的精度主要由二进制码的位数决定，位数越多精度越高，因此可以通过增加数的二进制位数来提高精度，现在的计算机一般都有几十位有效数字。

（3）存储容量大，记忆能力强。

计算机的存储器类似于人的大脑，可以"记忆"大量的数据和计算机程序，在计算的同时，把中间结果存储起来，供以后使用。早期的计算机，由于存储容量小，存储器常常成为限制计算机应用的"瓶颈"。今天，一台普通的 PC 机内存能支持运行大多数应用程序。当然，有些数据量特别大的应用，如大型情报检索、卫星图像处理等，仍需要使用具有更大存储容量的计算机。

（4）具有逻辑判断能力。

计算机能够根据上一步的处理结果，运用逻辑判断能力自动决定下一步应该执行哪一条指令。这样计算机不仅能解决数值计算问题，还能解决非数值计算问题，例如信息检索、图像识别等。

（5）能在程序控制下自动地进行工作。

计算机是由程序控制其操作过程的。根据应用的需要，事先编制好程序并输入计算机，计算机就能自动、连续地工作，完成预定的处理任务。计算机中可以存储大量的程序和数据。存储程序是计算机工作的一个重要原则，这是计算机能自动处理的基础。

2. 计算机的应用

计算机早已突破狭义的"计算"范围，成为人类大脑的延伸，被广泛地应用于工业、农业、国防、科研、教育、商业、医疗、通信、日常生活及娱乐等各个领域。其主要应用领域可以分为以下几个方面：

（1）科学计算（数值计算）。

科学计算也称为数值计算，在工程设计和科学研究中存在大量的数值计算问题，这些问题往往十分复杂，计算工作量大，且通常又有很强的时间性，如人造卫星轨迹的计算、房屋抗震强度的计算等。计算机使科学家们从大量繁复单调的计算中解脱出来，得以从事更多的创造性的工作。

（2）信息处理（数据处理）。

信息处理又称数据处理，已占计算机应用的 70% 以上，它主要利用计算机对大批量的数据信息进行加工、分析和处理，如收集、存储、传送、分类、检测、排序等，再筛选出有用的信息。信息处理是非数值计算，与科学计算不同，处理的数据虽然量大，但计算方法简单。

（3）过程控制。

过程控制也称为实时控制，是指利用计算机对工业生产过程进行控制，以便节省劳动力，减轻劳动强度，提高生产效率。

（4）计算机辅助领域。

计算机辅助领域即利用计算机辅助人们完成某一特定的任务。当前计算机辅助系统的应用十分广泛，主要包括以下几个方面。

① 计算机辅助设计（CAD）：利用计算机辅助设计工作，使设计过程实现半自动化和自动化。

② 计算机辅助制造（CAM）：利用计算机控制各种机床进行零件的生产和加工，实现无图纸加工。

将 CAD、CAM 和数据库技术集成在一起，形成 CIMS（计算机集成制造系统）技术，可实现设计、制造和管理的自动化。

③ 计算机辅助教学（CAI）：利用多媒体计算机辅以各种课件进行教学，使教学内容生动、形象、图文并茂，且信息量大。

④ 计算机辅助测试（CAT）：利用计算机对产品质量等方面进行检验测试。

⑤ 计算机辅助工程（CAE）：利用计算机辅助实现对整个生产过程的全面控制。

（5）人工智能。

人工智能也称为模拟智能，它研究用计算机模拟人类"智能"，使计算机具有"推理"、"学习"和"积累经验"等思维能力。人工智能的研究领域包括模式识别、机器证明、专家系统、自然语言理解、机器翻译及机器人等。

（6）网络通信。

网络通信指通过电话交换网等方式将计算机连接起来，实现资源共享和信息交流。它的应用主要有网络互联技术、路由技术、数据通信技术、信息浏览技术和网络技术等。

（7）数字娱乐。

运用计算机网络可以为计算机用户带来丰富多彩的娱乐活动，例如丰富的电影、电视资源、网络游戏等。

（8）嵌入式系统。

把处理器芯片嵌入计算机设备中完成特定处理任务的系统称为嵌入式系统，它的应用主要有消费电子产品和工业制造系统。

1.2 数制与编码

1.2.1 数的表示

【知识点】

数制、常用数制的相互转换

【相关知识介绍】

1. 数制

什么是数制？数制也称计数制，是用一组固定的符号和统一的规则来表示数值的方法。按照进位方式计数的数制叫进位计数制，人们通常采用的数制有十进制、二进制、八进制和十六进制。

讨论进位计数制要涉及 3 个基本问题：数码、基数和位权。

数码：数制中用来表示数据的数字符号。例如，十进制有 10 个数码：0、1、2、3、4、5、6、7、8、9。

基数：数制中使用数码的个数。例如，二进制的基数为 2；十进制的基数为 10。

位权：在进位计数制中，一个数的每个位置都有一个权值，即位权。位权的大小是以基数为底、数码所在位置的序号为指数的整数次幂。

例如：十进制 999.99 这个数中，5 个数码都是 9，但每个 9 代表的值却是不同的。

- 第 1 个数码 9 处于百位，代表 900，它的位权为 10^2。
- 第 2 个数码 9 处于十位，代表 90，它的位权为 10^1。
- 第 3 个数码 9 处于个位，代表 9，它的位权为 10^0。
- 第 4 个数码 9 处于十分位，代表 9/10，它的位权为 10^{-1}。
- 第 5 个数码 9 处于百分位，代表 9%，它的位权为 10^{-2}。

数制基本内容见表 1.2。

表 1.2 数制基本内容

计数制	数码	基数	进位原则	位权
二进制	0~1	2	逢二进一	2^i
八进制	0~7	8	逢八进一	8^i
十进制	0~9	10	逢十进一	10^i
十六进制	0~9 和 A~F	16	逢十六进一	16^i

注：以上 $i=m-1\sim n$，m，n 为自然数，分别代表数的整数、小数部分的位数。

在数制使用时，通常将各种数制用简码来表示：如十进制数用 D 表示或省略，二进制用 B 来表示，八进制用 O 来表示，十六进制数用 H 来表示。十制数 567 表示为：567D 或者 567；二进制数用 1001 表示为：1001B；十六进制数用 D6A 表示为：D6AH。

按权展开式：任一进位计数制都可以表示为各位数码本身的值与其位权的乘积之和，这个式子就称为这个数值的按权展开式。

例如：$6524.25D = 6\times 10^3 + 5\times 10^2 + 2\times 10^1 + 4\times 10^0 + 2\times 10^{-1} + 5\times 10^{-2}$

$$1011.01B = 1\times 2^3 + 0\times 2^2 + 1\times 2^1 + 1\times 2^0 + 0\times 2^{-1} + 1\times 2^{-2}$$

在计算机内部，无论是指令还是数据都是以二进制代码的形式出现的，即便是声音、图形等这样的信息，也必须转换成二进制代码的形式。在计算机中采用二进制有如下优越性：

- 可行性：如果用十进制，就需要用0、1、2、3、4、5、6、7、8、9等不同的10个数码，用电子技术实现这10种状态就很困难。而用二进制，只需用0、1两个数码，要表示两个状态，在电子技术的实现上最为容易。例如，电灯的亮与灭、晶体管的导通和截止等都可以表示为0和1两种状态。
- 可靠性：用二进制数只有两个状态，数字转移与处理就不易出错，可以提高计算机的可靠性。
- 简单性：二进制运算法则简单。以加法为例，二进制加法规则是逢二进一。
- 逻辑性：二进制只有1和0两个数码，可以分别代表逻辑代数中的真值（True）和假值（False），从而为计算机实现逻辑运算和逻辑判断提供了方便。

但是，二进制也有明显的缺点，即数字冗长、书写麻烦且容易出错、不便阅读。所以，在计算机技术文献的书写中，常用十六进制表示数字。

表1.3列出了十进制数0~16与二进制数、八进制数和十六进制数之间的对应关系。

表1.3 二进制数、八进制数、十六进制数与十进制数的对应关系

十进制数	二进制数	八进制数	十六进制数
0	0000	0	0
1	0001	1	1
2	0010	2	2
3	0011	3	3
4	0100	4	4
5	0101	5	5
6	0110	6	6
7	0111	7	7
8	1000	10	8
9	1001	11	9
10	1010	12	A
11	1011	13	B
12	1100	14	C
13	1101	15	D
14	1110	16	E
15	1111	17	F
16	10000	20	10

2. 数制间的转换

（1）其他进制转换为十进制。

方法：将其他进制按权位展开，然后各项相加，就得到相应的十进制数。

例如：　　　　$N = (1011.01)B = (?)D$

按权展开　　$N = 1×2^3 + 0×2^2 + 1×2^1 + 1×2^0 + 0×2^{-1} + 1×2^{-2}$
$$= 8 + 0 + 2 + 1 + 0 + 0.25 = (11.25)D$$

（2）将十进制转换成其他进制。

方法：分两部分进行，即整数部分和小数部分。

① 整数部分转换方法：除基取除法，即把要转换的数除以新的进制的基数，取余数直到商为零，并将所得到的余数倒序排列。

② 小数部分转换方法：乘基取整法，即把要转换的数乘以新的进制的基数，取整数直至乘积的小数部分为零或满足精度为止，并将每次乘以基数后所得到的整数顺序排列。

例如：$(125.625)D = (?)B$

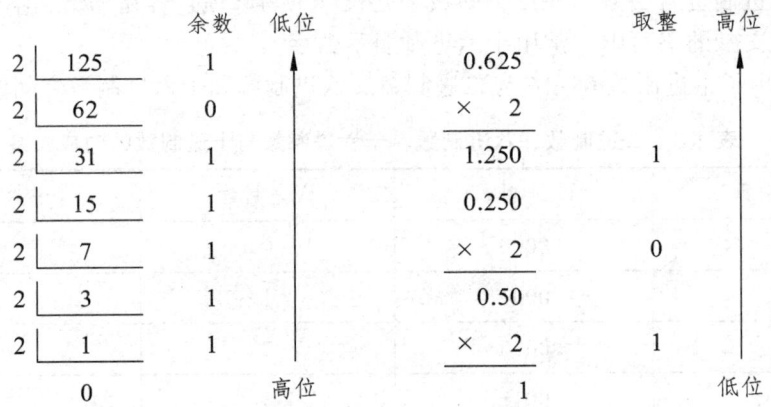

即$(125)D=(1111101)B$　　　　即$(0.625)D=(0.101)B$

转换结果为：$(125.625)D = (1111101.101)B$

（3）二进制与八进制、十六进制的相互转换。

二进制转换为八进制、十六进制时，它们之间满足 2^3 和 2^4 的关系，因此把要转换的二进制从低位到高位每 3 位或 4 位一组，高位不足时在有效位前面添"0"，然后把每组二进制数转换成八进制或十六进制即可。

八进制、十六进制转换为二进制时，把上面的过程反过来进行即可。

例如：　　　　$N = (D6A)H = (?)B$
$$N = (D6A)H = 1101/0110/1010 = (110101101010)B$$

（4）八进制与十六进制的转换。

八进制和十六进制之间不能直接转化，但可以通过二进制间接转化。如八进制要转化为十六进制，可以先把八进制转化为二进制，再由二进制转化为十六进制；同理，如果要把十六进制转化为八进制，可先把十六进制转化为二进制，再把二进制转化为八进制。

1.2.2 计算机内的数据

【知识点】

二进制数的单位、数据类型

【相关知识介绍】

1. 计算机数据的常用单位

由于计算机在内部指令和数据都是采用二进制表示的，因此，计算机系统中信息存储、处理也都是以二进制为基础的。下面介绍计算机内二进制数的单位。

（1）位（bit）：一个二进制位称为位（bit），它是计算机中最小的数据单位。计算机中最直接、最基本的操作就是对二进制位的操作。

（2）字节（Byte）：8位二进制数码编为一组，称为一个字节（Byte），简写为B。

字节是计算机中用来表示存储空间大小的基本容量单位。例如，计算机内存的存储容量，磁盘的存储容量等都是以字节为单位表示的。

（3）其他单位。在实际使用中除用字节为单位表示存储容量外，还可以用千字节（KB）、兆字节（MB）以及十亿字节（GB）等表示存储容量。它们之间存在下列换算关系：

1 B = 8 bit

1 KB = 1 024 B = 2^{10} B 　　　　　　　　　　　"K"读"千"

1 MB = 1 024 KB = 2^{10} KB = 2^{20} B = 1 024 × 1 024 B 　　"M"读"兆"

1 GB = 1 024 MB = 2^{10} MB = 2^{30} B = 1 024 × 1 024 KB 　"G"读"吉"

1 TB = 1 024 GB = 2^{10} GB = 2^{40} B = 1 024 × 1 024 MB 　"T"读"太"

要注意位与字节的区别：位是计算机中最小数据单位，字节是计算机中基本信息单位。

2. 计算机数据类型

数据是一个广义的概念，它涉及事物的表示形式，是构成信息和知识的原始材料。在计算机科学中，一切能被计算机接收、存储和处理的物理符号都称为"数据"，如文字、字符、数字、图片、光、电、音频、视频、控制信号等，它们是存储在计算机媒体上的物理符号的集合。

计算机中使用的数据可分为两类：数值型数据和字符型数据（非数值型数据）。

数值型数据（如学生成绩、物品价格、工资）可以参与算术运算，可以是十进制数、二进制数、八进制数和十六进制数等。字符型数据（如姓名、家庭住址、照片）不能参与算术运算。

1.2.3 西文字符的编码

【知识点】

ASCII 码

【相关知识介绍】

所谓"编码"，就是用二进制数来表示数据的代码。

计算机中常用的字符（西文字符）编码有两种：EBCDIC（Extended Binary-Coded Decimal

Interchange Code,扩展二—十进制交换码)和ASCII(American Standard Code for Information Interchange,美国信息交换标准码)。EBCDIC 码是 IBM 公司为它的大型机开发的 8 位字符编码,微型计算机采用 ASCII 码。下面主要介绍 ASCII 码。

ASCII 码是目前计算机中用得最广泛的字符集及其编码,是由美国国家标准局(ANSI)制定的,它已被国际标准化组织(ISO)定为国际标准,称为 ISO 646 标准,ASCII 码有 7 位码和 8 位码两种形式,适用于所有拉丁文字字母。

标准的 ASCII 码是 7 位码,占用一个字节(Byte),最高位总是 0,编码表示的范围从 00000000 ~ 01111111,即可以表示 $2^7 = 128$ 个字符。

扩展的 ASCII 码是 8 位码,也占用一个字节(Byte),最高位为 1,通常各个国家都将该扩展的部分作为自己国家语言文字的代码,其前 128 个码与标准的 ASCII 码是一样的,编码表示的范围从 00000000 ~ 11111111,即可以表示 $2^8 = 256$ 个字符。为了查阅方便,表 1.4 中列出了 ASCII 码字符集。

表 1.4 7 位 ASCII 码字符集

后 4 位 $b_4b_3b_2b_1$ \ 前 3 位 $b_7b_6b_5$	000	001	010	011	100	101	110	111
0000	NUL	DLE	SP	0	③	P	③	p
0001	SOH	DC1	!	1	A	Q	a	q
0010	STX	DC2	"	2	B	R	b	r
0011	ETX	DC3	#	3	C	S	c	s
0100	EOT	DC4	$	4	D	T	d	t
0101	ENQ	NAK	%	5	E	U	e	u
0110	ACK	SYN	&	6	F	V	f	v
0111	BEL	ETB	'	7	G	W	g	w
1000	BS	CAN	(	8	H	X	h	x
1001	HT	EM	)	9	I	Y	i	y
1010	LF	SUB	*	:	J	Z	j	z
1011	VT	ESC	+	;	K	[	k	{
1100	FF	FS	,	<	L	\	l	|
1101	CR	GS	-	=	M	]	m	}
1110	SO	RS	.	>	N	^	n	~
1111	SI	US	/	?	O	_	o	DEL

例如:大写字母 Y,查表得 $(b_7b_6b_5b_4b_3b_2b_1) = 1011001$。

比较字符的大小其实就是比较字符 ASCII 码值的大小，一般来说，可见控制符<数字<大写字母<小写字母。

1.2.4 汉字的编码

【知识点】

汉字的外码、内码、字形码

【相关知识介绍】

为了使计算机可以处理汉字，也需要对汉字进行编码。计算机处理汉字信息时，汉字的输入、存储、处理及输出过程中所使用的汉字代码不相同，其中有用于汉字输入的输入码，用于机内存储和处理的机内码，用于输出显示和打印的字模点阵码（或称字形码）。即在汉字处理中需要经过汉字输入码、汉字机内码、汉字字形码的三码转换，具体转换过程如图 1.4 所示。

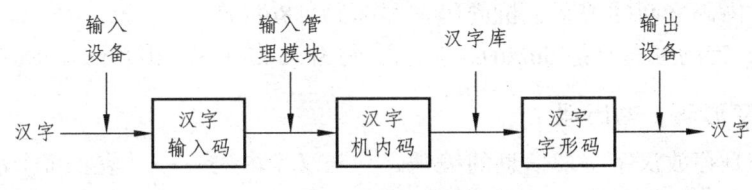

图 1.4　汉字编码转换过程

1. 汉字的输入码（外码）

对应键盘无汉字问题，解决汉字与键盘对应问题，需要通过汉字输入码实现。

汉字输入码是为了使用户能够使用西文键盘输入汉字而编制的编码，目前在我国推出的汉字输入编码方案很多，大致分为以下几类：

- 音码：以汉语拼音字母和数字为汉字编码。例如，全拼输入法、双拼输入法、微软拼音输入法等。
- 形码：根据汉字的字形结构对汉字进行编码。例如，五笔字型输入法、郑码输入法等。
- 音形码：以拼音为主，辅以字形字义进行编码。例如，自然码输入法、智能 ABC 输入法等。
- 数字码：直接用固定位数的数字给汉字编码。例如，区位码输入法、电报码输入法等。

2. 汉字的机内码（内码）

汉字机内码（汉字存储码）的作用是统一各种不同的汉字输入码在计算机内部的表示。

为了将汉字的各种输入码在计算机内部统一起来，就有了专用于计算机内部存储汉字使用的汉字机内码，用以将输入时使用的多种汉字输入码统一转换成汉字机内码进行存储，以方便机内的汉字处理。目前，汉字内码有各种不同的编码方式，如简体的 GB 2312—80，繁体的 BIG5、GB 13000、unicode 等。

GB 2312—80（简称交换码或国标码）是我国于 1981 年颁布的国家标准汉字编码集，即

《信息交换用汉字编码字符集——基本集》。国标码中共有 7 445 个字符符号：非汉字符号 682 个；汉字符号 6 763 个（包含一级汉字 3 755 个，二级汉字 3 008 个）。

国标码规定，每个汉字（包括非汉字的一些符号）由 2 字节代码表示。每个字节的最高位为 0，只使用低 7 位，而低 7 位的编码中又有 34 个是用于控制的，这样每个字节只有 128 − 34 = 94 个编码用于汉字。2 个字节就有 94 × 94 = 8 836 个汉字编码，即所有的国标码汉字及符号组成一个 94 × 94 的方阵。在此方阵中，每一行称为一个"区"，每一列称为一个"位"，这个方阵实际上组成一个有 94 个区（编号由 01 到 94）、每个区有 94 个位（编号由 01 到 94）的汉字字符集。一个汉字所在的区号和位号的组合就构成了该汉字的"区位码"。其中，高两位为区号，低两位为位号。这样区位码可以唯一地确定某一汉字或字符；反之，任何一个汉字或符号都对应一个唯一的区位码，没有重码。

区位码与国标码之间的关系：国标码 = 区位码（十六进制）+ 2020H

例如："大"字的区位码是 2083，首先分别将其区号、位号转换为十六进制，得 1453H，然后把区号和位号分别加上 20H，得到"大"字的国标码为 $(1453)_{16} + (2020)_{16} = (3473)_{16}$。

国标码与机内码之间的关系：机内码 = 国标码 + 8080H

例如："中"字的国标码是 5650H，其机内码为 $(5650)_{16} + (8080)_{16} = (D6D0)_{16}$。

3. 汉字的字形码（输出码）

汉字字形码是存放汉字字形信息的编码，它与汉字内码一一对应。每个汉字的字形码是预先存放在计算机内的，常称为汉字库。当输出汉字时，计算机根据内码在字库中查到其字形码，得知字形信息，然后就可以显示或打印输出了。

描述汉字字形的方法主要有点阵字形和轮廓字形两种。点阵字形法是用一个排列成方阵的点的黑白来描述汉字，其方法简单，但是放大后会出现锯齿现象。轮廓字形法是采用数学方法描述汉字的轮廓曲线，如中文 Windows 下采用的 TrueType 字库，其字形精度高，但输出前要经过复杂的数学运算。

汉字字形点阵有 16 × 16 点阵、24 × 24 点阵、32 × 32 点阵、64 × 64 点阵、96 × 96 点阵、128 × 128 点阵、256 × 256 点阵等。一个汉字方块中行数、列数分得越多，描绘的汉字也就越细微，但占用的存储空间也就越多。汉字字形点阵中每个点的信息要用一位二进制码来表示。一个 16 × 16 点阵有 256 个点，需要 16 × 16 ÷ 8 = 32 个字节来表示。同理，24 × 24 点阵的汉字输出码需要 24 × 24 ÷ 8 = 72 字节存储空间。

汉字字库是汉字字形数字化后，以二进制文件形式存储在存储器中而形成的汉字字模库。汉字字模库亦称汉字字形库，简称汉字库。汉字库中存储汉字字形信息的逻辑地址码称为汉字地址码。在汉字库中，字形信息都是按一定顺序连续存放在存储介质中的，所以汉字地址码也大多是连续有序的，而且与汉字机内码间有着简单的对应关系，从而简化汉字内码到汉字地址码的转换。

注意：国标码用 2 个字节表示 1 个汉字，每个字节只用后 7 位。计算机处理汉字时，不能直接使用国标码，而要将最高位置乘 1，变换成汉字机内码，其原因是为了区别汉字码和 ASCII 码，当最高位是 0 时，表示为字符的 ASCII 码，当最高位是 1 时，表示为汉字码。

1.3 微型计算机系统的基本组成

1.3.1 微型计算机的基本工作原理

【知识点】
存储程序原理
【相关知识介绍】
计算机的基本工作原理即"存储程序"原理,它是由冯·诺依曼(John von Neumann)提出的。计算机系统按照下述模式工作:将编好的程序和原始数据,输入并存储在计算机的内存储器中(即"存储程序");计算机按照程序逐条取出指令加以分析,并执行指令规定的操作(即"程序控制")。"存储程序"原理是现代计算机的基本工作原理,至今的计算机仍采用这一原理,如图 1.5 所示。

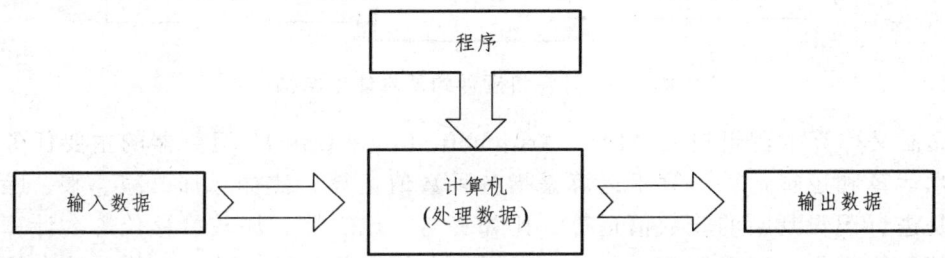

图 1.5 微型计算机基本工作原理示意图

1.3.2 计算机系统组成

【知识点】
运算器、控制器、存储器、输入设备、输出设备、系统软件、应用软件
【相关知识介绍】
计算机系统由硬件系统和软件系统两部分组成。

1. 计算机硬件

计算机硬件指的是计算机系统中由电子、机械和光电元件组成的各种计算机部件和设备,其基本功能是接受计算机程序的控制来实现数据输入、运算、输出等一系列操作。

目前计算机的基本硬件结构仍然沿袭冯·诺依曼的体系结构,被称为存储程序式计算机,或"冯·诺依曼计算机",可将其划分为 5 个基本部分,即输入设备、输出设备、存储器、运算器和控制器。其中,运算器负责数据的计算与指令的执行。存储器分为内存和外存,内存存储临时数据,外存存储长期数据。控制器负责控制计算机各个部件的协调工作,分配资源,它们的具体关系如图 1.6 所示。

控制器是对输入的指令进行分析,并统一控制计算机的各个部件完成一定任务的部件。

图 1.6 所示即控制器发出命令，协调其他四个部分工作。

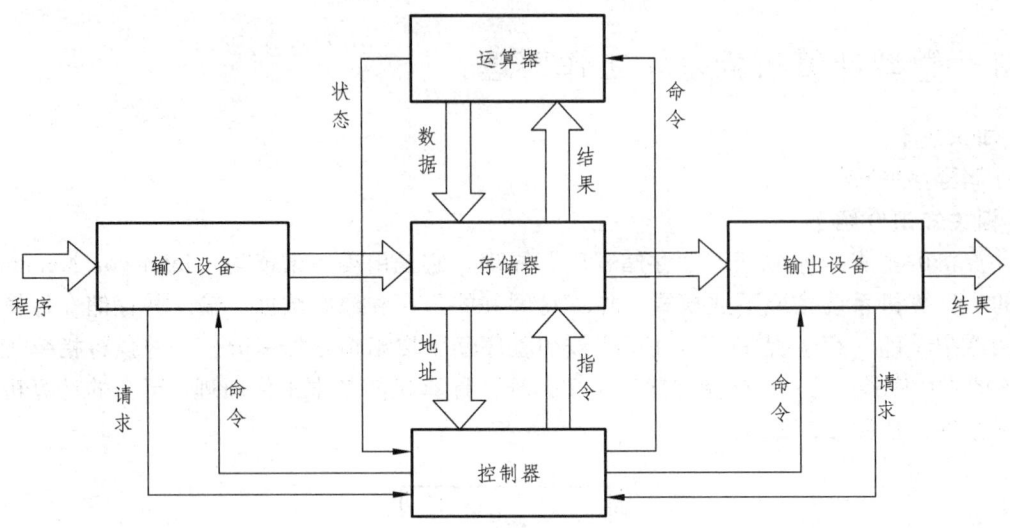

图 1.6　计算机硬件的基本体系结构

运算器又称算术逻辑单元 ALU（Arithmetic Logic Unit）。运算器的主要任务是执行各种算术运算和逻辑运算。算术运算是指各种数值运算，比如：加、减、乘、除等。逻辑运算是进行逻辑判断的非数值运算，比如：与、或、非、比较、移位等。计算机所完成的全部运算都是在运算器中进行的，根据指令规定的寻址方式，运算器从存储器或寄存器中取得操作数，进行计算后，送回到指令所指定的寄存器中。运算器的核心部件是加法器和若干个寄存器，加法器用于运算，寄存器用于存储参加运算的各种数据以及运算后的结果。

存储器分为内存储器（简称内存或主存）和外存储器（简称外存或辅存）。外存储器一般也可作为输入/输出设备，比如常用的 USB 接口的闪存，内存储器则存在于主机系统中。计算机把要执行的程序和数据存入内存中，方便 CPU 随时快速存取。

输入设备是用来完成输入功能的部件，用来接受用户输入的原始数据和程序，并将它们变为计算机能识别的二进制存入到内存中。常用的输入设备有键盘、鼠标、扫描仪、磁盘驱动器、触摸屏等。

输出设备是对计算机处理结果进行表现的设备，用于将存入在内存中的由计算机处理的结果转变为人们能接受的形式输出。常用的输出设备有显示器、打印机、绘图仪和磁盘驱动器等。

2. 计算机软件

计算机软件指计算机程序及其有关文档。一台计算机之所以能够处理各种问题，代替人们进行一定的脑力劳动，就是因为人们把处理这些问题的方法分解成为计算机可以识别和执行的步骤，并以计算机可以识别的形式存储到计算机中。

计算机软件分为系统软件和应用软件两大类，如图 1.7 所示。系统软件负责管理计算机系统中各种独立的硬件，使得它们可以协调工作。一般来讲，系统软件包括操作系统和一系列基本的工具，比如编译器、数据库管理、存储器格式化、文件系统管理、用户身份验证、驱动管理、网络连接等。应用软件是为了某种特定的用途而开发的软件。它可以是一个特定的程序，比如一个图像浏览器；也可以是一组功能联系紧密，可以互相协作的程序的集合，比如微软的 Office 软件。目前的图形用户界面操作系统，比如 Windows，实际上已经集成了很多应用软件的功能。

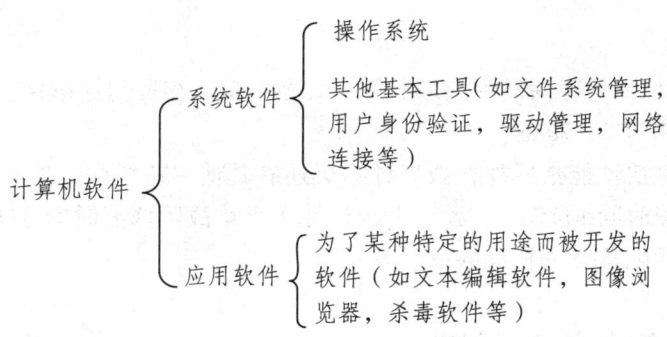

图 1.7　计算机软件系统

1.4　微型计算机硬件系统

1.4.1　微机的主要性能指标

【知识点】
字长、时钟频率、运算速度、存储容量、存取周期
【相关知识介绍】
　　一台微型计算机功能的强弱或性能的好坏，不是由某项指标来决定的，而是由它的系统结构、指令系统、硬件组成、软件配置等多方面的因素综合决定的。通常，人们用以下几个指标来衡量一台微机的性能。

1. 字　长

字长是指计算机 CPU 能够直接处理的二进制数的位数。在其他指标相同时，字长越大计算机处理数据的速度就越快，运算精度就越高。

通常，字长总是 8 的整数倍，如 8 位、16 位、32 位、64 位等。Intel 486 和 Pentium 4 均属 32 位机。

2. 时钟频率

时钟频率也叫主频，是指计算机 CPU 的时钟频率。一般主频越高，计算机的运算速度就越快。主频的单位为兆赫兹（MHz）或吉赫兹（GHz）。

3. 运算速度

运算速度是衡量计算机性能的一项重要指标。通常所说的计算机运算速度（平均运算速度），是指每秒钟所能执行的指令条数，一般用百万条指令/秒（MIPS，Million Instruction Per Second）来描述。它是用于衡量计算机运算速度快慢的指标。

4. 存储容量

存储容量分内存与外存容量，这里主要指内存容量。内存容量越大，处理数据的范围就越广，运算速度一般也越快，处理能力就越强。

5. 存取周期

存取周期是CPU从内存储器中存取数据所需的时间。存取周期越短，运算速度越快。目前，内存的存储周期为 7 ~ 70 ns。

除了上述这些主要性能指标外，微型计算机还有其他一些指标，如系统的兼容性、系统可靠性（平均无故障时间 MTBF）、系统可维护性（平均故障修复时间 MTTR）、所配置外围设备的性能指标及所配置系统软件的情况等。

1.4.2 硬件系统的结构组成

【知识点】

主机系统、CPU、主板、内存、电源、显卡、硬盘、外部设备、显示器、键盘、鼠标

【相关知识介绍】

计算机系统由硬件系统和软件系统两部分组成。

硬件通常是指构成计算机的设备实体。前面提到一台计算机的硬件系统在理论上，应该由5个基本部分组成：运算器、控制器、存储器、输入和输出设备。而现实中的计算机硬件并不严格以此分类，比如一块小小的CPU芯片集成了运算器、控制器等重要功能，而显示器、打印机、鼠标、键盘、扫描仪等多个配件却只是输入输出设备中的一小部分。图1.8所示为计算机硬件系统结构图。

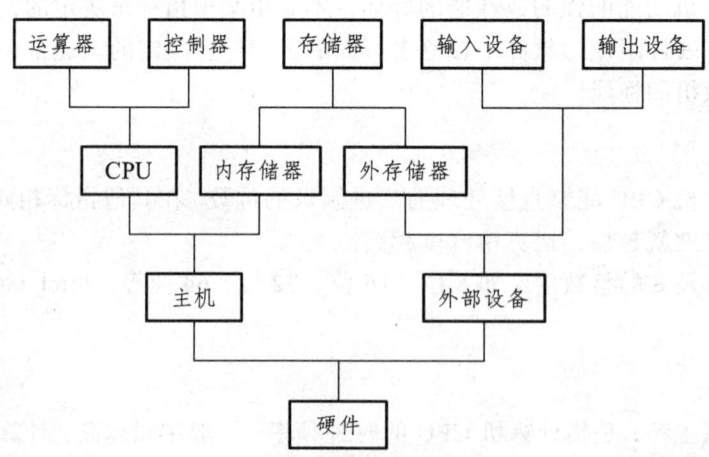

图1.8 计算机硬件系统结构图

一台微型计算机往往由多个零配件组成，通常看到的普通微型计算机都有机箱、显示器、键盘、鼠标等基本配置，而CPU、主板、内存、电源、显卡等则在机箱内部。这些

零配件组装在一起,构成了一个基本的计算机硬件系统。习惯上将微型计算机硬件配件分为主机系统与外部设备两大部分。首先,我们来看一下机箱内部的主要硬件构成——主机系统。

1. 主机系统

主机系统包括 CPU、主板、内存、电源、显卡等。

中央处理器 CPU（Central Processing Unit）,也称为中央处理单元。CPU 由控制器、运算器和寄存器组成,通常集中在一块芯片上,是计算机系统的核心设备。计算机以 CPU 为中心,输入和输出设备与存储器之间的数据传输和处理都通过 CPU 来控制执行。微型计算机的中央处理器又称为微处理器。目前,大多数微机都使用 Intel 公司生产的 CPU。CPU 体积很小但要完成非常多的计算与控制任务,其散热量之大可想而知,在机箱内主板上一般都要为其安装专门的 CPU 风扇。Intel CPU 的外观如图 1.9 所示,Althon CPU 的外观如图 1.10 所示。

图 1.9　Intel Pentium 4 CPU 外观

图 1.10　Althon 64 CPU 外观

主板（Mother Board, Main Board）,是电脑机箱内最大的一个配件,打开机箱可以看到里面最大的那块电路板就是主板,如图 1.11 所示。主板的主要任务就是为 CPU、内存、显卡、声卡、硬盘等设备提供一个可以正常稳定运作的平台,上面有 CPU 座可以连接 CPU,还有不同的插槽,以供安装内存、显卡、声卡等各种配件。芯片组（Chipset）是主板的核心组成部分,芯片组性能的优劣,决定了主板性能的好坏与级别的高低。

图 1.11　主板外观

内存是电脑中的主要部件，它是相对于外存而言的，如图 1.12 所示。我们平常使用的程序，如 Windows 系统、打字软件、游戏软件等，一般都是安装在硬盘等外存上的，但仅此是不能使用其功能的，必须把它们调入内存中运行，才能真正使用其功能。我们平时输入一段文字，或玩一个游戏，其实都是在内存中进行的。通常计算机把要永久保存的、大量的数据存储在外存上，而把一些临时的或少量的数据和程序放在内存上。

内存又称为主存，一般采用半导体存储单元，包括随机存储器（RAM），只读存储器（ROM），以及高速缓存（Cache）。随机存储器（Random Access Memory，RAM）是其中最重要的存储器，RAM 在微机中主要用来存放正在执行的程序和临时数据。RAM 分为静态随机存储器（SRAM）和动态随机存储器（DRAM）。当电源关闭时 RAM 中的数据会消失，且无法恢复，如果需要保存数据，就必须把它们写入到一个长期的存储器中（例如硬盘）。

图 1.12　插在主板上的内存条（属于 RAM）

ROM 表示只读存储器（Read Only Memory），在制造 ROM 的时候，信息（数据或程序）就被存入并永久保存。这些信息只能读出，一般不能写入，即使机器掉电，这些数据也不会丢失，一般用于存放固定不变的控制计算机的系统程序和数据，如常驻内存的监控程序、基本 I/O 系统和有关计算机硬件的参数表等。ROM 分为可编程的只读存储器（PROM）、可擦除、可编程的只读存储器（EPROM）和掩膜型只读存储器（MROM）。

高速缓存（Cache）也是我们经常遇到的概念，它位于 CPU 与内存之间，是一个读写速度比 RAM 更快的存储器。当 CPU 向内存中写入或读出数据时，这个数据也被存储进高速缓冲存储器中。当 CPU 再次需要这些数据时，CPU 就先从高速缓冲存储器读取数据，而不是先访问较慢的 RAM。

电源是向电子设备提供功率的装置，也称电源供应器，它向主板、软盘驱动器、硬盘驱动器、光盘驱动器等部件提供所需要的电能，如图 1.13 所示。电源功率的大小，电流和电压是否稳定，将直接影响计算机的工作性能和使用寿命。

图 1.13　300 W 电脑电源

显卡又称显示器适配卡,它是连接主机与显示器的接口卡。GeForce 4 MX440 显卡的作用是将主机的输出信息转换成字符、图形和颜色等信息,传送到显示器上显示,其外观如图 1.14 所示。现在也有一些主板是集成显卡的。显卡的显示主芯片的性能直接决定了显示卡性能的高低。不同的显示芯片,不论从内部结构还是其性能,都存在着差异,而其价格差别也很大。目前主流的显卡是具有 2D/3D 图形处理功能的 AGP 接口或 PCI-E 接口的显卡,由图形加速芯片、随机存取存储器(显示卡内存,简称显存)、数模转换器、时钟合成器及基本输入输出系统构成,显存是待处理和处理后图形信号的暂存空间。

图 1.14 GeForce 4 MX440 显卡

除了显卡,一台计算机要具有多媒体功能,要能够连接网络,可能还需要声卡、网卡等设备,不过它们的使用原理与显卡都是一样的,在此不再赘述。准备好各个部件后,将 CPU、内存与显卡等部件安装到主板上,放入机箱固定好,再将硬盘、光驱等外部存储设备放到机箱的指定位置,并连接好电源线与数据线,一台微型计算机的主机系统就装好了,如图 1.15 所示。

图 1.15 机箱内的主机系统

计算机的存储器分为内存储器和外存储器,内存储器属于主机系统,而外存储器一般作为输入/输出设备,比如常用的 USB 接口的闪存,存储大量数据的硬盘、光驱等,我们通常需要将硬盘、光驱等放在机箱中,所以在此先进行介绍。

硬盘是电脑主要的存储媒介之一,由一个或者多个铝制或者玻璃制的碟片组成。这些碟片外覆盖有铁磁性材料,其结构如图 1.16 所示。1968 年,IBM 公司首次提出"温彻斯特/Winchester"技术,技术的精髓是:"密封、固定并高速旋转的镀磁盘片,磁头沿盘片径向移动,磁头悬浮在高速转动的盘片上方,而不与盘片直接接触",这也是现代绝大多数硬盘的原型。现在的绝大多数硬盘都是固定硬盘,被永久性地密封固定在硬盘驱动器中。

硬盘的物理结构包括磁头、磁道、扇区、柱面等。磁头是硬盘中最昂贵的部件,也是硬盘技术中最重要和最关键的一环,用来从盘面读写数据。当磁盘旋转时,磁头若保持在一个位置上,则每个磁头都会在磁盘表面划出一个圆形轨迹,这些圆形轨迹就叫做磁道。磁盘上的每个磁道被等分为若干

图 1.16　硬盘内部

个弧段,这些弧段便是磁盘的扇区,扇区是磁盘存储的最小单位,一般每个扇区的容量是 512 字节。硬盘通常由重叠的一组盘片构成,每个盘面都被划分为数目相等的磁道,并从外缘的"0"开始编号,具有相同编号的磁道形成一个圆柱,称之为磁盘的柱面。所以,磁盘的存储容量可用如下公式计算:

磁盘存储容量 = 磁道数 × 扇区数 × 扇区内字节数 × 面数 × 磁盘片数

以 3.5 英寸双面高密软盘为例,它有 80 个磁道,每个磁道有 18 个扇区,每个扇区的容量是 512 个字节,磁盘两面都可以记录数据。其容量为:$80 \times 18 \times 512 \times 2 \times 1 = 1\ 474\ 560$ 字节 = 1.4 MB。

作为计算机系统的数据存储器,容量是硬盘最主要的参数。硬盘的容量以兆字节(MB)或千兆字节(GB)为单位,1 GB = 1 024 MB。此外,转速、平均访问时间、传输速率也都是衡量硬盘好坏的指标。转速是指硬盘盘片每分钟转动的圈数,单位为 rpm。早期 IDE 硬盘的转速一般为 5 200 rpm 或 5 400 rpm,如今的硬盘都是 7 200 rpm 的转速,而更高的则达到了 10 000 rpm。平均访问时间是指磁头从起始位置到达目标磁道位置,并且从目标磁道上找到要读写的数据扇区所需的时间。传输速率指硬盘读写数据的速度,单位为兆字节每秒(MB/s)。

光盘的存储介质不同于磁盘,它属于另一类存储器。由于光盘的容量大、存取速度快、不易受干扰等特点,应用越来越广泛。光盘根据其制造材料和记录信息方式的不同一般分为 3 类:只读光盘、一次性写入光盘和可擦写光盘。只读光盘也称 CD-ROM(Compact Disk-Read Only Memory),是生产厂家在制造时根据用户要求将信息写入到盘上,用户不能抹掉,也不能写入,只能通过光盘驱动器读出盘中信息。DVD-ROM 是 CD-ROM 的后继产品,DVD-ROM 盘片的尺寸与 CD-ROM 盘片完全一致。不同之处是采用较短的激光波长,为 650 nm。能读目前的音频 CD 和 CD-ROM。一次性写入型光盘也称 CD-R(Compact Disk-Recordable),可以由用户写入信息,但只能写一次,不能抹除和改写。这种光盘的信息可多次读出,读出信息时使用只读光盘用的驱动器即可。可擦写光盘用户可自己写入信息,也可对已记录的信息

进行抹除和改写，就像使用磁盘一样反复使用。可擦写光盘需插入特制的光盘驱动器进行读写操作，它的存储容量一般在几百 MB 至几个 GB 之间。

2. 外部设备

外部设备一般指电脑的周边设备，也可以指其他事物的附属物件。微型计算机的外设相当丰富，最基本的构成包括显示器、鼠标和键盘。

显示器通常也被称为监视器或屏幕，是将一定的电子文件通过特定的传输设备显示到屏幕上再反射到人眼的一种显示工具。从广义上讲，街头随处可见的大屏幕、电视机的荧光屏、手机、快译通等的显示屏都算是显示器。

在微机系统中，显示器是人与计算机沟通的重要界面，其作用是将电信号表示的二进制代码信息转换为直接可以看到的字符、图形或图像。早期微型计算机以阴极射线管（Cathode Ray Tube，简称 CRT）显示器为主，如图 1.17 所示。CRT 纯平显示器具有可视角度大、无坏点、色彩还原度高、色度均匀、可调节的多分辨率模式、响应时间极短等优点。

图 1.17　CRT 显示器

随着科技不断进步，各种显示技术如雨后春笋般诞生，液晶（Liquid Crystal Display，简称 LCD）显示器具有机身轻薄、耗电量低、辐射小，平面直角显示以及影像稳定不闪烁等优势，将逐渐取代 CRT 的主流地位。液晶显示器外观如图 1.18 所示。但就目前来看，用 CRT 显示器还是 LCD 显示器，以及具体选择哪一款产品还需要视各人使用计算机的习惯而定。

图 1.18　液晶显示器

键盘是最常用也是最主要的输入设备，通过键盘，可以将英文字母、数字、标点符号等输入到计算机中，从而向计算机发出命令、输入数据等。常规的键盘有机械式键盘和电容式键盘两种。机械式键盘是最早被采用的结构，具有工艺简单、维修方便、手感一般、噪声大、易磨损的特性。现在的电容式键盘，基于电容式开关，是无触点非接触式的，磨损率极小甚至可以忽略不计，也没有接触不良的隐患，噪声小，容易控制手感，因而可以制造出高质量的键盘。图1.19所示为Logicool MK-1000键盘外观。

图 1.19　Logicool MK-1000 键盘

"鼠标"的标准称呼应该是"鼠标器"，英文名"Mouse"，鼠标的使用是为了使计算机的操作更加简便，代替键盘那繁琐的指令。鼠标按其工作原理的不同可以分为机械鼠标和光电鼠标。机械鼠标主要由滚球、辊柱和光栅信号传感器组成。当拖动鼠标时，带动滚球转动，滚球又带动辊柱转动，装在辊柱端部的光栅信号传感器产生的光电脉冲信号反映出鼠标器在垂直和水平方向的位移变化，再通过电脑程序的处理和转换来控制屏幕上光标箭头的移动。光电鼠标器是通过检测鼠标器的位移，将位移信号转换为电脉冲信号，再通过程序的处理和转换来控制屏幕上的鼠标箭头的移动。光电鼠标用光电传感器代替了滚球。图1.20所示为罗技VX Revolution无线激光鼠标。

键盘、鼠标和显示器是外设中最基本的部分，除了这些基本的配置，还有压感笔、扫描仪、打印机、绘图仪、数码相机等，如果是个人用多媒体计算机，音箱、耳机、麦克风等配件也少不了，现在的计算机外设数不胜数，而且大多都可以通过USB等插口接入，视用户的需要可以方便地自行添加。

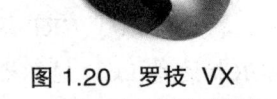

图 1.20　罗技 VX Revolution 无线激光鼠标

1.5　多媒体计算机

【知识点】
多媒体技术、多媒体计算机系统
【相关知识介绍】

1. 媒体与多媒体技术

媒体在计算机领域中有两种含义：一种是指用以存储信息的实体，如磁带、磁盘、光盘和半导体存储器；另一种是指多媒体技术中的媒体，即信息载体，如文本、声频、视频、图形、图像、动画等。

多媒体技术是指利用计算机技术把各种信息媒体综合一体化，使它们建立起逻辑联系，并进行加工处理的技术。所谓"加工处理"主要是指对这些媒体的录入、对信息进行压缩和解压缩、存储、显示、传输等。

2. 多媒体技术的特征

多媒体技术具有以下 5 种特性：

（1）多样性：计算机所能处理的信息从最初的数值、文字、图形扩展到声音和视频信息（运动图像）。视频信息的处理是多媒体技术的核心。

（2）集成性：将多媒体信息有机地组织在一起，综合表达某个完整内容。

（3）交互性：提供人们多种交互控制能力，使人们获取信息和使用信息，变被动为主动。交互性是多媒体技术的关键特征。

（4）实时性：多媒体技术需要同时处理声音、文字、图像等多种信息，其中声音和视频图像还要求实时处理。因此，还需要能支持对多媒体信息进行实时处理的操作系统。

（5）数字化：多媒体中的各个单媒体都是以数字形式存放在计算机中。

多媒体技术包括数字信号的处理技术、音频和视频技术、多媒体计算机系统（硬件和软件）技术、多媒体通信技术等。

3. 多媒体计算机系统

多媒体计算机是指能对多媒体信息进行获取、编辑、存取、处理、加工和输出的一种交互性的计算机系统。多媒体计算机系统一般由多媒体计算机硬件系统和多媒体计算机软件系统组成。

多媒体计算机硬件系统包括多媒体计算机（如个人机、工作站、超级微机等）、多媒体输入输出设备（如打印机、绘图仪、音响、电视机、录像机、录音机、喇叭、高分辨率屏幕等）、多媒体存储设备（如硬盘、光盘、声像磁带等）、多媒体功能卡（如视频卡、声音卡、压缩卡、加电控制卡、通信卡等）、操纵控制设备（如鼠标器、键盘、操纵杆、触摸屏等）等装置组成。

多媒体计算机软件系统包括支持多媒体功能的操作系统（如 Windows 3.X、Windows 95、Windows 98、Windows XP 等）、多媒体数据开发软件、多媒体压缩/解压缩软件、多媒体声像同步效件、多媒体通信软件、各种多媒体应用软件等。

1.6 计算机软件系统

计算机软件是指计算机程序及其有关文档。

为了告诉计算机做些什么，按什么方法、步骤去做，人们必须把有关的处理步骤告诉计算机。以计算机可以识别和执行的操作表示的处理步骤称为程序。我国颁布的《计算机软件保护条例》对程序的概念给出了更为精确的描述："计算机程序是指为了得到某种结果而可以由计算机等具有信息处理能力的装置执行的代码化指令序列，或者可被自动地转换成代码化指令序列的符号化序列,或者符号化语句序列"。

文档指用自然语言或者形式化语言所编写的用来描述程序的内容、组成、设计、功能规格、开发情况、测试结构和使用方法的文字资料和图表。例如,程序设计说明书、流程图、用户手册等。

一般来讲软件被划分为系统软件、应用软件。

1.6.1 系统软件

【知识点】

操作系统、数据库管理系统、语言处理系统和服务程序

【相关知识介绍】

系统软件由一组控制计算机系统并管理其资源的程序组成,提供操作计算机最基础的功能。常见的系统软件有操作系统、数据库管理系统、语言处理系统和服务程序。

1. 操作系统

操作系统(Operating System,OS)是管理电脑硬件与软件资源的程序,同时也是计算机系统的内核与基石。操作系统身负诸如管理与配置内存、决定系统资源供需的优先次序、控制输入与输出设备、操作网络与管理文件系统等基本事务。操作系统也提供一个让使用者与系统交互的操作接口。

操作系统通常包括 5 大功能模块:处理器管理、内存管理、信息管理、设备管理和用户接口。

根据功能和规模不同,操作系统可分为批处理操作系统、分时操作系统及实时操作系统等;根据同时管理的用户数不同,可分为单用户操作系统和多用户操作系统。

目前比较常见的操作系统有 DOS、Linux、Mac OS、OS/2、QNX、Unix、Windows 等。Windows Vista 的系统标志如图 1.21 所示。

图 1.21 Windows Vista 系统标志

2. 数据库管理系统

数据库管理系统(DataBase Management System,DBMS)是位于用户与操作系统之间的一层数据管理软件,用于科学地组织和存储数据、高效地获取和维护数据。DBMS的主要功能包括数据定义功能、数据操纵功能、数据库的运行管理功能、数据库的建

立和维护功能。常见的数据库管理软件有 FoxPro、Access、Visual BASIC、Oracle、Sybase 等。

3. 语言处理系统

人与人之间交流思想、交换信息使用的语言称为自然语言。目前，计算机还不能直接接收和理解自然语言，人-机对话和交互必须使用计算机能"懂"的语言，其中很重要的一类就是程序设计语言（Programming Language），它用于书写计算机可以执行的程序。用程序设计语言来编写程序的过程为程序设计（Programming），为解决实际问题而用程序设计语言编写的程序称为源程序（Source Program）。程序设计语言的种类很多，一般将其分为机器语言、汇编语言和高级语言。

（1）机器语言。

计算机指令系统也称为机器语言。

所谓计算机指令就是给计算机下达的命令，告诉计算机要干什么，所用到的数据出自于哪儿，操作结果又将送往何处。所以，计算机指令包括操作码和操作数（或称地址码），操作码指出指令操作的类型，如加、减、乘、除等；操作数指出参与操作的数据和操作结果存放的位置。一台计算机可能有多种多样的指令，这些指令的集合称为该计算机的指令系统。

机器语言具有以下主要特征：
① 它是计算机唯一能够识别并直接执行的语言。
② 用它编写的程序执行速度快，占用空间少。
③ 每条指令是由 0、1 组成的一串二进制代码，可读性差、不易记忆。
④ 编写程序难而繁，易出错，难调试修改。
⑤ 由于不同型号计算机的指令系统不完全相同，所以可移植性差。

（2）汇编语言。

针对机器语言的特点，人们用比较容易识别、记忆的助记符代替机器语言的二进制代码。这种符号化了的机器语言叫做汇编语言，也称为符号语言。

汇编语言具有以下主要特征：
① 指令一般采用相近英语词汇的缩写，如加法运算符的指令为 ADD。
② 在编写指令时，较二进制代码容易记忆，出错也容易修改。
③ 汇编语言中的语句与机器指令之间基本上是一对一的，格式相似，仍然依赖于具体的机器。
④ 计算机不能直接识别和执行汇编语言程序，须经过汇编程序翻译并转换成目标程序才能执行。其转换过程如图 1.22 所示。

汇编语言源程序 —翻译程序→ 机器语言程序(目标程序) —执行→ 结果

图 1.22 汇编语言转换为机器语言的过程

（3）高级语言。

高级语言独立于机器，它是接近于人们生活语言的计算机语言，易于编程、阅读与维护，大大提高了程序设计人员的工作效率。常见的高级语言有 BASIC，C，Pascal，Java，Delphi 等。用高级语言编制的程序，机器也不能直接接收和运行，必须经过翻译程序把它翻译成机器语言后才能被执行。

翻译程序按翻译的方法分为编译方式和解释方式两种：

① 编译方式：计算机系统中预先配置一种称为编译系统的软件，当相应高级语言源程序输入后，应先把源程序整个地翻译成能用机器语言表示的目标程序，再经过连接程序连接后转换成可执行的.exe 文件，执行该文件就可得到相应的结果。其编译过程如图 1.23 所示。

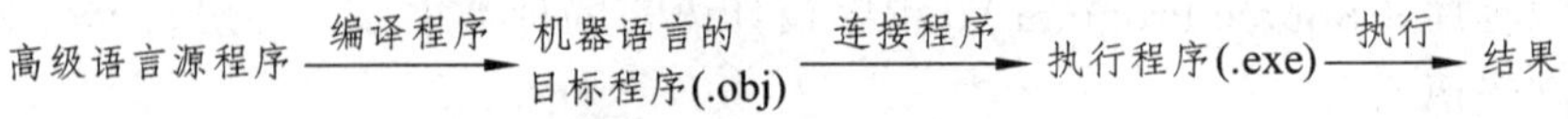

高级语言源程序 —编译程序→ 机器语言的目标程序(.obj) —连接程序→ 执行程序(.exe) —执行→ 结果

图 1.23　编译过程

② 解释方式：预先将一种称为解释系统的软件配置到计算机中，当相应高级语言源程序输入时，计算机逐句解释、检查和转换，若正确无误便立即执行。其解释过程如图 1.24 所示。

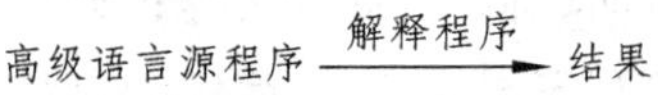

高级语言源程序 —解释程序→ 结果

图 1.24　解释过程

4. 服务性程序

用于计算机的检测、故障诊断和排除的程序统称为服务性程序。例如，软件安装程序、故障诊断程序等。

1.6.2　应用软件

【知识点】
应用软件

【相关知识介绍】
系统软件并不针对某一特定应用领域。而应用软件则相反，不同的应用软件根据用户和所服务的领域提供不同的功能。

应用软件是为了某种特定的用途而被开发的软件。它可以是一个特定的程序，比如一个图像浏览器；也可以是一组功能联系紧密，可以互相协作的程序的集合，比如微软的 Office 软件。下面简要介绍一些常见的应用软件。

1. 行业管理软件（如 ERP 软件）

ERP 是英文 Enterprise Resources Planning 的缩写，中文意思是企业资源规划。ERP 软件的产生源于 50、60 年代，企业开始运用计算机来进行库存控制、发票执行和跟踪、工资核算等。目前 ERP 软件已经发展成为以管理会计为核心的信息系统，能识别和规划企业资源，从而获取客户订单，完成加工和交付，最后得到客户付款。ERP 将企业内部所有资源整合在一起，便于对采购、生产、成本、库存、分销、运输、财务、人力资源进行规划，从而达到最佳资源组合，取得最佳效益。图 1.25 所示为恩信科技开源 ERP 软件界面。

图 1.25　恩信科技开源 ERP 软件界面

2. 文字处理软件（如 Office、WPS 等）

我国技术人员求伯君于 1988 年写出了 WPS（Word Processing System）1.0，开启了办公软件中文字处理时代。1988—1995 年的 7 年间，WPS 几乎成了电脑的代名词，目前推出的 WPS 系列产品号称与微软 Office 深度兼容。

Microsoft Office 是微软公司开发的办公自动化软件，Word、Excel 等应用软件都是 Office 中的组件。Word 是目前世界上最流行的文字编辑软件。使用它我们可以编排出精美的文档，方便地编辑和发送电子邮件，编辑和处理网页，等等。图 1.26 所示为 Word 2010 的操作界面。

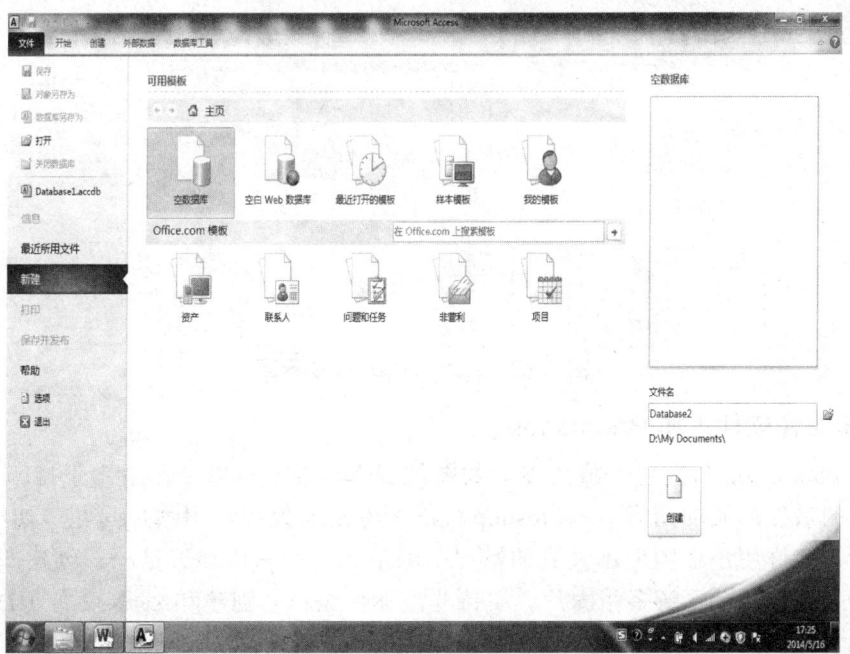

图 1.26　Word 2010 操作界面

3. 信息管理软件（如 Access 数据库）

"数据库"就是为了实现一定的目的按某种规则组织起来的"数据"的"集合"，每个人都有很多亲戚和朋友，为了保持与他们的联系，我们常常用一个笔记本将他们的姓名、地址、电话等信息都记录下来，这样要查谁的电话或地址就很方便了。这个"通讯录"就是一个最简单的"数据库"，每个人的姓名、地址、电话等信息就是这个数据库中的"数据"。Access 是 Office 办公套件中一个极为重要的组成部分。刚开始时微软公司是将 Access 单独作为一个产品进行销售的，现在它已经成为 Office 办公套件中不可缺少的部件了。

4. 辅助设计软件（如 AutoCAD）

CAD 是 Computer Aided Design 的缩写，指计算机辅助设计，Autodesk 公司的 AutoCAD 是目前应用广泛的 CAD 软件，具有完善的图形绘制功能、强大的图形编辑功能、可采用多种方式进行二次开发或用户定制、可进行多种图形格式的转换，具有较强的数据交换能力，同时支持多种硬件设备和操作平台，还可以通过多种应用软件适应于建筑、机械、测绘、电子、服装以及航空航天等行业的设计需求。图 1.27 所示为 AutoCAD 操作界面。

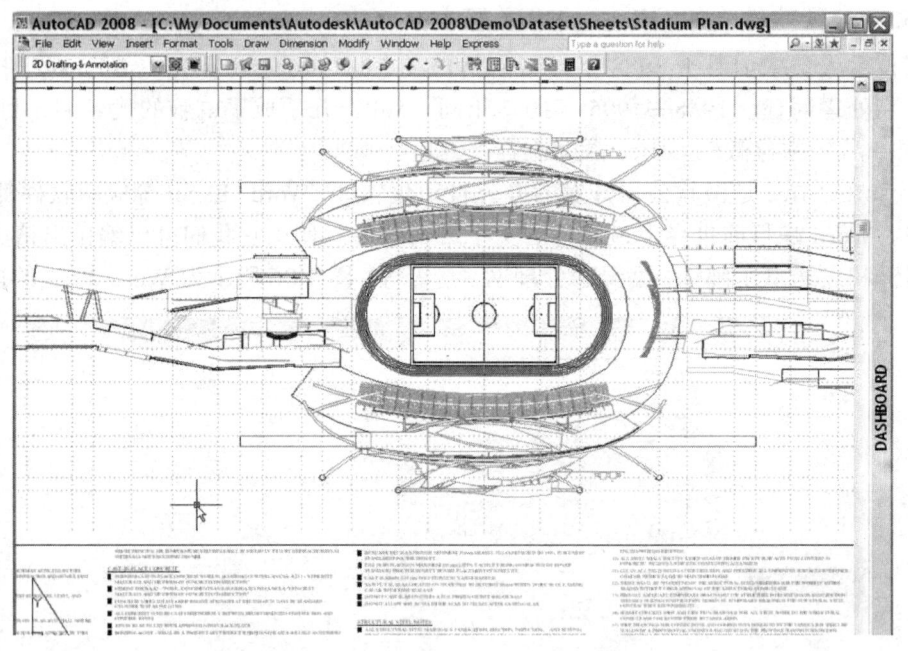

图 1.27　Auto CAD 操作界面

5. 图形图像软件（如 Photoshop）

Adobe Photoshop 目前已经成为专业的图像编辑标准，可以制作适用于打印、Web 和其他任何用途的最佳品质的图像。Photoshop CS2 版本能够处理常用图片问题，如污点、红眼、模糊和变形；允许用户在图形不失真的情况下测量和变换图片和矢量图；创建嵌入式链接复制图，以便一次编辑，更新多张图片；支持非破坏性编辑，创建和编辑 32 位 HDR 图片，3D 渲染，高级合成。图 1.28 所示是 Adobe Photoshop CS2 程序启动画面。

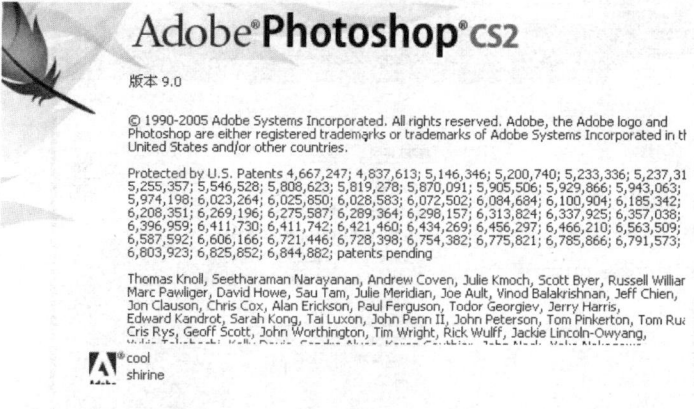

图 1.28　Adobe PhotoshopCS2 程序启动画面

当然，Photoshop 的应用主要还是在 2D 图像处理领域，要进行矢量图形的创建与输出还需要使用 Coreldraw，要模拟传统画笔还需要 Painter，要制作三维模型及影视后期特效还得选择 3DS MAX、MAYA、Softimage|XSI、LightWave、Cineme 4d、Houdini 等一系列功能强大的专业 CG 软件。图 1.29 所示为动画软件 Maya 的操作界面。

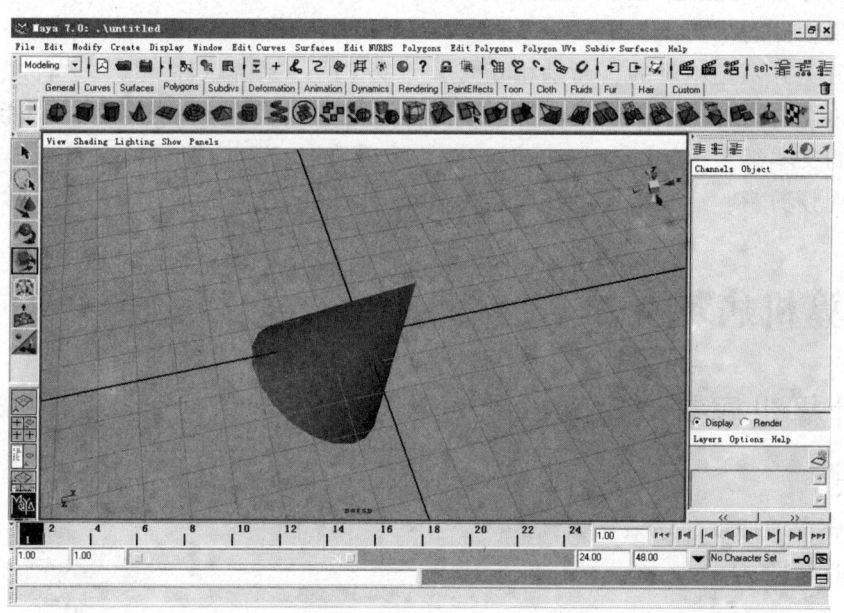

图 1.29　3D 动画软件 Maya 的操作界面

6. 杀毒软件（如卡巴斯基、瑞星等）

杀毒软件也称反病毒软件，是用于消除电脑病毒、特洛伊木马和恶意软件，保护电脑安全的一类软件的总称。杀毒软件通常集成监控识别、病毒扫描和清除和自动升级等功能，有的杀毒软件还带有数据恢复等功能。杀毒软件的任务是实时监控和扫描磁盘。部分杀毒软件通过在系统添加驱动程序的方式，进驻系统，并且随操作系统启动。大部分的杀毒软件还具有防火墙功能。图 1.30 所示是瑞星杀毒软件界面。

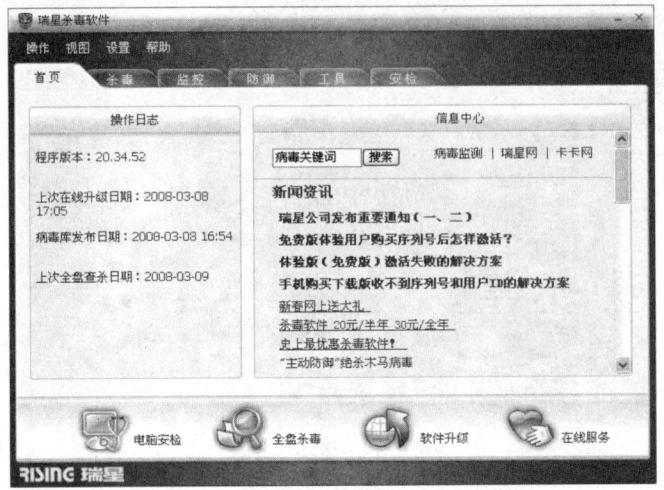

图 1.30　瑞星杀毒软件界面

应用软件为了某种特定的用途而开发，实际种类远不止这里所介绍的，大量的用于自动化行业的实时控制软件、教育软件（课程/教学软件）、娱乐软件（电脑/网络游戏、影视后期编辑与特效软件），甚至是用某些应用软件开发出来的程序（如 Flash 制作的解迷小游戏）等也都属于应用软件的范畴。

软件的分类并不是绝对的，而是相互交叉和变化的。系统软件和应用软件之间没有绝对的界限，例如我们使用的 Windows 系统，实际上已经集成了很多应用软件的功能，记事本可以进行简单的文本编辑，Windows Media Player 能播放声音、视频，Movie Maker 还能够编辑制作简单的视频剪辑。这些功能虽然不是非常强大，但已经能满足普通用户日常需要了。

1.7　计算机病毒

1.7.1　计算机病毒的定义、特点及症状

【知识点】
计算机病毒的特点、感染症状
【相关知识介绍】

1. 计算机病毒的定义

计算机病毒（Computer Virus）是一个程序，一段可执行代码。就像生物病毒一样，计算机病毒有独特的复制能力。计算机病毒可以很快地蔓延，又常常难以根除。它们能把自身附着在各种类型的文件上。当文件被复制或从一个用户传送到另一个用户时，它们就随同文件一起蔓延开来。

除复制能力外，某些计算机病毒还有其他一些共同特性：一个被污染的程序能够传送病毒载体。当用户看到病毒载体似乎仅仅表现在文字和图像上时，它们可能已经毁坏了文件、格式化了硬盘或引发了其他类型的灾害。如果病毒没有寄生在一个污染程序上，它仍然能通

过占据存储空间给用户带来麻烦，并降低计算机的全部性能。

计算机病毒在《中华人民共和国计算机信息系统安全保护条例》中被明确定义为："指编制或者在计算机程序中插入的破坏计算机功能或者破坏数据，影响计算机使用并且能够自我复制的一组计算机指令或者程序代码"。

2. 计算机病毒的特点

（1）破坏性：计算机病毒一旦发作，轻则干扰系统的正常运行、占用系统资源、降低计算机的运行效率，重则破坏磁盘数据、删除文件，甚至格式化整个磁盘，导致整个计算机系统的瘫痪。

（2）寄生性：计算机病毒寄生在其他程序之中，当执行这个程序时，病毒就起破坏作用，而未启动这个程序之前，它是不易被人发觉的。

（3）传染性：计算机病毒通过各种渠道（磁盘、共享目录、邮件等）从已被感染的计算机扩散到其他机器上，在某种情况下导致计算机工作失常。

（4）潜伏性：一些编制精巧的病毒程序，进入系统之后并不马上发作，隐藏在合法文件中，对其他系统进行秘密感染，一旦时机成熟，就四处繁殖、扩散。有的则执行格式化磁盘、删除磁盘文件、对数据文件进行加密等使系统死锁的操作。

（5）隐蔽性：大部分病毒代码非常短小，也是为了隐蔽。病毒一般都夹在正常程序之中，难以发现，一旦发作，则已经给计算机带来了不同程度的破坏。

3. 计算机感染病毒后的常见症状

如果感染了计算机病毒，会有不同的症状表现出来。

（1）发作时的症状主要有下面几种：
- 平时运行正常的计算机突然经常性无缘无故地死机。
- 操作系统无法正常启动。
- 运行速度明显变慢。
- 以前能正常运行的软件突然经常发生内存不足或非法错误。
- 打印和通讯发生异常。
- 对软盘、U盘进行写入操作。
- 系统文件的时间、日期、大小发生变化。
- 运行Word，打开Word文档后，该文件另存时只能以模板方式保存。
- 磁盘空间迅速减少。
- 网络驱动器卷或共享目录无法调用。
- 基本内存使用发生变化。
- 陌生人发来的电子邮件。
- 自动链接到一些陌生的网站。
- 自动向外发送电子邮件。

（2）发作后的症状主要有下面几种：
- 硬盘无法启动，数据丢失。
- 系统文件丢失或被破坏。

- 文件目录发生混乱。
- 部分文档丢失或被破坏。
- 部分文档自动加密。
- 计算机硬盘被格式化。
- 使部分可软件升级主板的 BIOS 程序混乱,主板被破坏。
- 网络瘫痪,无法提供正常的服务。

1.7.2 计算机病毒的种类及传播途径

【知识点】
病毒的种类、传播途径
【相关知识介绍】

1. 计算机病毒的种类

随着计算机的发展,病毒程序层出不穷,到了 21 世纪的今天种类已经达到数千万种。虽然病毒的类型有很多,变种的病毒更无法计算,但其传染对象主要是 BIOS、硬盘引导区、操作系统与应用程序四类。通常把病毒分成以下几种:

(1)引导区型病毒。

20 世纪 90 年代中期,最为流行的电脑病毒是引导区病毒,主要通过软盘在 16 位元磁盘操作系统(DOS)环境下传播。引导区病毒会感染软盘内的引导区及硬盘,而且也能够感染用户硬盘内的主引导区(MBR)。一旦电脑中毒,每一个经受感染电脑读取过的软盘都会受到感染。

引导区电脑病毒的传播方式:隐藏在磁盘内,在系统文件启动以前电脑病毒已驻留在内存内。这样一来,电脑病毒就可完全控制 DOS 中断功能,以便进行病毒传播和破坏活动。那些设计在 DOS 或 Windows3.1 上执行的引导区病毒是不能够在新的电脑操作系统上传播的,所以这类电脑病毒已经比较罕见了。

(2)文件型病毒。

文件型病毒,又称寄生病毒,通常感染.EXE、.COM 等可执行文件,但是也有些会感染其他可执行文件,如 DLL、SCR 等。每次执行受感染的文件时,电脑病毒便会发作,电脑病毒会将自己复制到其他可执行文件,并且继续执行原有的程序,以免被用户所察觉。

(3)混合型病毒。

混合型病毒具有引导区型病毒和文件型病毒两者的特征。

(4)宏病毒。

宏病毒专门针对特定的应用软件,可感染依附于某些应用软件内的宏指令,它可以很容易通过电子邮件附件、软盘、文件下载和群组软件等多种方式进行传播,如 Microsoft Word 和 Excel。宏病毒采用程序语言撰写,例如 Visual Basic,而这些又是易于掌握的程序语言。宏病毒最先在 1995 年被发现,不久后便成为最普遍的电脑病毒。

(5)Internet 病毒(网络病毒)。

Internet 病毒大多是通过 E-mail 传播的,它破坏特定扩展名的文件并使邮件系统变慢,甚至导致网络系统崩溃。"蠕虫"病毒是其中典型的代表。

2. 计算机病毒的传播途径

病毒的传染无非是两种方式：一是网络；二是软盘、光盘和 U 盘。如今由于电子邮件的盛行，通过互联网传递的病毒要远远高于后者。为此，我们要特别注意在网上的行为。

- 不要轻易下载小网站的软件与程序。
- 不要光顾那些很有诱惑性的小网站，因为这些网站很有可能就是网络陷阱。
- 不要随便打开某些来路不明的 E-mail 与附件程序。
- 安装正版杀毒软件公司提供的防火墙。
- 不要在线启动、阅读某些文件，否则很有可能成为网络病毒的传播者。

对于软盘、光盘和 U 盘传染的病毒，预防的方法就是不要随便打开。打开前，先用杀毒软件查杀一遍。

1.7.3 计算机病毒的防范及清除

【知识点】
病毒的预防、清除
【相关知识介绍】

说到预防计算机病毒，正如不可能研究出一种能包治人类百病的灵丹妙药一样，研制出万能的防计算机病毒程序也是不可能的。但可以针对病毒的特点，利用现有的技术，开发出新的技术，使防病毒软件在与计算机病毒的对抗中不断得到完善，更好地发挥保护计算机的作用。

计算机病毒预防是指在病毒尚未入侵或刚刚入侵时，就拦截、阻击病毒的入侵或立即报警。目前在预防病毒工具中采用的技术主要有以下几种：

（1）将大量的消毒/杀毒软件汇集一体，检查计算机是否存在已知病毒，如在开机时或在执行每一个可执行文件前执行扫描程序。这种工具的缺点是：对变种或未知病毒无效；系统开销大，常驻内存，每次扫描都要花费一定时间，已知病毒越多，扫描时间越长。

（2）检测一些病毒经常要改变的系统信息，如引导区、中断向量表、可用内存空间等，以确定是否存在病毒行为。其缺点是：无法准确识别正常程序与病毒程序的行为，常常报警，而频频误报警的结果是使用户失去对病毒的戒心。

（3）监测写盘操作，对引导区 BR 或主引导区 MBR 的写操作报警。若有一个程序对可执行文件进行写操作，就认为该程序可能是病毒，阻击其写操作并报警。其缺点是：一些正常程序与病毒程序同样有写操作，因而被误报警。

（4）对计算机系统中的文件形成一个密码检验码和实现对程序完整性的验证，在程序执行前或定期对程序进行密码校验，如有不匹配现象即报警。其缺点是：易于早发现病毒，对已知和未知病毒都有防止和抑制能力。

（5）智能判断型：设计病毒行为过程判定知识库，应用人工智能技术，有效区分正常程序与病毒程序行为，是否误报警取决于知识库选取的合理性。其缺点是：单一的知识库无法覆盖所有的病毒行为，如对不驻留内存的新病毒，就会漏报。

（6）智能监察型：设计病毒特征库（静态），病毒行为知识库（动态），受保护程序存取行为知识库（动态）等多个知识库及相应的可变推理机。通过调整推理机，能够对付新类型病毒，误报和漏报较少。这是未来预防病毒技术发展的方向。

对于个人计算机的病毒防护，应该具体从以下几个方面加以注意：
① 坚持对重要的文件进行备份。
② 使用的程序要有良好的合法性和可靠性。
③ 若用 Outlook express 收发电子邮件，应关闭信件预览功能。
④ 在浏览器中设置合适的 Internet 安全级别，防范来自 ActiveX 和 Java Applet 的恶意代码。
⑤ 对外来软盘、光盘、U 盘和网上下载软件等都应先查病毒，后使用。
⑥ 安装正版防病毒软件，并经常升级更新病毒特征代码库，当计算机出现异常活动时，就应该用杀毒软件对它进行杀毒处理。
⑦ 启用防病毒软件的实时监控功能。
⑧ 如果杀毒软件无法对病毒进行有效处理，可对硬盘和该机使用过的软盘进行格式化处理。

如果计算机已经感染了病毒，一般可采用下面方法进行修复处理：
① 对系统破坏程度先有一个全面了解，根据破坏程度决定方法对策：重装系统、启用杀毒软件或请防病毒专家进行清除和数据恢复处理。
② 修复前，尽可能再次备份重要的数据文件，不与平时的常规备份混在一起。
③ 启动杀病毒软件，并对整个硬盘进行扫描。使用事先准备的干净的 DOS 系统软盘启动系统。
④ 如果可执行文件中的病毒不能被清除，一般应将其删除，然后重新安装相应的应用程序。
⑤ 杀毒完成后，重启计算机，再次用杀毒软件检查系统。
⑥ 对无法杀除的病毒，应将病毒样本送交杀毒软件厂商的研究中心，以供详细分析。

本章小结

本章讲述了计算机的概念与分类、计算机的发展概况、数制与编码、微型计算机系统基本组成、微型计算机硬件、计算机软件系统以及计算机病毒等基础知识，力求为读者进一步使用计算机做好准备。

首先，通过本章的学习，我们知道在日常用语中，计算机一般指电子计算机中的个人电脑，是一种能够按照指令对各种数据和信息进行自动加工和处理的电子设备。计算机有多种不同的分类方式，从数据表示来说，计算机可分为数字计算机、模拟计算机以及混合计算机；其中的数字计算机按构成的器件划分，可分为早期使用的机械计算机和机电计算机，现在使用的电子计算机，以及正在研究中的光计算机、量子计算机、生物计算机、神经计算机等；现在使用的电子计算机就其规模或系统功能而言，又可分为巨型、大型、中型、小型和微型计算机。

计算机有五方面的特点：运算速度快；计算精度高；存储容量大，记忆能力强；具有逻辑判断能力；能在程序控制下自动地进行工作。微处理器和微计算机已嵌入机电设备、电子设备、通信设备、仪器仪表和家用电器中，使这些产品向智能化方向发展。计算机被引入各种生产过程系统中，使化工、石油、钢铁、电力、机械、造纸、水泥等生产过程的自动化水平大大提高。借助家用计算机、个人计算机、计算机网、数据库系统和各种终端设备，人们可以学习各种课程，处理各种生活事务，甚至可以居家办公。越来越多的人的工作、学习和生活中将与计算机发生直接的或间接的联系。

常用的数据编码有 ASCII 码，BCD 码，汉字的输入码、内码和字形码。

按照进位方式计数的数制叫进位计数制。常用的进制有十进制、二进制、八进制、十六进制，各进制之间能相互转化。

计算机的基本工作原理即"存储程序"原理，它是由冯·诺依曼（John von Neumann）提出的：计算机系统将编好的程序和原始数据，输入并存储在计算机的内存储器中；计算机按照程序逐条取出指令加以分析，并执行指令规定的操作。

计算机系统由硬件系统和软件系统两部分组成。

目前计算机的基本硬件结构仍然沿袭冯·诺依曼的体系结构，被称为存储程序式计算机。理论上，可将计算机硬件划分为五个部分，即输入设备、输出设备、存储器、运算器和控制器。其中，运算器负责数据的计算与指令的执行。存储器分为内存和外存，内存存储临时数据，外存存储长期数据。控制器负责控制计算机各个部件的协调工作，分配资源。现实中的计算机往往由多个零配件组成，习惯上将微型计算机硬件配件分为主机系统与外部设备两大部分。主机系统包括 CPU、主板、内存、电源、显卡等。外部设备一般指电脑的周边设备，也可以指其他事物的附属物件。在计算机使用过程中，难免会出现这样或那样的故障，为了更加合理有效地使用计算机，应当学会一些计算机硬件故障诊断与排除的基本方法。

计算机软件分为两大类，即系统软件和应用软件。系统软件负责管理计算机系统中各种独立的硬件，使得它们可以协调工作。应用软件是为了某种特定的用途而被开发的软件。软件的分类并不是绝对的，而是相互交叉和变化的。系统软件和应用软件之间没有绝对的界限，但要实现专门用途时，还是推荐使用功能强大的应用软件。

计算机病毒是指编制或者在计算机程序中插入的破坏计算机功能或者破坏数据，影响计算机使用并且能够自我复制的一组计算机指令或者程序代码。

第 2 章　Windows 7 操作系统

知识目标：
✧ 了解 Windows 7 概述
✧ 认识 Windows 7 的用户界面
✧ 了解 Windows 7 操作系统的基本特点
✧ 掌握 Windows 7 的基本操作
✧ 知道控制面板中各个项目的作用

技能目标：
✧ 熟练进行窗口、菜单、对话框等的操作
✧ 熟练进行文件和文件夹的复制、剪切、移动、删除等操作
✧ 能够对计算机进行系统设置
✧ 能够对计算机进行磁盘维护
✧ 能够对画图、写字板、记事本等进行操作

2.1　Windows 7 概述

【知识点】
常用操作系统、安装
【相关知识介绍】

2.1.1　操作系统

操作系统（Operating System，OS）是计算机系统中的重要系统软件，是这样一些程序模块的集合——管理和控制计算机系统的全部软件和硬件资源，合理组织计算机的各部分协调工作，并为用户提供良好的工作环境和友好的接口，给用户一个功能强大、使用方便的计算机系统。

操作系统的功能：
（1）处理机管理。
（2）存储管理。
（3）设备管理。

（4）文件管理。
（5）用户接口。
操作系统的特性：
（1）并发性。
（2）共享性。
（3）虚拟性。
（4）异步性。
操作系统的分类：
根据操作系统的使用环境和作业的处理方式，可以进行如下分类：
（1）多道批处理操作系统。
（2）分时系统。
（3）实时系统。
（4）通用操作系统。
（5）个人计算机操作系统。
（6）网络操作系统。
（7）分布式操作系统。
操作系统提供的服务：
计算机所完成的任何工作，都是为了满足用户需求。引入操作系统能够让计算机为用户提供更好的服务，计算机要提供一个良好的界面，使用户不需要了解许多与硬件和软件之间的细节，能够方便灵活地使用计算机。同时操作系统还要为用户提供可靠安全的服务。操作系统提供的服务具体来说可以有创建程序、执行程序、数据输入/输出、信息存取、通信服务以及错误检测和处理等。

2.1.2 常用操作系统

1. Windows

Windows 是一个为个人计算机和服务器用户设计的操作系统，它有时也被称为"视窗操作系统"。2009 年 10 月 22 日微软在美国正式发布的 Windows 7 是现在最流行的操作系统。

2. Linux

基于 Linux 的操作系统是 1991 年推出的一个多用户、多任务的操作系统，它与 UNIX 完全兼容。Linux 最初是由芬兰赫尔辛基大学计算机系学生 Linus Torvalds 在基于 UNIX 的基础上开发的一个操作系统的内核程序，Linux 的设计是为了在 Intel 微处理器上更有效地运用。其后在理查德·斯托曼的建议下以 GNU 通用公共许可证发布，成为自由软件 Unix 变种。它的最大的特点在于他是一个源代码公开的自由及开放源码的操作系统，其内核源代码可以自由传播。

3. iOS

iOS 是由苹果公司开发的移动操作系统。具有简单易用的界面、令人惊叹的功能,以及超强的稳定性等特点,主要的版本有 iOS 4、iOS 5、iOS 6、iOS 7 等版本。

4. Android

Android 是一种以 Linux 为基础的开放源代码操作系统,主要用于便携设备。Android 尚未有统一中文名称,中国内地较多人使用"安卓"或"安致"。Android 操作系统最初由 Andy Rubin 开发,最初主要支持手机。2005 年由 Google 收购注资,并组建开放手机联盟开发改良,逐渐扩展到平板电脑及其他领域上。2011 年第一季度,Android 在全球的市场份额首次超过塞班系统,跃居全球第一。2012 年 11 月数据显示,Android 占据全球智能手机操作系统市场 76% 的份额,中国市场占有率为 90%。

2.1.3 Windows 7 操作系统

Windows 7 有 6 个主要版本:
- Windows 7 Starter(入门版)。
- Windows 7 Home Basic (家庭普通版,不支持 Windows Areo 主题)。
- Windows 7 Home Premium(家庭高级版,支持 Windows Media Center 媒体中心功能、家庭组、多点触控功能)。
- Windows 7 Professional(专业版,支持 Windows XP 模式,兼容 XP 应用程序)。
- Windows 7 Enterprise (企业版)。
- Windows 7 Ultimate(旗舰版,支持多语言,35 种语言之间的切换)。

1. Windows 7 的安装

安装 Windows 7 使用升级安装、全新安装两种方式。Windows 7 内置了高度自动化的安装程序向导,使整个安装变得简便、易操作。Windows 7 的安装最低配置要求:

① 处理器:1 GHz 32 位或者 64 位处理器。
② 内存:1 GB 及以上。
③ 显卡:支持 DirectX 9 128M 及以上(开启 AERO 效果)。
④ 硬盘空间:16 G 以上(主分区,NTFS 格式)。
⑤ 显示器:要求分辨率在 1 024×768 像素及以上。

Windows 7 的全新安装:

(1)必备工具:Windows 7 的安装光盘。

(2)安装前准备:进入 BIOS 设置,您将看到一项 Advanced BIOS Features,选择它,然后用方向键向下移动,选择 First Boot Device,用 Page Down/Page Up 键,修改到 CDROM(或 DVDROM)都可以,按 F8 保存 BIOS 设置。此时我们打开光驱,放入光盘即可,这时将从光盘启动计算机。

(3)出现"欢迎使用 Microsoft Window"后,按相关提示一步一步进行剩下的操作,便可顺利完成安装操作。注意事项：

① 备份数据，避免造成数据丢失的现象。

② 确认硬件条件满足安装 Windows 7 的需求。

2. Windows 7 的启动和退出

安装好 Windows 7 的计算机，只要打开电源，系统首先运行主板 BIOS 中的自检程序，如果检测硬件没有问题，则进入操作系统的启动过程。在用完计算机之后，要正确关闭计算机，即退出操作系统，才能保证软件资源不被破坏或丢失。下面介绍 Windows 7 的启动和退出。

1）启　动

（1）依次打开显示器电源开关和主机电源开关。稍后，屏幕上将显示计算机的自检信息，如显示卡型号、主板型号和内存大小等。

（2）通过自检后，计算机将显示 Windows 7 界面。

图 2.1　Windows 7 界面

2）退　出

Windows 7 是一个采用虚拟存储技术的操作系统。采用虚拟存储技术的操作系统在运行过程中，会将一部分外存空间当作内存来使用，以便临时存储某些系统信息，以降低系统对实际物理内存的需求，当系统被正常关闭时，系统会自动回收相应的存储空间。因此，在关闭计算机时，应该按正常的方式退出 Windows 7，而不能直接关闭计算机的电源来瞬时停止计算机的运行，否则就可能会造成部分应用程序的数据丢失，导致外存里的数据遭受破坏，严重时可能会导致系统崩溃。

3）操作过程

（1）关闭所有正在运行的应用程序及其使用的文件。

（2）执行"开始"→"关机"命令。

3. Windows 7 的基本术语

1）桌　面

"桌面"就是用户启动计算机并登录到 Windows 7 系统后看到的界面，如图 2.1 所示。与以往任何版本的 Windows 相比，中文版 Windows 7 桌面有更加漂亮的画面、更富个性的设置和更为强大的管理功能。桌面是用户和计算机进行交流的窗口，通过桌面，用户可以有效地管理自己的计算机。

一般情况下，桌面上总是排列一些图标，每个图标分别代表一个对象，如文件夹或程序等。桌面底部的长条区域称为"任务栏"，如图 2.2 所示，它显示了系统正在运行的程序、打开的窗口以及当前系统时间等内容。

图 2.2　Windows 7 的任务栏

2）图　标

桌面上存放着经常要用到的各种图标，如"计算机""我的文档""网上邻居""回收站"等，还可以根据自己的需要在桌面上添加各类图标。在 Windows 中一个图标就代表着一个对象，通过图标就能了解该对象的类型和用途，当需要进行某种操作时双击对应的图标即可。常见的图标有以下几种。

（1）我的文档：它用于管理"我的文档"下的文件和文件夹，可以保存信件、报告和其他文档，它是系统默认的文档保存位置。

（2）计算机：通过该图标可以实现对计算机硬盘驱动器、文件夹和文件的管理，在其中可以访问连接到计算机的硬盘驱动器、照相机、扫描仪和其他硬件以及有关信息。

（3）网上邻居：该项中提供了网络上其他计算机上文件夹和文件访问以及有关信息，在双击展开的窗口中可以进行查看工作组中的计算机、查看网络位置及添加网络位置等工作。

（4）回收站：回收站是硬盘中的一块存储区，它用于暂时存放着已经被删除的某些文件或文件夹的信息。当未进行回收站的清空操作时，可以从中还原被删除的文件或文件夹。只有当回收站中的文件及文件夹被删除或回收站被清空时，相应的文件及文件夹才被彻底删除。

（5）Internet Explorer：单击该图标可以快速启动 Internet Explorer 浏览器，访问 Internet 资源。

3）窗　口

当用户打开一个文件或者启动一个应用程序时，就会出现一个窗口，便于用户使用和操作。在 Windows 7 中有许多种窗口，其中大部分窗口中包含了相同的组件。当一个窗口被关闭时，也就终止了该应用程序的运行。

（1）窗口的组成。所有基于 Windows 7 的应用程序都是在窗口中运行的，窗口的基本构成如图 2.3 所示。

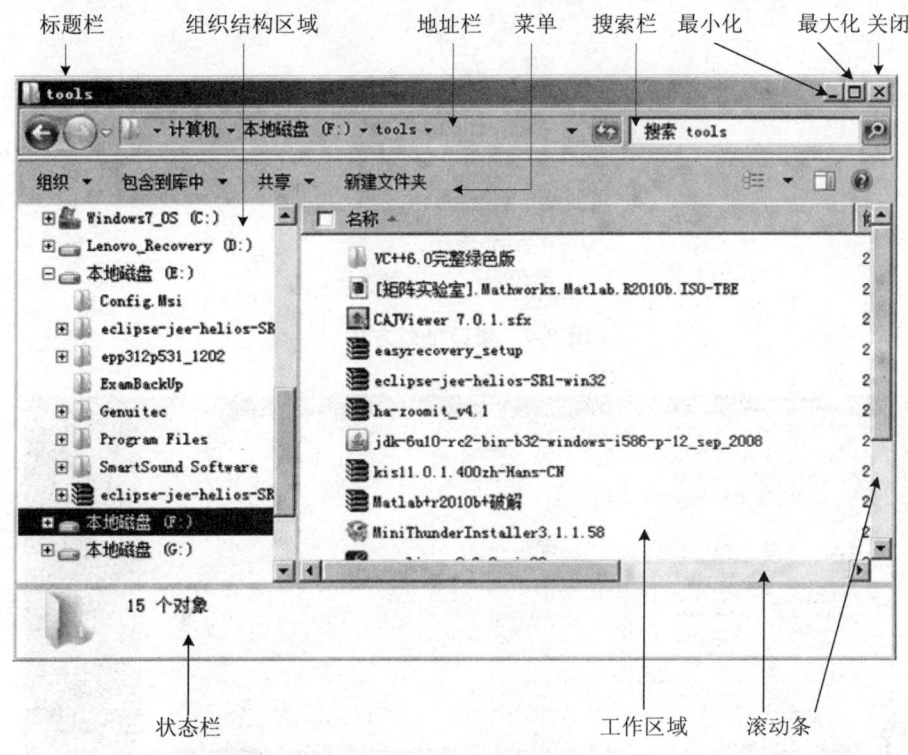

图 2.3 窗口组成

① 标题栏：位于窗口的最上部，其中有一行标题文字，列出程序或窗口的名称或要处理的对象。

② 菜单栏：位于标题栏的下方，它是一组命令的集合，用户可以通过菜单来选择想要执行的命令。

③ 工具栏：位于菜单栏之下，它包括一些常用的功能按钮，如"后退""向上"按钮等。一般是可选的，可显示也可关闭它。工具栏中的每一个小图标对应下拉菜单中的一个常用命令。

④ 地址栏：地址栏显示的是当前的文件路径，是一个下拉列表框。打开此列表框，可以从中选择所需的文件夹。

⑤ 滚动条：当窗口内容较多时，不能在工作区中全部显示时，可拖动滚动条显示窗口外的内容。滚动条有垂直滚动条和水平滚动条两种，可将窗口工作中的内容上、下或左、右滚动。

⑥ 工作区：用户完成操作任务的区域。

⑦ 状态栏：位于窗口底端，显示与当前操作、当前系统状态有关的信息，同工具栏一样，可在"查看"菜单中选择是否显示它。

（2）窗口的排列方式。

右击任务栏的空白处，在弹出的快捷菜单中可以选择窗口的排列方式，如图2.4所示。

① 层叠窗口：右击任务栏的空白处，在弹出的快捷菜单中选择"层叠窗口"命令，可以使窗口纵向排列且每个窗口的标题栏均可见，如图2.5所示。

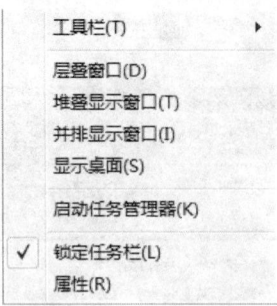

图 2.4　窗口排列方式

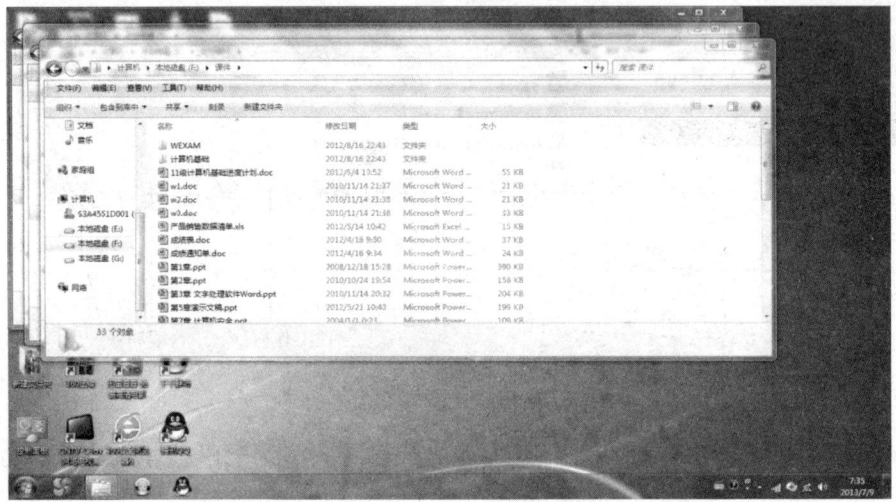

图 2.5　层叠窗口

② 堆叠显示窗口：右击任务栏的空白处，在弹出的快捷菜单中选择"堆叠显示窗口"命令，可以使窗口堆叠显示，如图 2.6 所示。

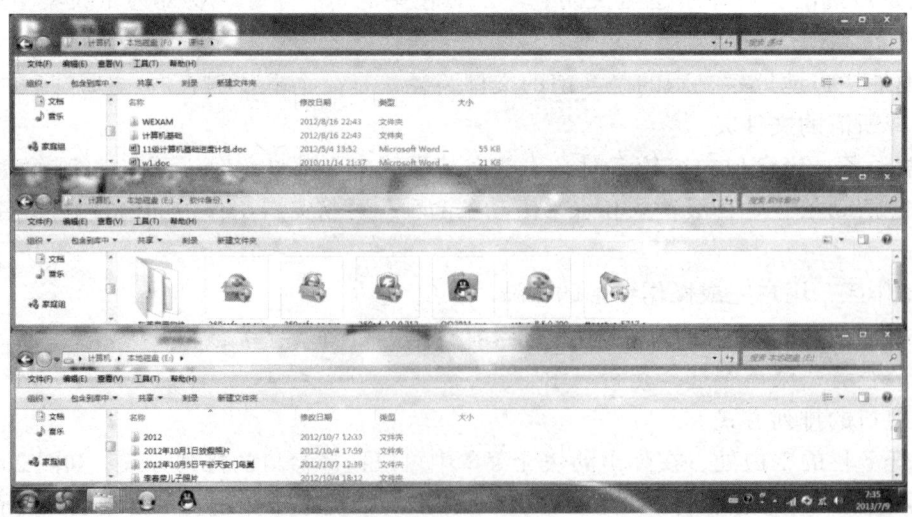

图 2.6　堆叠显示窗口

③ 并列显示窗口：右击任务栏的空白处，在弹出的快捷菜单中选择"并列显示窗口"命令，可以使每个打开的窗口均可见且均匀地分布在桌面上，如图 2.7 所示。

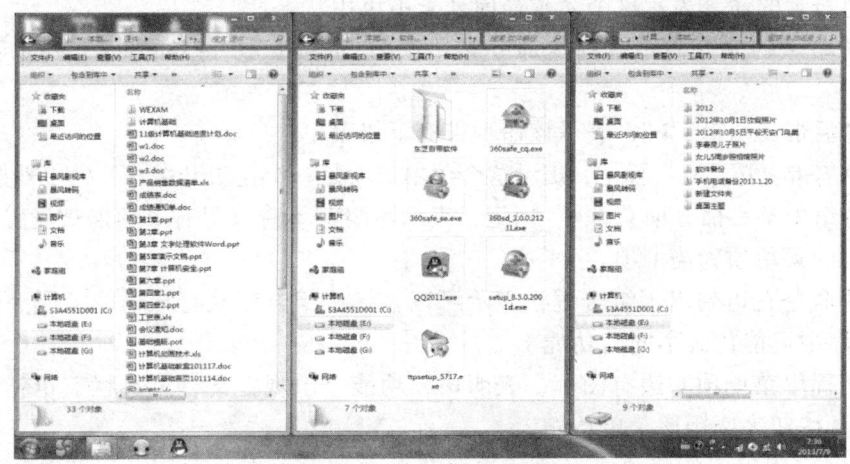

图 2.7　并列显示窗口

4）菜　单

（1）菜单的种类。Windows 中执行某项任务常用的方法就是从菜单中选择相应的选项。Windows 7 中菜单的种类有以下几种。

① 开始菜单：单击任务栏上的"开始"按钮，即出现"开始"菜单。

图 2.8　开始菜单

② 下拉菜单：用鼠标单击菜单栏中的某个菜单选项可弹出下拉菜单，选择某个命令可完成相应的任务。

③ 快捷菜单：右击将弹出一个包含于该项目的大多数常用命令的快捷菜单。通过选择快捷菜单命令，能够快速、方便地完成许多常用操作，快捷菜单因选取对象的不同而不同。

（2）Windows 7 对菜单项的约定。

① 完成相关任务的命令成组放置，命令组之间用一条横线分隔。

② 灰色显示的命令表示这个命令当前处于不可用状态。

③ 带省略号的命令表示选择这命令菜单项后，会出现一个对话框，要求输入更多的信息。

④ 命令后带三角形"▶"，表示该命令带有下级菜单。

⑤ 命令前带复选"√"标记，表示这个菜单选项是一个逻辑开关，并处于被选中的状态。

⑥ 命令组中某一命令前有"●"标记，表示该组菜单有且只有一项能被设置为当前项。有"●"标记的菜单项为当前项。

⑦ 一些命令右边列出了组合键，表示可以直接按组合键执行该命令（同一组合键在不同的应用程序中可能代表不同的功能）。

⑧ 应用程序菜单项左边有图标，表明该项功能会出现在某一工具栏，也就可以通过工具栏上的工具按钮来调用该菜单功能。

虽然不同应用程序的菜单或对象的快捷菜单在结构上有些差别，但菜单的形式是一致的，执行菜单命令的方法也相同。当需要执行的菜单功能时，可以单击对应的菜单项；也可在菜单打开时，在键盘按菜单项中有下划线的字母；还可以直接按相应的组合键。

5）对话框

在 Windows 7 中，执行某些具体操作时，会出现一个对话框。对话框的大小、形式、外观等各不相同，但大部分对话框的组成基本相似，主要由选项卡、文本框、列表框、单选按钮、复选框、命令按钮等组成，如图 2.9 所示。

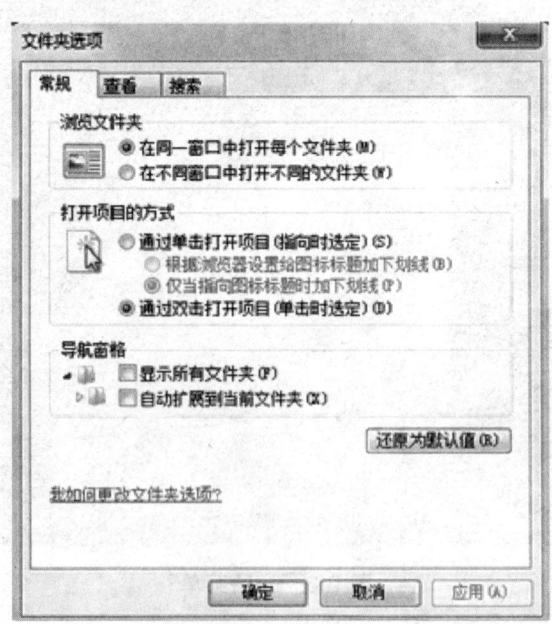

图 2.9　对话框

① 单选按钮：系统提供单项选择，用户只能从中选择一项，被选中项目前面的圆圈内，将打上"●"，这些选择框称为单选按钮。

② 复选按钮：系统提供多项选择，用户可以从中选择一项或多项，被选中项目前面的方框内，将打上"√"，这些选择框称为复选按钮。

③ 按钮：用户单击该按钮时，系统就执行相应的操作。

2.2　Windows 7 的基本操作

2.2.1　鼠标的操作

【知识点】
鼠标操作
【相关知识介绍】
鼠标的基本操作主要有：指向、单击、双击、右击和拖动。
- 指向：移动鼠标，使光标指向某一具体对象上，不按键。一般用于激活对象或显示工具提示信息。
- 单击：按一下鼠标左键。一般用来选中某个对象、激活对象、显示工具提示信息。
- 双击：连续快速按下鼠标左键两次。一般用来打开某个应用程序或对象。
- 右击：按一下鼠标右键。一般会弹出操作对象的快捷菜单。
- 拖动：先把鼠标指针指向要拖动的对象，按住鼠标左键不放，将该对象移动到新位置。通常用于滚动条操作、标尺滑块操作或复制、移动对象的操作。

2.2.2　图标的操作

【知识点】
移动、排列
【相关知识介绍】

1．移动图标

选中待移动的图标，按下鼠标左键拖动至适当的位置，释放鼠标按键，即可完成图标的移动。

2．排列图标

【任务】
对桌面图标的顺序按自己的习惯进行重新排列。
【解决方案】
在桌面上的空白处右击，在弹出的快捷菜单中选择"排列图标"命令，在子菜单项中选择自己喜欢的排列方式即可完成。

（1）名称：按图标名称开头的字母或拼音顺序排列。

（2）大小：按图标所代表文件的大小的顺序排列。

（3）项目类型：按图标所代表的文件的类型排列。

（4）修改日期：按图标所代表文件的最后一次修改日期排列。

以上 4 种排列方式也适用于窗口中的文件和文件夹，其他关于桌面图标的重命名、删除等操作只要选中要操作的图标，右击鼠标在弹出的快捷菜单中选择相应的命令项即可完成。

2.2.3 窗口的基本操作

【知识点】
打开、移动、改变大小、切换
【相关知识介绍】
窗口操作主要涉及打开窗口、移动窗口、改变窗口大小、窗口之间的切换以及复制窗口等，下面以实例介绍窗口的各类操作。
【任务一】
移动窗口位置。
【解决方案】
（1）在桌面上打开"计算机"窗口。
（2）将鼠标指向窗口的标题栏，并拖动鼠标到指定位置。
【任务二】
改变窗口的大小。
【解决方案】
当窗口不是最大化时，可以改变窗口的高度和宽度。
（1）改变窗口的宽度：将鼠标指向窗口的左边或右边，当鼠标变成双向箭头"↔"后，将鼠标拖动到所需宽度的位置。
（2）改变窗口的高度：将鼠标指向窗口的上边或下边，当鼠标变成双向箭头"↕"后，将鼠标拖动到所需高度的位置。
（3）同时改变窗口的宽度和高度：将鼠标指向窗口的任意一个角，当鼠标变成倾斜双向箭头"↘"后，将鼠标拖动到所需大小的位置。
【任务三】
切换桌面上同时打开的多个窗口。
【解决方案】
Windows 7 是一个多任务操作系统，在计算机的使用过程中，可以同时打开多个窗口。在多个窗口中系统只允许其中一个为活动窗口，活动窗口呈深蓝色，其他窗口呈灰蓝色，通过在多个窗口之间的切换，可以改变当前的活动窗口。
第一种方法：单击"任务栏"上指定的任务图标按钮，即可打开相应的任务窗口，使之成为当前的活动窗口。
第二种方法：也可以通过组合键〈ALT〉+〈TAB〉来切换窗口。
【任务四】
关闭窗口。
【解决方案】
在桌面的使用过程中，如果不再使用某个程序窗口，可关闭它。关闭窗口的方法有以下几种：

（1）按〈Alt〉+〈F4〉组合键。
（2）打开控制菜单，选择其中的"关闭"命令。
（3）单击程序窗口右上角的关闭按钮。
（4）打开应用程序窗口的"文件"菜单，选择执行其中的"关闭/退出"命令。

如果应用程序正在处理的信息还没有保存，关闭窗口时，系统会弹出一个信息提示框，询问是否需要保存内容，之后才能关闭窗口。

2.2.4 任务栏的基本操作

【知识点】
隐藏、大小和位置的改变、任务管理器
【相关知识介绍】
任务栏的操作包括移动、改变尺寸、隐藏及任务管理器的使用，下面以实例进行讲解操作。

【任务一】
移动任务栏的位置。
【解决方案】
默认情况下任务栏是锁定的，即不可以移动。如果要将任务栏移动到屏幕的其他边侧，应执行如下操作：
（1）用鼠标右键单击任务栏，在弹出的菜单中取消对"锁定任务栏"的选择。
（2）单击任务栏的空白区，并按住鼠标左键不放，拖动鼠标到桌面的左、右或上侧，任务栏则移动到了桌面的相应位置了。

【任务二】
改变任务栏的尺寸。
【解决方案】
在未锁定任务栏的情况下，将鼠标移动到任务栏与桌面交界的边缘上，此时鼠标的形状变成了一个垂直箭头，按住鼠标左键拖动鼠标，任务栏可以变宽或变窄。

【任务三】
隐藏任务栏。
【解决方案】
（1）鼠标右键单击任务栏中的空白处，弹出一个快捷菜单，选择"属性"命令。
（2）打开如图 2.10 所示"任务栏和开始菜单属性"对话框，选中"自动隐藏"复选框，单击"确定"按钮退出后，任务栏就会自动隐藏起来。在"任务栏和开始菜单属性"对话框中还可以进行其他项的设置。
（3）设置隐藏后的任务栏只有将鼠标移动到屏幕的底部停留一会，隐藏起来的任务栏才会重新显示出来。

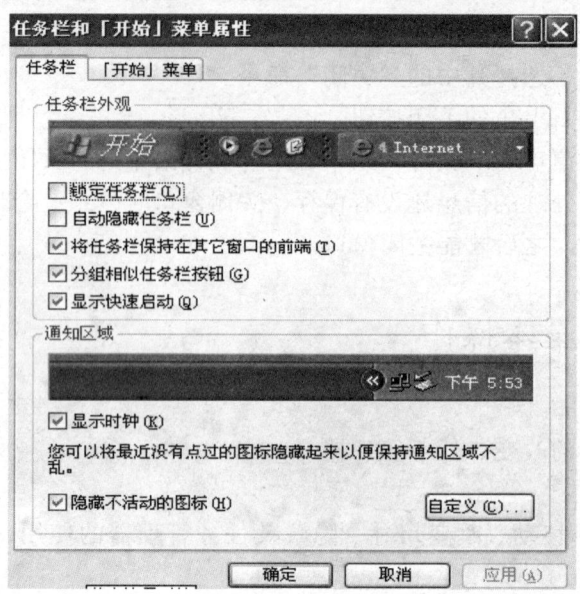

图 2.10 "任务栏和开始菜单属性"对话框

【任务四】
调出任务管理器。
【解决方案】
任务管理器是 Windows 7 中很重要的一个系统管理工具。利用任务管理器，可以中止程序、显示程序的进程或者调整进程的优先级等操作。

打开任务管理器窗口的方法：
右击任务栏空白处，在快捷菜单中选择"启动任务管理器"。任务管理器常用来结束没有响应的程序，选择未响应的程序，按"结束任务"，则未响应的程序结束。

2.2.5 "开始"菜单的操作

【知识点】
打开、关闭、启动应用程序
【相关知识介绍】
在 Windows 7 中，"开始"菜单包括 Windows 所有的命令，功能强大。
【任务一】
启动"开始"菜单。
【解决方案】
（1）单击 ![icon]，启动"开始"菜单。
（2）按键盘上的"Windows 徽标"键也可以启动"开始"菜单。
（3）按〈Ctrl〉+〈Esc〉组合键，启动"开始"菜单。

图 2.11 "开始"菜单

【任务二】
关闭"开始"菜单。
【解决方案】
(1) 再次单击 ![icon]，即可关闭"开始"菜单。
(2) 单击桌面上"开始"菜单以外的任意处，关闭"开始"菜单。
(3) 按 Esc 键关闭"开始"菜单。

【任务三】
通过开始菜单启动计算器。
【解决方案】
执行"开始"→"所有程序"→"附件"→"计算器"命令，则启动了计算器应用程序。

2.2.6 "回收站"的操作

【知识点】
回收站、恢复被删除文件
【相关知识介绍】
桌面上的"回收站"是 Windows 7 提供的暂存被删除的文件、文件夹和快捷方式图标的工具。"回收站"里存放的内容可以被永久地删除，也可以被恢复，即把文件、文件夹和快捷方式等按它们原来的属性和设置恢复到原位置。

【任务一】
恢复被删除的对象。
【解决方案】
(1) 打开"回收站"，选定要还原的文件。
(2) 单击菜单栏中的"文件"→"还原"命令，系统即将选中的文件从回收站还原到原来所处的位置。也可以选定要还原的文件,单击鼠标右键,在弹出的快捷菜单中,单击"还原"命令来还原文件。

【任务二】

调整"回收站"空间的大小。

【解决方案】

(1)右击桌面上的"回收站"图标,在弹出的快捷菜单中选择"属性"选项,出现如图2.12所示对话框。

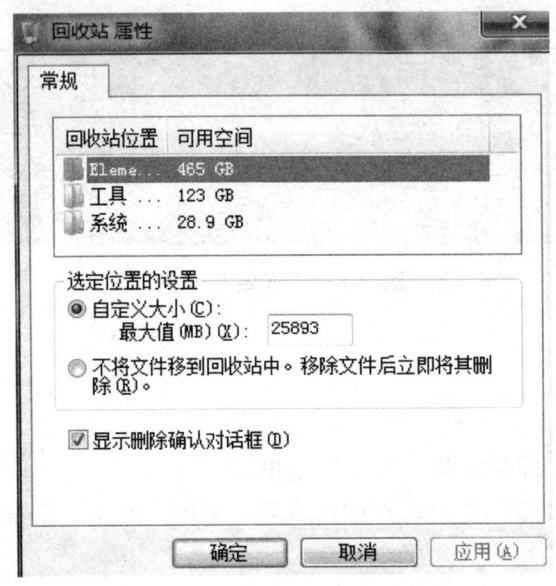

图 2.12 "回收站"属性对话框

(2)调整"回收站"在磁盘中存储容量的大小。

【任务三】

清理"回收站"。

【解决方案】

(1)部分文件清理:在回收站中右击需要删除的文件,在弹出的快捷菜单中选择"删除"命令即可对所选文件进行清理。

(2)清空:右击桌面上的"回收站"图标,在弹出的快捷菜单中选择"清空回收站"选项,可删除回收站全部内容。值得注意的是,从回收站删除的信息是永久性删除,通过 Windows 7 本身不可能再恢复。

2.2.7 帮助系统的使用

【知识点】

帮助

【相关知识介绍】

Windows 7 组织了大量的信息来解释和说明系统所提供的功能及其使用方法,通过系统所提供的帮助功能，可以快捷、高效地使用 Windows 7 系统。获取 Windows 7 帮助的途径主要有两种：帮助和支持中心、程序所自带的帮助信息。

1. 帮助和支持

当打开"帮助和支持"窗口时可以看到一系列常用主题和多种任务的选项，其中的内容以超级链接的形式显示，结构更加合理，而且用户使用起来更加方便。

通过"开始"→"帮助和支持"命令就可以打开如图 2.13 所示的"帮助和支持"窗口。

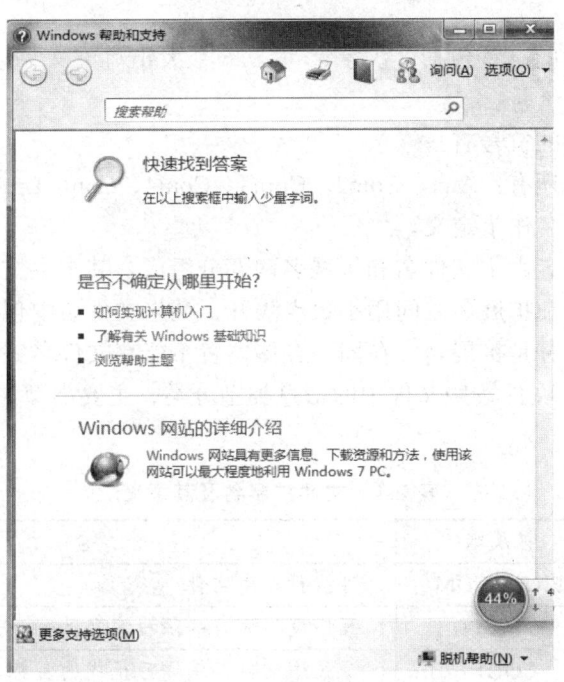

图 2.13 "帮助和支持"窗口

可以在帮助系统中查找所需要的内容，如果计算机是连入 Internet 的，可以通过列表中的内容获得 Microsoft 公司的在线支持，或者向微软新闻组中的专家求助。

2. 应用软件的帮助功能

在 Windows 7 中的应用软件基本都提供了"帮助"功能，复杂的应用软件还提供了一组帮助功能。应用软件的帮助信息用于说明该软件的功能、使用方法及有关的专用术语。

一般来讲，应用软件的帮助功能通过其菜单栏中的"帮助"菜单来打开。

2.3 Windows 7 的文件和文件夹管理

2.3.1 文件与文件夹的概念

【知识点】
文件、路径

【相关知识介绍】

1. 文件

文件是一个完整的、有名称的信息集合，是磁盘上信息存取的基本存储单位。用户所编辑的文章、信件、绘制的图形等都以文件的形式存放在磁盘中，系统中的一些应用程序也是一些文件。文件具有名字、大小、类型、创建和修改时间等特征。

不同操作系统的文件命名规则有所不同，Windows 是不区分大小写的；而 UNIX 是区分大小写的。

文件名中可以使用的字符包括：汉字字符、26 个大小写英文字母、0～9 十个阿拉伯数字和一些特殊字符。

文件名中不能使用的符号有：〈、〉、／、＼、|、：、"、*、？。

不能使用的文件名还有：Aux、Com2、Com3、Com4、Con、Lpt1、Lpt2、Prn、Nul，因为系统已经对这些文件名作了定义。

文件名格式：文件名由主文件名和扩展名两部分组成。其中主文件名是必须有的，扩展名可以省略。主文件名和扩展名之间用小数点隔开，如果文件名中包含多个小数点，则最右端一个小数点后面的部分是扩展名。在同一存储位置不能有文件名完全相同的文件。

在 Windows 7 中，文件按照文件中的信息类型分类，主要类型如表 2.1 所示。文件类型一般以扩展名来体现。

表 2.1 文件扩展名及其意义

文件类型	扩展名	含 义
可执行程序	EXE、COM	可执行程序文件
源程序文件	C、CPP	程序设计语言的源程序文件
目标文件	OBJ	源程序文件经编译后生成的目标文件
MS Office 文档文件	DOC、XLS、PPT	Microsoft Office 中 Word、Excel、PowerPoint 创建的文档
图像文件	BMP、JPG、GIF	图像文件，不同的扩展名表示不同格式的图像文件
流媒体文件	WMV、RM	能通过 Internet 播放的流式媒体文件，不需下载整个文件即可播放
压缩文件	ZIP、RAR	压缩文件
音频文件	WAV、MP3、MID	声音文件，不同的扩展名表示不同格式的音频文件
网页文件	HTML、ASP	一般来说，前者是静态的，后者是动态的

2. 文件夹

文件夹是在磁盘上组织程序和文档的一种容器，其中既可包含文件，还能包含文件夹（这样的文件夹称为子文件夹），在屏幕上以一个文件夹的图标表示。磁盘中存储着大量的文件，通过文件夹来分组存放文件，文件的查找和管理就更方便、有效。

文件夹的命名规则与文件相同。

3. 文件路径

文件路径就是文件在磁盘上位置的表述，由一系列文件夹名和文件名组成，各文件夹之间用斜杠"\"分隔。通过文件的路径可以确定文件在磁盘上的具体位置。

Windows 7 采用树形结构来管理和组织文件，将每个盘符作为一个文件夹来对待，称为根文件夹。因此每一个文件都应属于某一个文件夹的。

在表述一个文件的路径时，如果是从一个盘符或以"\"（表示当前的操作盘符）开始的，这种路径称为绝对路径。否则就表示是从当前文件夹开始的（书面表述时，常以"..\"开头），这种路径称为相对路径。

2.3.2 资源管理器的操作

【知识点】
打开、窗口组成、操作

【相关知识介绍】
资源管理器是 Windows 7 的主要操作界面，采用图形设计，易于操作，便于浏览，对系统中各种信息的浏览和处理基本上都是在窗口中进行。

【任务一】
切换当前文件夹。

【解决方案】
文件夹同窗口一样，某一时刻只能操作一个文件夹，当利用资源管理器来进行文件及文件夹的管理时，经常需要在不同文件夹间进行切换。

有以下几种方法可以完成文件夹的切换：
（1）单击欲进入的文件夹。
（2）在地址栏输入文件夹的路径，相对路径和绝对路径都可以。
（3）使用工具栏上的按钮。

【任务二】
展开与折叠文件夹。

【解决方案】
在左边的窗格中，若驱动器或文件夹前面有"+"号，表明该驱动器或文件夹有下一级子文件夹，单击该"+"号可展开其所包含的子文件夹，当展开驱动器或文件夹后，"+"号会变成"-"号，表明该驱动器或文件夹已展开，单击"-"号，可折叠已展开的内容。例如，单击左边窗格中"计算机"前面的"+"号，将显示"计算机"中所有的磁盘信息，选择需要查看的磁盘前面的"+"号，将显示该磁盘中所有的内容。

【任务三】
设置文件夹的视图方式。

【解决方案】
文件夹的内容不仅显示其中的文件和文件夹的名称，还可以显示出文件或文件夹的其他属性。

通过"查看"→"排序方式"可以改变文件或文件夹的先后次序，还可以通过"查看"菜单来进行视图模式的切换，如图 2.14 所示。

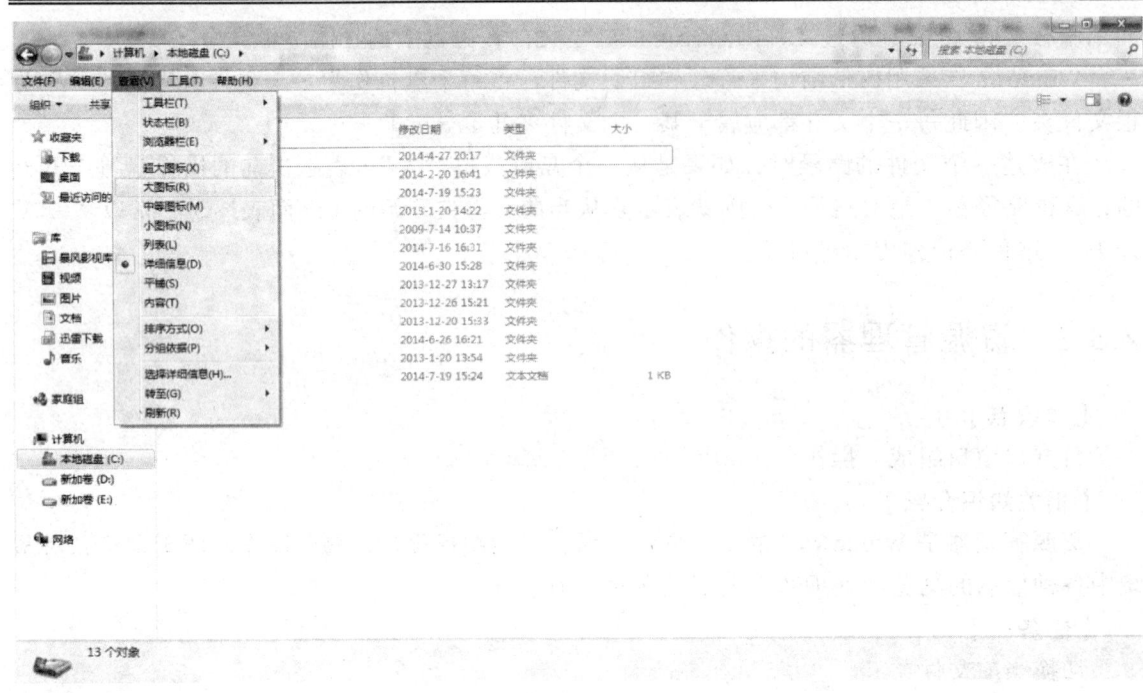

图 2.14 "查看"下拉式菜单

【任务四】
设置文件夹的属性。
【解决方案】
系统提供的"文件夹选项"对话框可以设置文件夹的常规及显示方面的属性，还可以设置关联文件的打开方式及脱机文件等。

在资源管理器中，执行"工具"→"文件夹选项"命令，就可打开"文件夹选项"对话框，如图 2.15 所示。

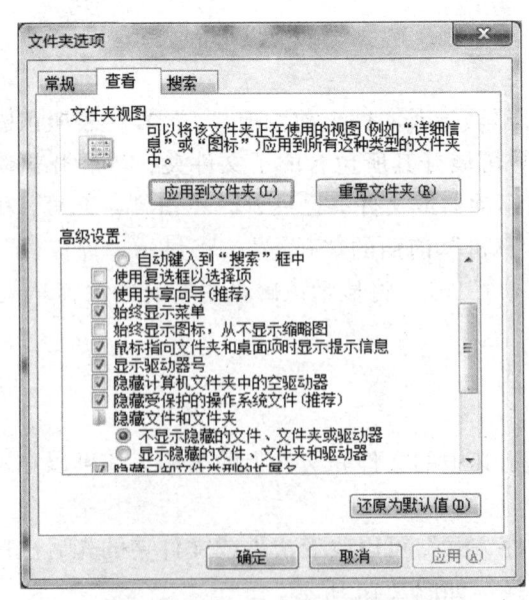

图 2.15 "文件夹选项"对话框

该对话框中有"常规""查看""文件类型"和"脱机文件"4个选项卡,其中"查看"选项卡中的设置对资源管理器的操作内容影响最为显著。

(1)"常规"选项卡:该选项卡用来设置资源管理器的基本操作方式,可设置文件夹显示的视图方式、浏览方式、项目的打开方式。单击"还原为默认值"按钮,可以将这些项目还原为系统默认的方式。

(2)"查看"选项卡:该选项卡用来设置文件夹的显示方式,如图2.15所示。

该选项卡中,经常会设置高级设置中以下几个选项。

① 使用简单文件共享:启用这个选项,可以简化局域网中计算机间的文件资源共享设置。

② 显示系统文件夹的内容:默认设置下,系统有一些文件夹存放了系统核心文件,为了预防一些破坏性的操作,系统将其内容不进行显示。典型的系统文件夹是C:\Windows。

③ 隐藏文件和文件夹:如果选择了"显示所有文件和文件夹",那么就会显示出文件夹内的所有内容,否则如果有隐藏属性的文件或文件夹就不显示。

④ 隐藏已知文件类型的扩展名:启用此选项时,系统中许多文件的扩展名就不会显示出来,如扩展名为.exe、.txt、.sys等的文件。不显示文件的扩展名,文件夹内容的列表就会稍显清晰,但用户就不太容易辨别文件的类型。

如果对所进行的设置项不够明确,或希望将文件夹选项的设置恢复到系统的初始状态,单击"还原为默认值"按钮即可。

(3)"搜索"选项卡:该选项卡可以用来设置文件或文件夹搜索的一些功能,如不搜索子目录来减少搜索时间。Windows 7 搜索功能的强大还包括它不仅可以搜索文件名,还可以搜索文件内容。如果用户只记得文件当中的部分内容而不记得文件名,那么这个功能无疑会提供很大程度的帮助。不过实际情况是,文件内容搜索用户用到的时候并不多,毕竟记住文件名比记住文件内容要容易得多。因此在默认情况下,Windows 7 在搜索没有索引的目录时将只搜索文件名,而不搜索文件内容。

除此之外,为了让搜索更快,我们还可以进行进一步的设定,如选择不搜索子目录,设定搜索内容关键字完全匹配等,这样就可以进一步减少搜索时间,加快搜索速度。

为了达到更好的效果,Windows 7 默认是要搜索文件夹以及文件夹中包含的子目录的,但如果我们确认文件所在的文件夹,就可以选择不包括子目录搜索,从而加快速度。相比之下,选择关键字的完全匹配可能效果更为明显,也可以有效筛选搜索结果。因为如果关键字部分匹配的话,可能会搜索出很多包含关键字中部分内容的文件,而这些文件往往并不是我们想要的。

修改方法很简单,在系统的开始菜单的搜索框中输入"文件夹选项",确认后即可打开"文件夹选项"对话框,然后在"搜索方式"栏当中选择去掉"在搜索文件夹时在搜索结果中包含子文件夹"和"查找部分匹配"前的勾选即可,如图2.16所示。

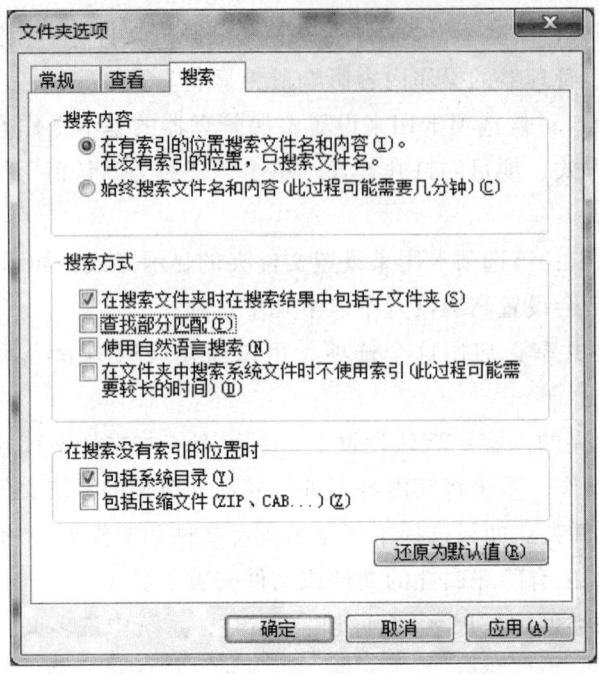

图 2.16 "搜索"选项卡

2.3.3 文件、文件夹的管理

【知识点】
选定、移动、复制、移动、重命名、删除等
【相关知识介绍】
【任务一】
文件或文件夹的选定。
【解决方案】
对象的选定是 Windows 中所有操作的前提,单个文件或文件夹的选定只需单击对应的文件或文件夹的图标即可。同时选定多个文件则分以下几种情形:

(1)不连续多文件或文件夹的选定:按住 Ctrl 键,然后单击欲选定的文件或文件夹。如需去掉某一文件或文件夹的选定,只需再次单击相应的文件或文件夹即可。

(2)连续多个文件或文件夹的选定:单击位置最靠前的文件或文件夹,然后按住 Shift 键,再单击位置最末的文件或文件夹;也可用鼠标去框选相应的文件区域(就是用鼠标拖动去框选文件所在的区域)。

(3)全部选定:执行"编辑"→"全选"命令,也可按 Ctrl+A 组合键来实现。

(4)反向选择:先用上述选定方法,选定不需要的文件或文件夹后,执行"编辑"→"反向选择"命令,即可以选定刚才没有选取的文件或文件夹。

取消文件或文件夹的选定,是在被选对象(或区域)外任何处单击,也可配合 Shift 键或 Ctrl 键灵活撤销部分选择。

【任务二】

文件或文件夹的建立、删除与重命名。

【解决方案】

（1）文件或文件夹的建立：在欲建立新文件或文件夹的位置（磁盘、文件夹及桌面等处）的空白处右击，在弹出的快捷菜单中选择"新建"命令，再选择"文件夹"或要建立的文件类型，接着输入文件或文件夹的名称，最后按回车键。也可通过菜单操作完成，执行"文件"→"新建"命令，后续操作同前。

（2）文件或文件夹的删除：先选定欲删除的文件或文件夹，然后按 Del 键（也可选用右键菜单或执行"文件"→"删除"命令），此时系统会给出一个警告对话框，确认就将选定的文件或文件夹删除，此时删除的文件被移入回收站中，还可以还原回来。如果想被删除的文件或文件夹彻底删除，而不进入回收站，先按住 Shift 键，再按 Del 键，后续操作同前。

（3）文件或文件夹的重命名。先选定欲重命名的文件或文件夹，选用其右键菜单或执行"文件"→"重命名"命令，输入文件名之后，按回车键（也可单击一下别的区域）。如果重命名时，改变了文件的扩展名，系统会弹出警告对话框"如果更改文件扩展名，文件可能无法正常使用"。

【任务三】

文件或文件夹的移动与复制。

【解决方案】

在计算机使用过程中，时常需要将文件或文件夹从一个位置移动到另一个位置。为了防止硬盘里的文件意外丢失，需要将重要的文件或文件夹复制到其他存储介质上作备份。虽然移动与复制是两种不同结果的操作，但其操作过程十分相似。

（1）文件或文件夹的移动。

① 使用鼠标的拖动操作：先选定欲移动的文件或文件夹，如果目标文件夹也在同一磁盘中，则将其拖动到对应的文件夹中即可，否则应在放开鼠标前按下 Shift 键。

② 使用鼠标的右键拖动：先选定欲移动的文件或文件夹，按下鼠标右键拖动到目标文件夹上，放开鼠标时，在弹出的菜单中选择"移动到当前位置"命令，如图 2.17 所示。

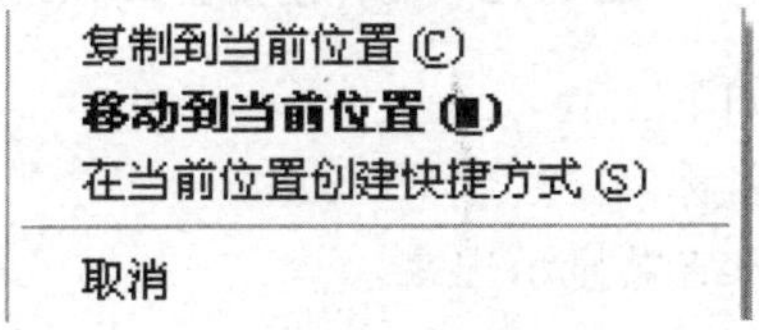

图 2.17　鼠标拖动法移动文件

③ 使用菜单操作：先选定欲移动的文件或文件夹，然后执行"编辑"菜单或右键菜单中的"剪切"命令（也可按 Ctrl+X 组合键），最后进入目标文件夹中，执行"编辑"菜单或右键菜单中的"粘贴"命令（也可按 Ctrl+V 组合键），就将选定的文件或文件夹移到目标文件夹中。剪切后只能进行一次粘贴，如果未进行粘贴操作，则对文件不产生任何影响。

（2）文件或文件夹的复制。

① 使用鼠标的拖动操作：先选定欲复制的文件或文件夹，如果目标文件夹不在同一磁盘中，则将其拖动到对应的文件夹中即可，否则应在放开鼠标前按下 Ctrl 键。

② 使用鼠标的右键拖动：先选定欲复制的文件或文件夹，按下鼠标右键拖动到目标文

件夹上，放开鼠标时，在弹出的菜单中选择"复制到当前位置"命令，如图2.19所示。

③ 使用菜单操作：先选定欲复制的文件或文件夹，然后执行"编辑"菜单或右键菜单中的"复制"命令（也可按Ctrl+C组合键），然后进入目标文件夹中，执行"编辑"菜单或右键菜单中的"粘贴"命令（也可按Ctrl+V组合键），就将选定文件或文件夹复制到目标文件夹中。

【任务四】

文件或文件夹的查找。

【解决方案】

Windows 7提供了强大的文件搜索功能，通过"搜索"按钮可调用其文件搜索功能，如图2.18所示。

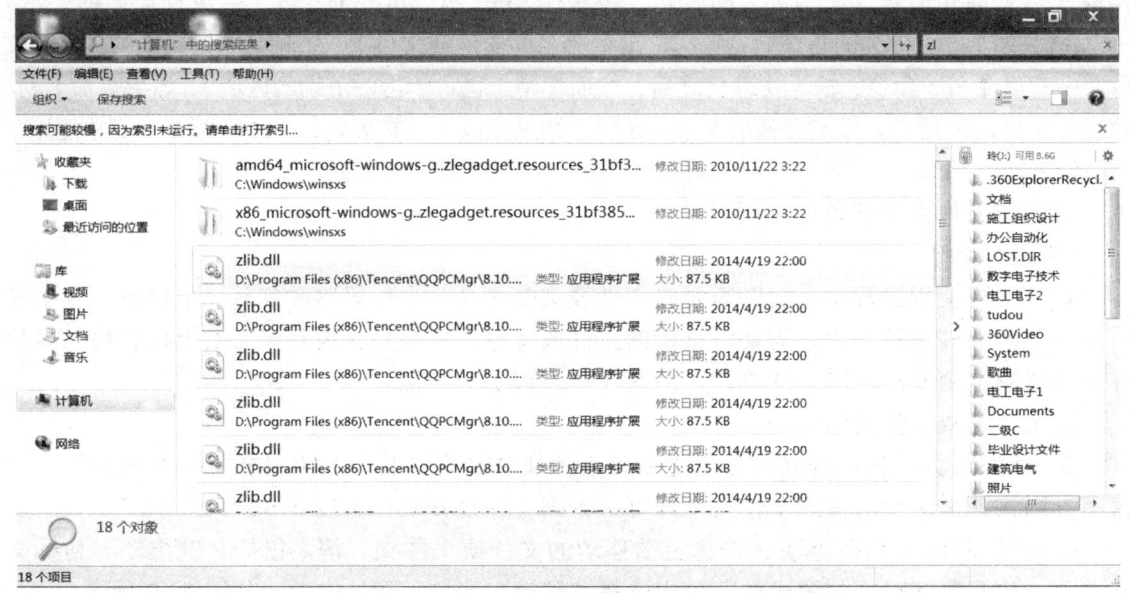

图2.18　文件搜索窗口

搜索文件或文件夹的操作如下：

（1）输入文件或文件夹的名称。

（2）Windows 7会将搜索的结果显示出来。

【任务五】

文件或文件夹属性的修改。

【解决方案】

文件和文件夹的属性记录了文件和文件夹的重要信息。它是系统区别文件和文件夹的标志，也是计算机进行查找的依据。在Windows 7中，用户可以查看文件和文件夹的属性，也可以对它进行设定和修改。

选定相应的文件或文件夹后，通过右键菜单中的"属性"选项，就可打开其属性对话框，如图2.19所示。

【任务六】

快捷方式的建立。

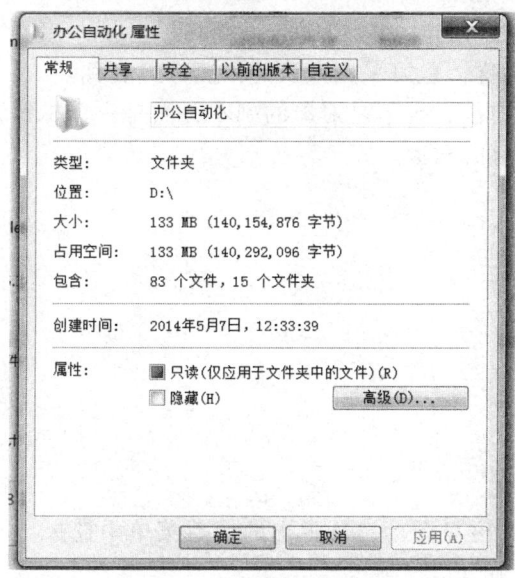

图 2.19　文件夹属性对话框

【解决方案】

文件或文件夹分布在磁盘的各处，不方便快速地使用它。Windows 能够建立一个指向某一对象的连接，通过这个连接就能使用相应的对象，这种连接称为该对象的快捷方式。快捷方式可以放置在各个位置，如桌面、"开始"菜单或特定文件夹中。

有两种方法可创建对象的快捷方式，下面以实例来说明其的创建过程。例如，为了快速调用"E:\2014 年新歌曲"这个文件夹，可以在桌面上创建这个文件夹的快捷方式，其操作如下：

（1）使用对象的快捷菜单。

① 在资源管理器中，打开"E:\"磁盘。

② 选中"2014 年新歌"文件夹并右击，弹出快捷菜单。

③ 选择"发送到"命令，在子菜单中选择"桌面快捷方式"，随即在桌面上出现相应"2014 年新歌"文件夹的快捷方式。

（2）使用"快捷方式向导"。

① 在桌面的空白区域右击，执行"新建"→"快捷方式"命令，弹出"快捷方式向导"，如图 2.20 所示，然后根据向导完成后续设置。

图 2.20　"创建快捷方式"向导

② 单击"浏览"按钮，选定"E:\2014年新歌"。
③ 输入快捷方式的名称，也可采用默认的快捷方式名称。
快捷方式不是该对象自己，也不是对象的副本，而是一个指针。对快捷方式的删除、移动或重命名均不会影响原有的对象。

2.3.4 磁盘的管理

【知识点】
属性、格式化、整理
【相关知识介绍】
【任务一】
查看磁盘属性。
【解决方案】
打开"计算机"，右击磁盘图标，从弹出的快捷菜单中选择"属性"命令，可以查看所选磁盘的属性，如图 2.21 所示。

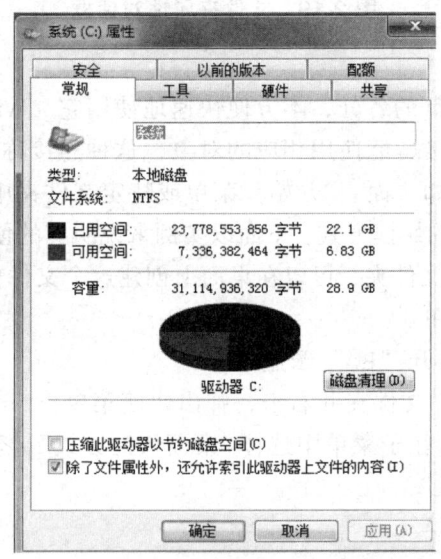

图 2.21 "磁盘属性"对话框

【任务二】
格式化磁盘。
【解决方案】
格式化磁盘就是在磁盘内进行存储介质的逻辑分割，形象描述就是以等间距同心圆划分磁道（可柱面），以等圆心角来划分扇区，并在其上做相应的位置标识，以便以后使用时存取信息。软盘的格式化可以直接进行（但应去除其写保护）。格式化硬盘又可分为高级格式化和低级格式化，高级格式化是指在操作系统下对硬盘的某一分区进行的格式化操作；低级格式化是指在对硬盘进行的分区之前进行的物理格式化（硬盘的低级格式化会影响硬盘的寿命，除非出现严重故障，否则原则上不进行低级格式化处理）。通常人们所说的硬盘的格式化就是指硬盘的高级格式化。

操作步骤如下：
（1）打开"计算机"，在想要格式化的磁盘上右击，如 E 盘，弹出相应的快捷菜单。
（2）从快捷菜单中选择"格式化"命令，弹出如图 2.22 所示的对话框。

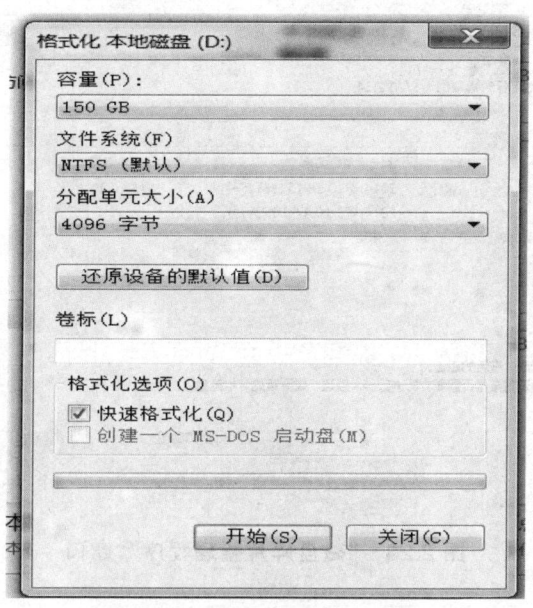

图 2.22 "格式化"对话框

（3）单击"开始"按钮，将弹出"格式化警告"对话框。格式化磁盘将删除磁盘上的所有信息。若确认要进行格式化，单击"确定"按钮即可开始进行格式化操作。
（4）格式化完毕后，将出现"格式化完毕"对话框，单击"确定"按钮即可。

【任务三】
磁盘碎片整理。
【解决方案】
Windows 7 中的"磁盘碎片整理程序"的作用是重新整理硬盘上的文件和未使用的空间，将使文件存储在一片连续的单元中，并将空闲空间合并，从而优化程序加载和运行的速度。
（1）执行"开始"→"所有程序"→"附件"→"系统工具"→"磁盘碎片整理程序"命令，即可启动"磁盘碎片整理程序"，如图 2.23 所示。
（2）选择需要进行整理的驱动器，单击"分析"按钮，即可对选定磁盘进行碎片情况分析。完成后，弹出分析报告对话框，提示用户是否进行碎片整理。
（3）单击"磁盘碎片整理"按钮，即可开始进行对该磁盘的整理。
"磁盘碎片整理程序"要花费更长时间，如果要临时停止"磁盘碎片整理程序"以便更快地运行其他程序，可以单击"停止操作"按钮。

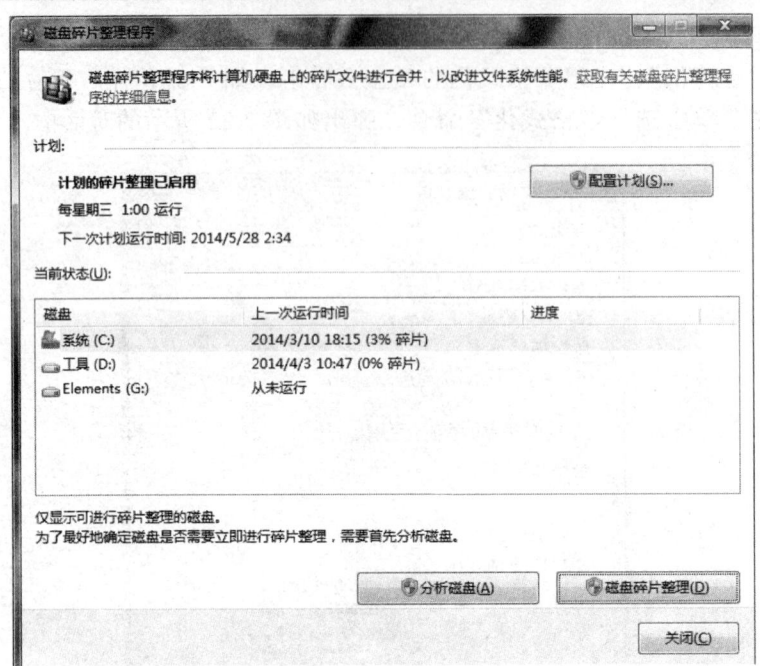

图 2.23 "磁盘碎片整理程序"窗口

2.4 Windows 7 的控制面板

"控制面板"提供丰富的专门用于更改 Windows 的外观和行为方式的工具。一些工具可调整计算机设置,从而使得操作计算机更具趣味性,另一些工具可以将 Windows 设置得更容易使用。

2.4.1 显示设置

【知识点】
背景、主题
【相关知识介绍】
在"控制面板"窗口中双击"显示"图标,打开"显示"对话框。通过显示设置可以改变桌面的背景、主题等。
【任务】
设置桌面背景。
【解决方案】
设置桌面背景的操作方法如下:
(1)在"控制面板"窗口选择"显示"图标,单击"个性化"图标,如图 2.24 所示。

图 2.24　个性化设置

（2）单击"桌面背景"图标，再点击"浏览"图标进行选择，如图 2.25 所示。

图 2.25　背景设置

2.4.2　输入法及系统日期和时间的设置

【知识点】

输入法、日期的区域设置

【相关知识介绍】

Windows 7 在安装时预装了微软拼音等输入法。用户也可以根据自己的需要安装或删除其他输入法，同时也可修改计算机记录的日期和时间。

【任务一】

添加输入法。

【解决方案】

（1）点击"开始"→"控制面板"→"时钟、语言和区域"→"区域和语言"，选中"键盘和语言"标签，点击"更改键盘"，如图 2.26 所示。

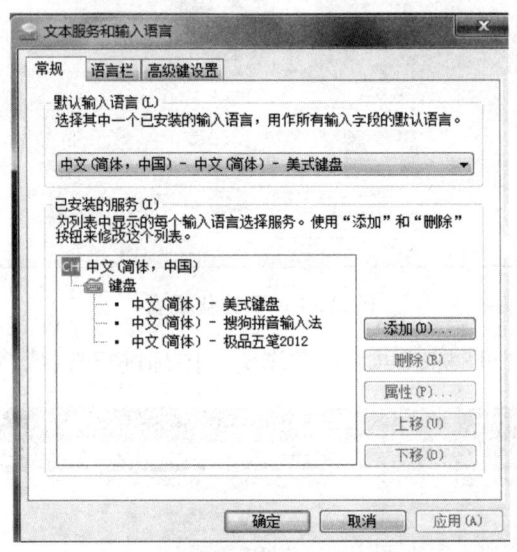

图 2.26 "文本服务和输入语言"对话框

（2）单击"添加"按钮，在列表中选择需要添加的输入法，点击确定即可，如图 2.27 所示。

图 2.27 "添加输入语言"对话框

【任务二】

设置日期和时间。

【解决方案】
在"控制面板"窗口中点击"日期和时间"图标，打开"日期和时间"对话框，如图 2.28 所示，在时间和日期选项卡中可以看到时间、日期等信息，并可以进行时间和日期的设置。要更改时区，单击"时区"标签，在"时区"下拉列表选择当前所在的时区。

图 2.28 "日期和时间"对话框

2.4.3 鼠标设置

【知识点】
鼠标指针
【相关知识介绍】
鼠标是在 Windows 7 中使用频率很高的设备，让鼠标的操作满足用户的使用习惯更是非常必要的。所有关于鼠标的设置都可以通过控制面板中的"鼠标"来实现。
【任务一】
设置鼠标指针。
【解决方案】
每一个特殊事件都可以分别由不同的鼠标指针来代表，并且这些鼠标指针类型也可以通过设置来调整，操作方法如下：
（1）在控制面板中单击"鼠标"，如图 2.29 所示。

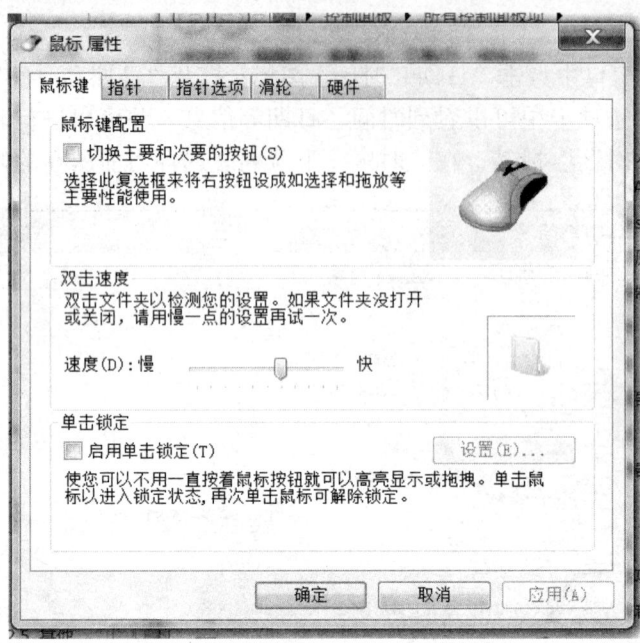

图 2.29 "鼠标"对话框

(2)单击"指针",从中选择一种方案,如图 2.30 所示。

图 2.30 "指针"选项卡

【任务二】
设置鼠标指针选项。
【解决方案】
在 Windows 7 操作系统中,用户可以设置鼠标指针的使用方法,如图 2.31 所示。

第 2 章　Windows 7 操作系统

图 2.31　"指针选项"选项卡

2.4.4　卸载/添加程序

【知识点】

卸载、添加程序

【相关知识介绍】

在 Windows 7 中，用户可以通过"程序和功能"工具卸载已有程序、添加新程序。

【任务一】

卸载已安装的程序。

【解决方案】

（1）在"控制面板"中点击"程序和功能"，如图 2.32 所示。

图 2.32　"程序和功能"对话框

（2）选中打算卸载的程序，单击"卸载/更改"按钮，则系统弹出确认对话框，单击"确定"按钮，系统将开始自动卸载该程序组。

【任务二】
安装新程序。
【解决方案】
一般的应用程序都有自己的安装程序，运行其安装程序即可安装该程序。

2.4.5 打印机安装

【知识点】
打印机
【相关知识介绍】
Windows 7 中，用户不但可以在本地计算机上安装打印机，如果用户是连入网络中的，也可以安装网络打印机，使用网络中的共享打印机来完成打印作业。

【解决方案】
中文版 Windows 7 自带了一些硬件的驱动程序，在启动计算机的过程中，系统会自动搜索新硬件并加载其驱动程序，在任务栏上会提示其安装的过程，如"发现新硬件"等文本框。如果用户所连接的打印机的驱动程序没有在系统的硬件列表中显示，就需要用户使用打印机厂商所附带的光盘进行手动的安装，用户可以参照以下步骤进行安装：

（1）执行"开始"→"控制面板"命令，选择"设备和打印机"图标，如图 2.33 所示。

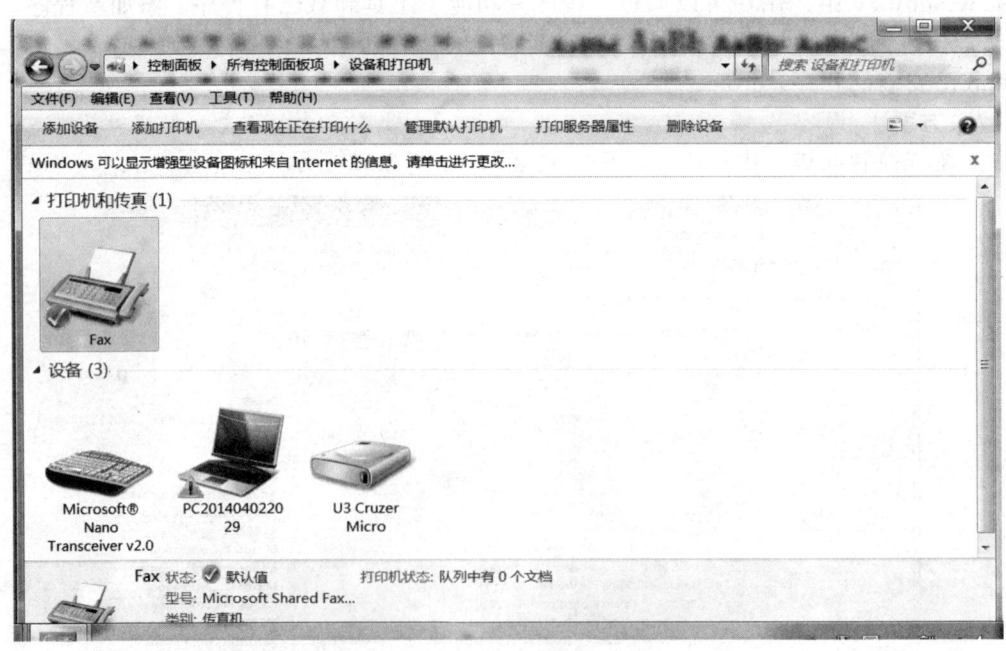

图 2.33 "设备和打印机"窗口

（2）在窗口信息区单击"添加打印机"，如图 2.34 所示。

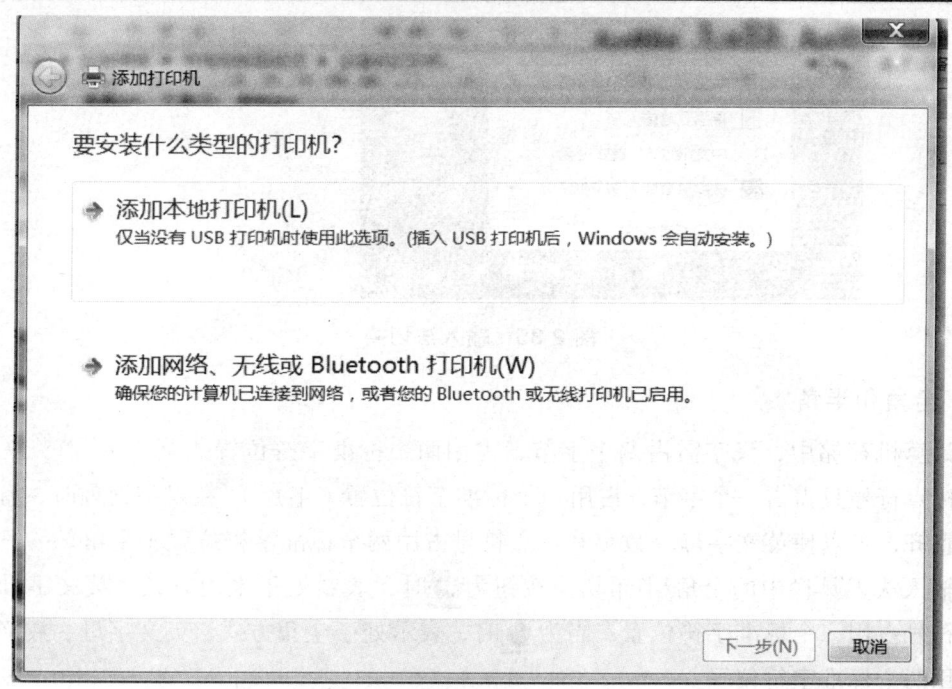

图 2.34 "添加打印机"对话框

完成添加打印机后,在"打印机和传真"窗口中会出现刚添加的打印机的图标,如果用户设置为默认打印机,在图标旁边会有一个带"√"标志的黑色小圆。

2.5 其 他

2.5.1 输入文字的方法

【知识点】
输入法切换

【相关知识介绍】

1. 切换输入法

在默认情况下,Windows 7 是关闭中文输入法的。要想输入汉字,首先要打开中文输入法。

【任务】
打开中文输入法。

【解决方案】
(1)单击"任务栏"上的输入法按钮,在弹出的输入法菜单中选择某个中文输入法,如图 2.35 所示。
(2)在键盘上按组合键"Ctrl+空格键"启动或关闭中文输入法。
(3)用"Ctrl+Shift"组合键在各种输入法之间进行切换。

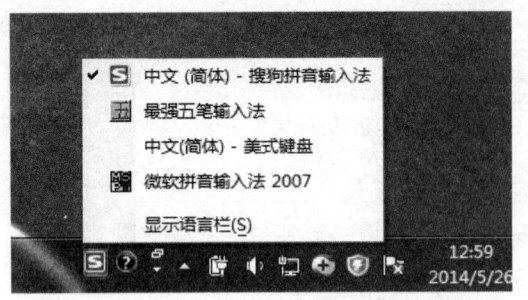

图 2.35 输入法切换

2. 全角和半角

在计算机存储中,汉字需占两个字节,占用两个标准字符位置(全角);而英文字母、数字和标点符号只需占一个字节,占用一个标准字符位置(半角)。在汉字处理时,为了使文章更加整齐,可以使英文字母、数字和标点符号占用两个标准字符位置(全角)。

当输入法工具栏中的全角/半角切换按钮为 ◗ 时,表示处于半角方式,英文字母、数字和标点符号占用一个标准字符位置;当为 ● 时,表示处于全角方式,英文字母、数字和标点符号占用两个标准字符位置。

全角/半角间的切换方式:用鼠标单击全角/半角按钮切换。

3. 标点符号

当输入法工具栏中的中/英文标点符号切换按钮处于 °₉ 时,开启的是中文标点符号;当为 ,, 时,开启的是英文标点符号。

中/英文标点符号间的切换方式:单击中/英文标点符号切换按钮。

2.5.2 附 件

【知识点】

写字板、记事本、画图、计算器

【相关知识介绍】

Windows 中的"附件"是系统附带的一套功能强大的实用工具集,"资源管理器"就是其中的附件之一。单击"开始"按钮,用鼠标依此选择"程序"→"附件",就可以启动附件中的应用程序。下面简单介绍几种常用的附件。

1. 写字板

写字板不但可以创建和编辑包括普通文本、格式文本和图形的文档,还可以将其他文档的信息链接或嵌入到写字板文档中。写字板应用程序窗口如图 2.36 所示。

写字板可以将文档保存为文本文件、多信息文本文件等多种类型。当文档需要与其他程序进行数据交换时,这些文件格式能够提供更大的灵活性。

在实际工作中,写字板程序使用很少,更多是使用 Office 中 Word 来进行文档处理。

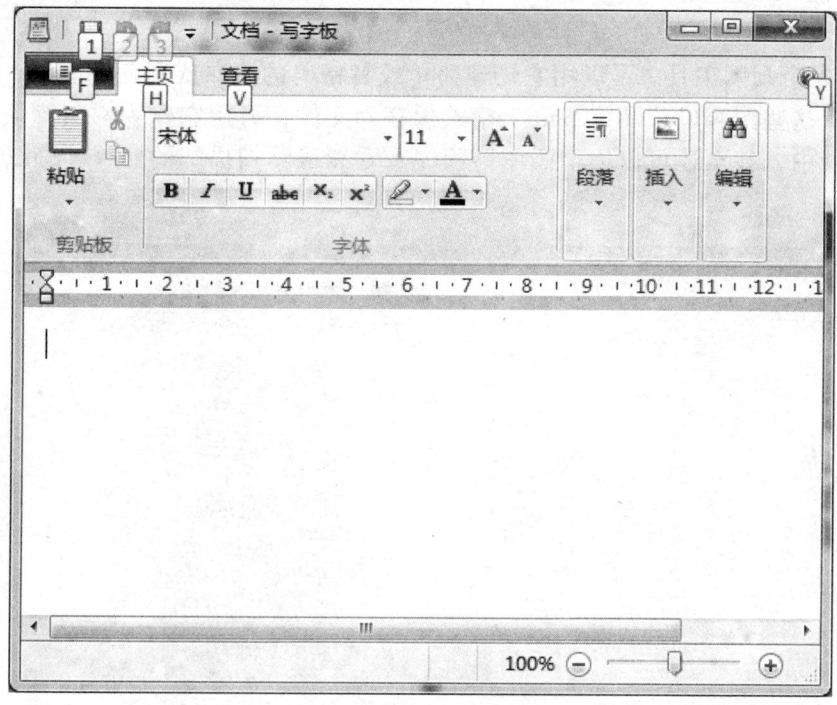

图 2.36　写字板窗口

2. 记事本

记事本具有纯文本文档的浏览、编辑、打印等功能，适于处理一些内容较少的文件。由于它使用方便、快捷，常用来阅读一些程序的功能介绍、版权声明等文档，还可用来浏览、修改高级语言的源程序及系统自身的一些纯文本格式的配置文件。记事本的窗口如图 2.37 所示。

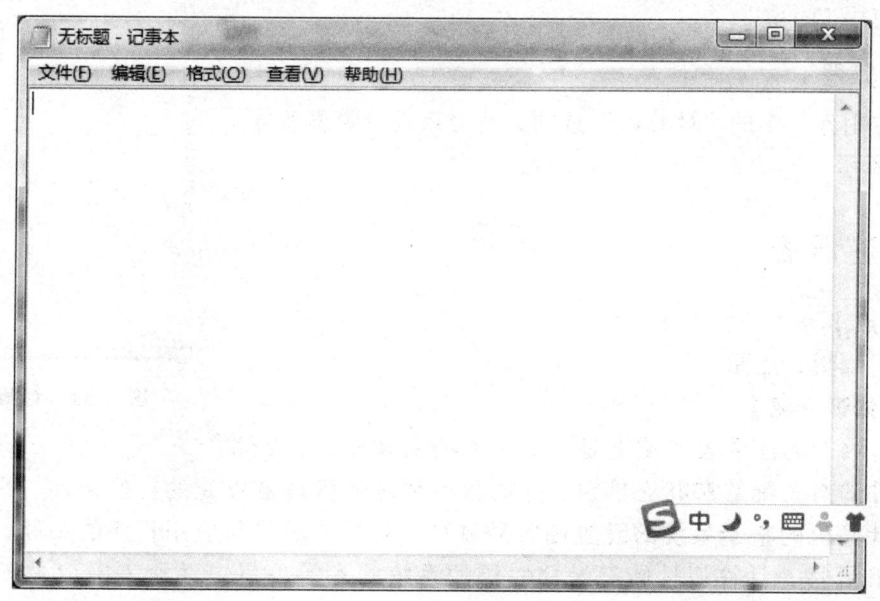

图 2.37　记事本窗口

3. 画　图

"画图"是个画图工具，可以用它创建简单或者精美的黑白或彩色的图画，并且可以通过打印输出。这些图画以位图（.bmp）格式保存为文件，可用它作为桌面背景，或者粘贴到另一个文档中，甚至还可以用"画图"程序查看和编辑扫描好的照片。画图的窗口如图 2.38 所示。

图 2.38　画图窗口

在实际工作中，图形、图像的处理一般不使用画图程序，而是利用相应的专业软件，例如：绘制工程图纸使用 AutoCAD，制作动画使用 Flash。

4. 计算器

单击"附件"中的"计算器"选项，就会启动计算器程序，如图 2.39 所示。

2.5.3　注册表

【知识点】

备份、编辑、还原

【相关知识介绍】

图 2.39　计算器窗口

Windows 7 的注册表实质上是一个庞大的数据库，它存储了软、硬件的有关配置和状态信息，应用程序和资源管理器外壳的初始条件、首选项和卸载数据；计算机的整个系统的设置和各种许可，文件扩展名与应用程序的关联，硬件的描述、状态和属性；计算机性能纪录和底层的系统状态等信息，注册表中记录了用户安装在计算机上的软件和每个程序的相关信息，用户可以通过注册表调整软件的运行性能，检测和恢复系统错误，定制桌面等。

1. 备份注册表

使用控制面板中的"备份或还原"工具,可备份"系统状态"。"系统状态"包括注册表、"COM+类注册数据库"及用户的启动文件,如图 2.40 所示。

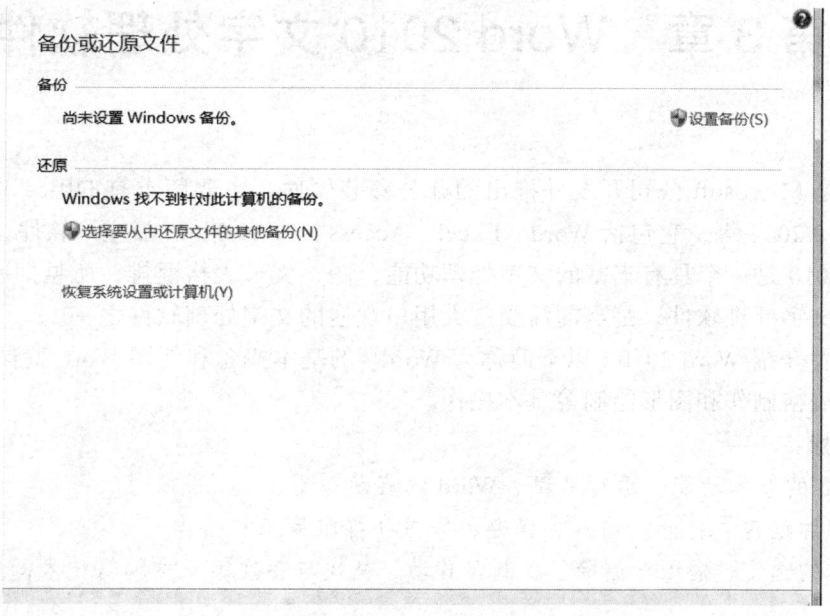

图 2.40 备份或还原文件窗口

2. 编辑注册表

用户在对系统进行各种设置时,其实就是在编辑注册表,不过前者更安全。所以建议一般尽量通过 Windows 用户界面来更改系统设置,而不要手动编辑注册表。但是,在有些情况下,解决问题的最佳方法可能是编辑注册表,此时要特别小心,以免造成系统崩溃。

3. 还原注册表

若要还原注册表,可使用"备份或还原"工具。

本章小结

本章主要介绍了 Windows 7 的主要功能和操作方法,包括:Windows 7 的桌面组成、任务栏、开始菜单、桌面图标、鼠标指针等的基本概念;窗口操作、对话框操作、菜单的使用和工具栏的使用;文件和文件夹的选定、复制、移动、删除、重命名等操作;磁盘的管理;控制面板的设置等。

第 3 章　Word 2010 文字处理软件

Office 是 Microsoft 公司开发并推出的办公套装软件，主要版本有 Office 97/2000/2003/XP/2007/2010/2013 等，它包括 Word、Excel、Access、PowerPoint 等应用软件。

Word 2010 是一个具有丰富的文字处理功能，图、文、表格混排，所见即所得，易学易用等特点的文字处理软件，是当前深受广大用户欢迎的文字处理软件之一。

本章主要介绍 Word 2010（以下简称为 Word）的基本概念和使用 Word 编辑文档、排版、页面设置、表格制作和图形绘制等基本操作。

知识目标：
- ❖ Word 的基本功能、运行环境、Word 的启动与退出
- ❖ 文档的创建、打开、输入、保存、保护和打印等基本操作
- ❖ 文本的选定、插入与删除、复制与移动、查找与替换等基本编辑技术；多窗口和多文档的编辑
- ❖ 字体格式设置、段落格式设置、文档页面设置和文档分栏等基本排版技术
- ❖ 表格的创建、修改；表格中数据的输入与编辑；数据的排序和计算
- ❖ 图形和图片的插入；图形的建立和编辑；文本框的使用

技能目标：
- ❖ 能创建、打开和保存 Word 文档
- ❖ 能对 Word 文档进行编辑和排版，插入表格、图形、艺术字和文本框等对象
- ❖ 能对 Word 文档进行页面设置，学会预览及打印文档

3.1　Word 2010 概述

3.1.1　Word 2010 的基本功能

【知识点】
Word 2010 的基本功能
【相关知识介绍】
使用 Word 2010，我们可以进行文字处理的基本操作、文字格式与段落格式的设置、样式的使用等相关排版知识、表格和图形的基本操作和文档的打印等。

1. 直观的操作界面

Word 2010 界面友好，提供了丰富多彩的工具，利用鼠标就可以完成选择、排版等操作。

2. 多媒体混排

用 Word 2010 可以编辑文字图形、图像、声音、动画，还可以插入其他软件制作的信息，也可以用 Word 2010 提供的绘图工具进行图形制作，编辑艺术字和数学公式，能够满足用户的各种文档处理要求。

3. 所见即所得

用户用 Word 2010 编排文档，使得打印效果在屏幕上一目了然。

4. 强大的表格功能

Word 2010 提供了强大的表格功能，不仅可以自动创建表格，也可以手动创建表格。Word 2010 的表格线自动保护，表格中的数据可以自动计算，表格还可以进行各种修饰。在 Word 2010 中，还可以直接插入电子表格。用 Word 2010 制作表格，既轻松、美观，又快捷、方便。

5. 自动功能

Word 2010 提供了拼写和语法检查功能，提高了英文文章编辑的正确性，如果发现语法错误或拼写错误，Word 2010 还提供修正的建议。自动更正功能为用户输入同样的字符，提供了很好的帮助，使用户的输入速度大大提高。

6. 模板与向导功能

Word 2010 提供了大量且丰富的模板，使用户在编辑某一类文档时，能快速建立相应的格式。Word 2010 允许用户自己定义模板，为用户建立特殊需要的文档提供了高效而快捷的方法。

7. Web 支持功能

Internet 是当今计算机应用最广泛、最普及的一个方面，Word 2010 提供了 Web 的支持，用户根据 Web 页向导可以快捷方便地制作出 Web 页（通常称为网页），还可以用 Word 2010 的 Web 工具栏，迅速地打开、查找或浏览包括 Web 页和 Web 文档在内的各种文档。

8. 兼容性

Word 2010 软件可以支持许多种格式的文档，也可以将 Word 2010 编辑的文档以其他格式的文件存盘，这为 Word 2010 和其他软件的信息交换提供了极大的方便。用 Word 2010 可以编辑邮件、信封、备忘录、报告、网页等。

9. 强大的打印功能

Word 2010 提供了打印预览功能，具有对打印机参数的强大的支持性和配置性。

10. 丰富的帮助功能

Word 2010 的帮助功能详细而丰富，Word 2010 提供的形象而方便的帮助，使得用户遇到问题时，能够找到解决问题的方法，为用户自学提供了方便。

3.1.2 Word 2010 的启动与退出

【知识点】

Word 2010 的启动、退出

【相关知识介绍】

要用 Word 2010 完成日常的文字处理,首先要启动相应的应用程序才能进行操作,操作完成后,需要将 Word 应用程序关闭。

1. 启动 Word 2010

Word 2010 的启动方法有如下 3 种:

(1)利用快捷图标:双击桌面上的 Word 快捷图标 ,即可启动 Word 2010。

(2)利用"开始"菜单:执行"开始"→"程序"→"Microsoft Office"→"Microsoft Office Word 2010"命令,启动 Word 2010,如图 3.1 所示。

图 3.1 利用"开始"菜单启动 Word 2010

(3)利用现有的 Word 文档:双击任何 Word 文档或 Word 文档的快捷方式,即可启动 Word 2010。

2. 退出 Word 2010

对文档的保存完成后,如果不继续编辑,可将其关闭,共有以下 4 种退出方式:

(1)单击窗口关闭按钮。

(2)执行"文件"→"退出"命令。

(3)选择 Word 控制菜单的"关闭"。

(4)可以直接按 Alt+F4 组合键。

3.1.3 Word 2010 的窗口界面

【知识点】
Word 2010 的窗口组成

【相关知识介绍】
Word 2010 窗口组成：

启动了 Word 2010 软件后，就可以进行具体的操作了，下面先介绍 Word 2010 的窗口组成，也就是 Word 2010 的操作界面，如图 3.2 所示。

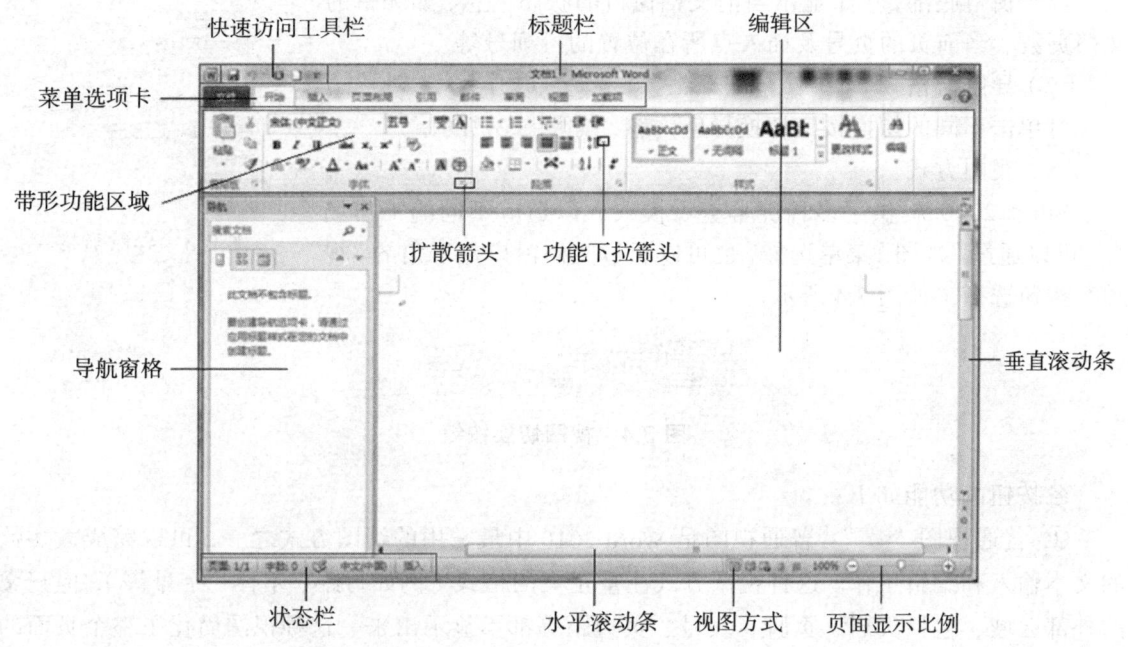

图 3.2　Word 2010 的窗口组成

（1）标题栏。

位于窗口最上方，左侧显示常用的工具按钮，中间显示正在编辑的文档名称和程序名称 Microsoft Word；右侧显示窗口的三个控制按钮，它们是最小化按钮、最大化按钮和关闭按钮。

（2）菜单选项卡。

位于标题栏下方，显示程序所有的菜单，单击各菜单按钮会弹出相应的子菜单以供选择。

（3）带形功能区。

在 Word 2010 将一些常用的功能做成按钮的形式并将功能相近的组合在一起形成功能区，默认情况下 Word 2010 窗口中将出现"开始"选项卡中的功能命令按钮。同时，一些命令按钮旁有下拉箭头，含有相关的功能选项；在区域的右下角，有扩展箭头可显示该区域功能的对话框。

（4）编辑区。

编辑区是输入文字、表格和图片等数据的区域，用户可在这里编辑和显示文档内容及设置它们的格式外观。

（5）滚动条。

当文档的内容较多时，拖动滚动条可以浏览文档的整个页面内容，滚动条分为水平滚动条和垂直滚动条。

（6）状态栏。

位于窗口底部，用于显示当前文档窗口的状态信息，如编辑的文档页数、当前页的页号及插入点所在位置的行列号等。

（7）导航窗格。

可单击不同的切换按钮切换导航内容，如图3.3所示。

（8）视图方式。

Word 2010提供了多种屏幕查看模式，以适应不同的工作场合。可以通过"视图"菜单选择，也可以通过文档窗口左下角的"视图"按钮选择，如图3.4所示。

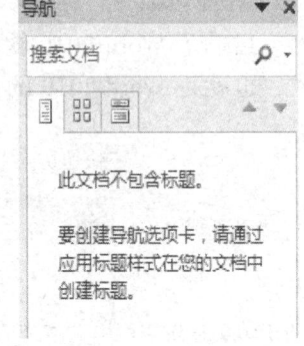

图3.3 导航窗格

图3.4 视图切换按钮

各按钮的功能如下：

① 普通视图""：普通视图是Word 2010中最常用的视图方式之一，可以完成大多数的文本输入和编辑工作。这种视图方式注重正文的格式（例如行距、字体、字号等），但正文的外部区域，包括页眉、页脚、页号、页边距等都不显示出来。这种视图简化了整个页面的布局，提高了输入和编辑的效率。

② 大纲视图""：大纲视图用于显示、修改或创建文档的大纲。如果文档中定义有不同层次的标题，可以将这些文档压缩起来，只看这些标题，也可以只看到某一特定层次以上的标题。还可以十分容易地移动文档的各段，把一个整段压缩成一行，从而通过这一行的方式来看这一段的文本。

③ 页面视图""：即"所见即所得"视图。用于显示整个页面的内容，包括文本、图片、表格、页眉页脚、页码、分栏等内容和效果。

④ Web版式视图""：Web板式视图用于模仿Web浏览器来显示文档。

⑤ 阅读版式""：在阅读版式视图中，文档中的字号变大了，每一行变得短些，阅读起来比较贴近于自然习惯，可以从使人疲劳的阅读习惯中解脱出来。虽然这种阅读的方式比较省力，但每次通过这种方式打开Word文档进行阅读都令人不是很习惯，最关键的是在"阅读版式"方式下，所有的排版格式都打乱了，所以只好又回到传统的"页面"视图中进行文档审读。

3.2 Word 2010 基本操作

3.2.1 创建新文档

【知识点】

创建新文档

【相关知识介绍】

创建空文档有多种方式，常用的有以下几种：

（1）启动 Word 2010 时将自动建立一个空白文档"文档 1"，Word 文档的扩展名为.docx。

（2）单击标题栏中的"新建空白文档"按钮，可创建一个空白文档。

（3）执行"文件"→"新建"命令，打开"新建文档"任务窗格，如图 3.5 所示，该任务窗格又分为：

①"可用模板"标签：包含"空白文档""博客文章""书法字帖""最近打开的模板""样本模板""我的模板""根据现有内容新建"等几个选项，选择其中一种即可创建新文档。

②"Office.com 模板"标签：包含多种样式模板，选择一种模板类型，即可创建新文档。该对话框中包含了大量格式规范的文档模板，用户通过这些模板创建文档快速获得具有固定文字和格式的规范文档。

图 3.5 "新建文档"任务窗格

3.2.2 保存文档

【知识点】
保存新文档

【相关知识介绍】
文档的保存分为对新建文档的保存和对已有文档的保存。

（1）保存新建的 Word 文档。

执行"文件"→"保存"或"另存为"命令，也可单击"常用"工具栏上的"保存"按钮■或快捷键 Ctrl+S，将打开如图 3.6 所示的"另存为"对话框。

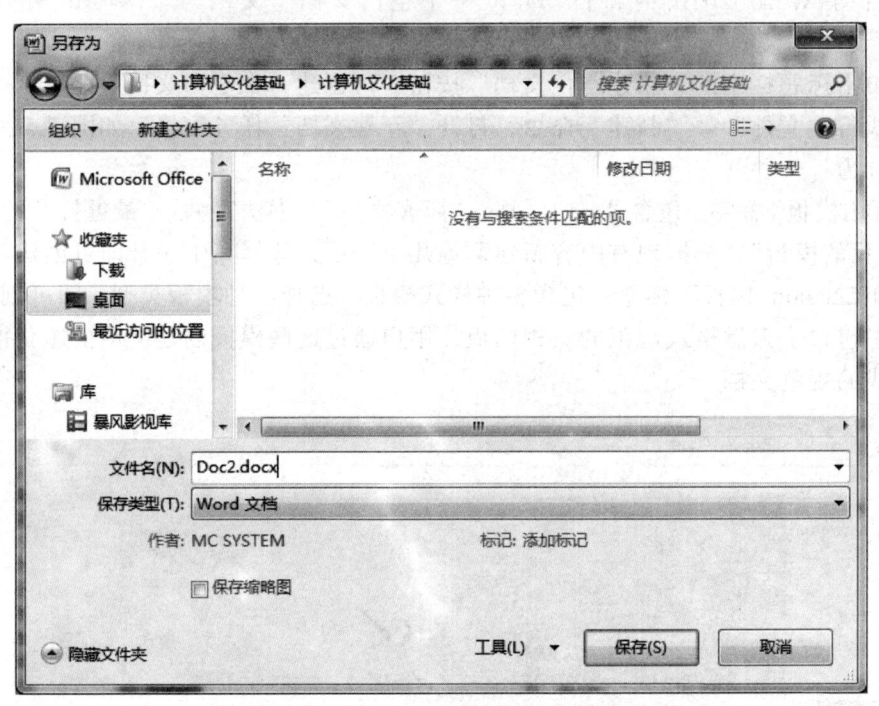

图 3.6 "另存为"对话框

① 左边列表框可选择文件保存的驱动器和具体目录，默认将保存在 My Documents 文件夹中。

② "文件名"下拉列表框输入要保存文件的名称。

③ "保存类型"下拉列表框可选择要保存的文件类型，默认类型为 Word 文档。设置完成后单击"保存"按钮即可将文档按指定名称和类型保存在指定位置。

（2）保存已有的文档。

① 文档保存后，若再对其进行操作，操作结束后需再次保存该文档，可直接单击"保存"按钮或快捷键 Ctrl + S。

② 将文档更改名字、类型或位置保存，可执行"文件"→"另存为"命令，另外设置保存参数。

3.2.3 打开文档

【知识点】
打开文档

【相关知识介绍】
打开已存在的文档,继续进行编辑操作。

(1)执行"文件"→"打开"命令或使用快捷键 Ctrl + O,均可通过"打开"对话框打开指定的文档,如图 3.7 所示,其操作与保存操作类似。

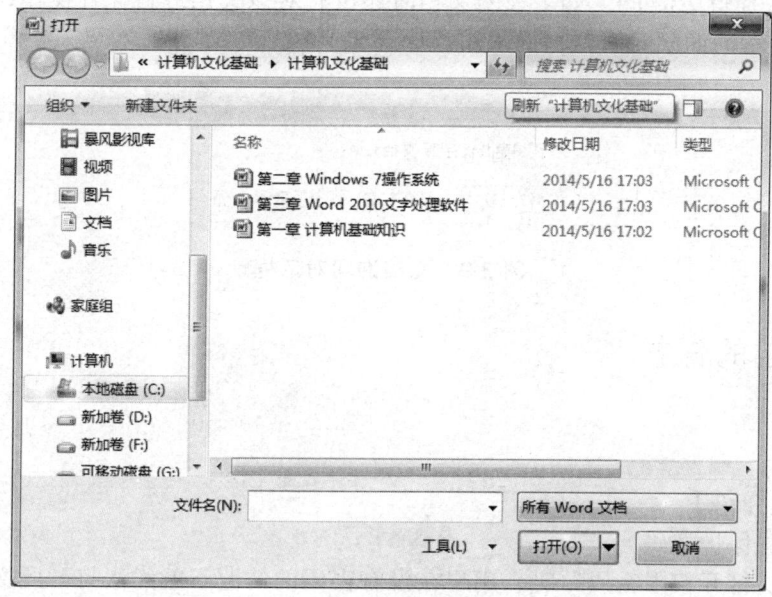

图 3.7 "打开"对话框

(2)打开最近使用过的文档。Word 2010 会在"文件"菜单的"最近使用文件"对话框中列出最近所使用的文档,此时可以直接选择将其打开,如图 3.8 所示。

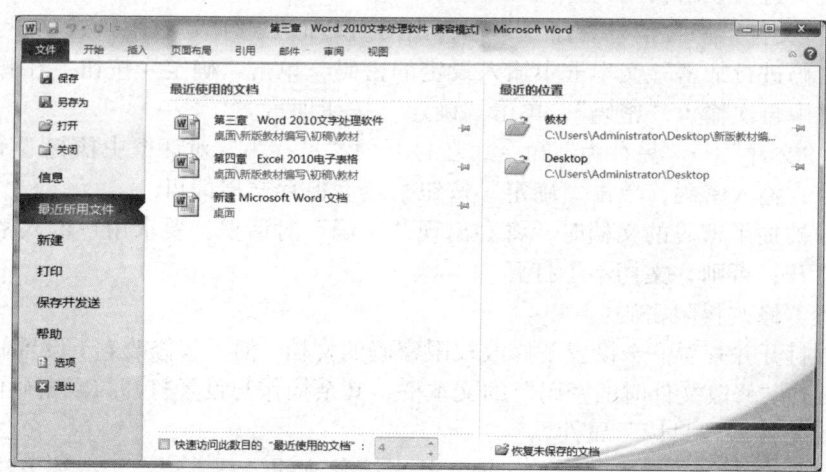

图 3.8 "最近使用文件"对话框

3.2.4 文档的关闭

【知识点】
关闭文档

【相关知识介绍】
Word 2010 有多种方法可以关闭当前文档，常用的有如下几种：
（1）单击文档窗口右上角的关闭按按钮❌。
（2）执行"文件"→"退出"命令。
（3）使用快捷键 Alt+F4。如果关闭文档时还没有对该文档进行保存操作，Word 2010 会弹出如图 3.9 所示的询问对话框，提示用户保存该文档。

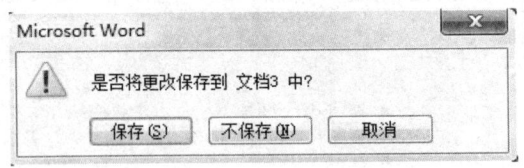

图 3.9 文档询问对话框

3.2.5 文档的保护

【知识点】
保护文档

【相关知识介绍】
给文档设置保护密码。

当设置了"打开权限密码"时，用户在没有密码的情况下就无法打开此文档。如果允许别人查看文档，但禁止修改，可以给这种文档设置"修改权限密码"。用户可以在没有密码的情况下以"只读"方式查看它，但无法修改它。

设置密码可以保护文档，方法如下：

（1）设置"打开权限密码"。

① 执行"文件"→"信息"命令，在弹出的对话框中选择"权限"选项，如图 3.10 所示。在"用密码进行加密"文本框中输入设定的密码，单击"确定"按钮，在弹出的"确认密码"对话框中再次输入"密码"，单击"确定"按钮即可。

② 执行"文件"→"另存为"命令，在打开的"另存为"对话框中执行"工具"→"常规选项"命令，输入密码，单击"确定"按钮，然后保存文档即可。

再次打开被加了密码的文档时，将会出现"密码"对话框，要求用户键入密码，密码正确，则文档打开；否则，文档不予打开。

（2）设置"修改权限密码"。

用户可以打开并查看一个设置了修改权限密码的文档，但无权修改它。设置修改权限密码要将密码键入到"修改文件时的密码"的文本框，其余操作与设置打开权限密码的操作一样。

（3）设置文件为"只读"属性。

将文件属性设置成"只读"也是保护文件不被修改的一种方法。用上述方法打开"安全性"对话框，单击"建议以只读方式打开文档"复选框，单击"确定"按钮，保存文档即可。

第 3 章　Word 2010 文字处理软件

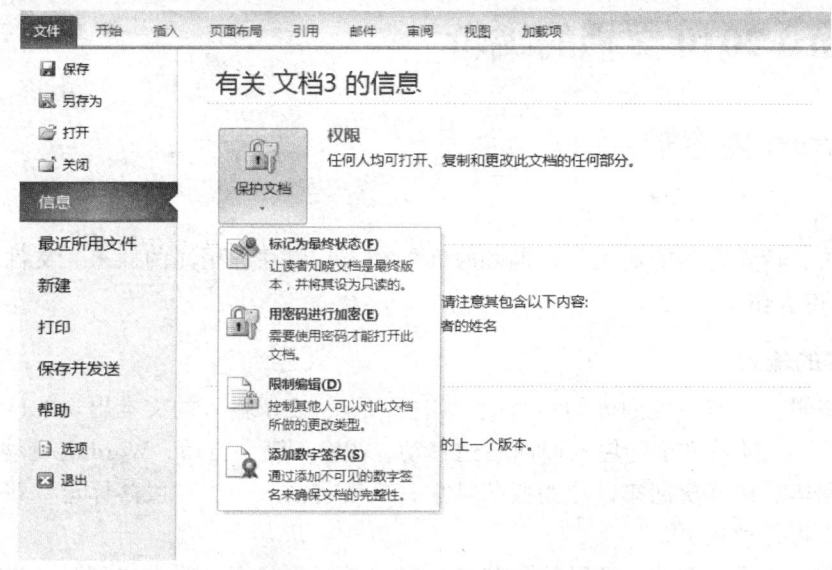

图 3.10　文档权限设置对话框

3.2.6　文档的"自动保存"功能

【知识点】

给文档设置"自动保存"。

【相关知识介绍】

Word 提供了自动保存的功能，可以设置定时保存，以保障文档安全。执行"文件"→"选项"命令，在弹出的对话框中选择"保存"选项，如图 3.11 所示。在选项卡中勾选"保存自动恢复信息时间间隔"复选框，在增量框中键入时间，单击"确定"按钮即可。

图 3.11　"自定义文档保存方式"对话框

3.3 Word 2010 文档的编辑

3.3.1 Word 内容输入

【知识点】
文本输入、特殊符号的输入、日期和时间的插入、脚注和尾注的插入、文件插入
【相关知识介绍】

1. 文本的输入

在文档编辑区里有一条闪烁的小竖线，叫插入点，表示输入的文本出现的位置。在输入的过程中，插入点随着文字的输入而向右边移动，待输入满一行后，Word 会自动换行。当一个段落输入完毕后按一次回车键作为段落结束，系统将插入一个"段落标记"并换行。一页输入满时系统将自动换页。

Word 2010 有插入和改写两种输入状态。默认是插入状态，输入文字时，光标处原来的文字将依此向右移动。改写状态下，输入的文字将依此代替光标后的文字。可以使用 Insert 键或双击状态栏上的"改写"按钮切换两种输入状态，当"改写"按钮呈灰色时为插入状态，"改写"按钮呈黑色时为改写状态。

2. 特殊符号的输入

若需要输入键盘上没有的特殊符号，可执行"插入"→"符号"命令，打开对话框，如图 3.12 和图 3.13 所示，选择所需要的符号插入。

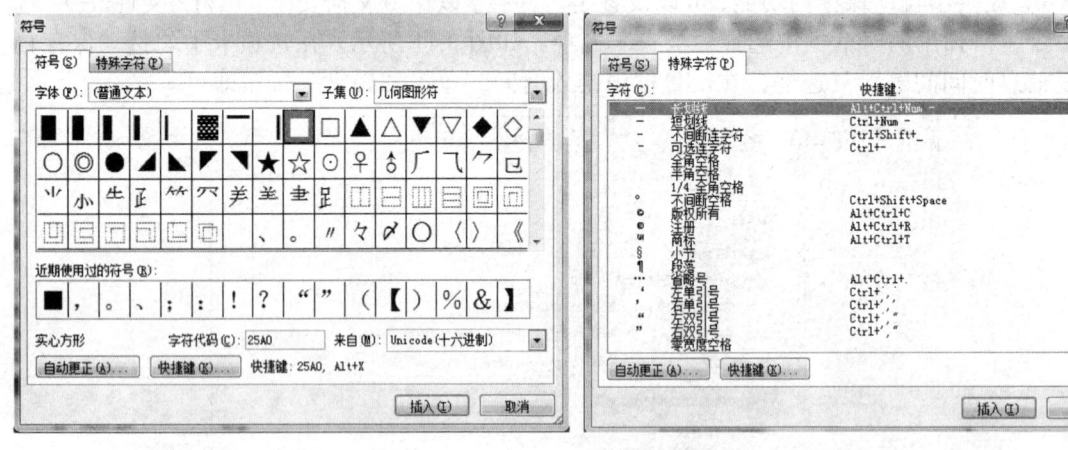

图 3.12 "符号"对话框　　　　　图 3.13 "特殊字符"选项卡

3. 日期和时间的插入

用户可通过"插入"→"日期和时间"命令在文档中插入当前日期和时间。在"语言"下拉列表中选择"中文"或"英文"，在"可用格式"列表框中选择一种日期和时间格式，如图 3.14 所示。

第 3 章　Word 2010 文字处理软件

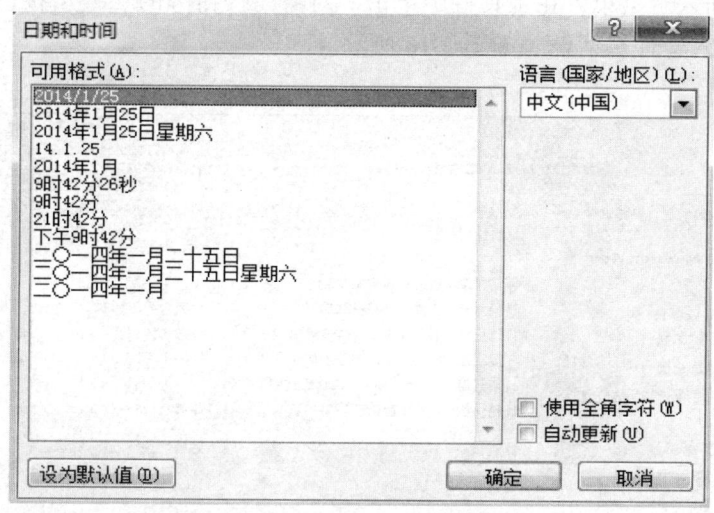

图 3.14　"日期和时间"对话框

4. 脚注和尾注的插入

编写文章时需要对引用的内容、名词或事件加以注释，称为脚注或尾注。脚注是放在页面的底端，而尾注放在文档的结尾处。插入脚注和尾注的方法如下：

（1）将插入点移到需要插入脚注或尾注的文字后面。

（2）执行"引用"→"插入脚注"命令或"插入尾注"命令，如图 3.15 所示。

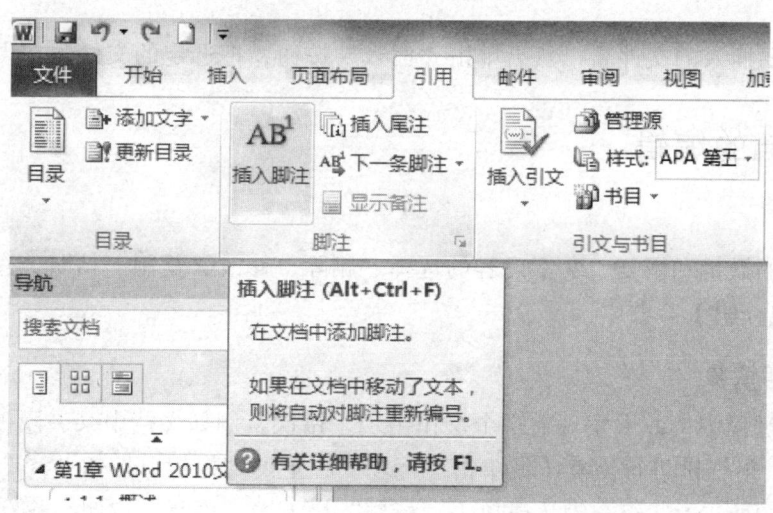

图 3.15　"脚注和尾注"按钮

5. 插入文件

利用 Word 2010 提供的插入文件功能，用户可以将保存在磁盘上的文件插入到当前编辑的 Word 文档中，插入文件的具体步骤如下：

（1）将光标移到需要插入文档的位置。

（2）单击"插入"菜单，在工具栏中单击"对象"按钮旁的"▼"按钮，选择"文件中的文字"，打开插入文件对话框，如图3.16所示。

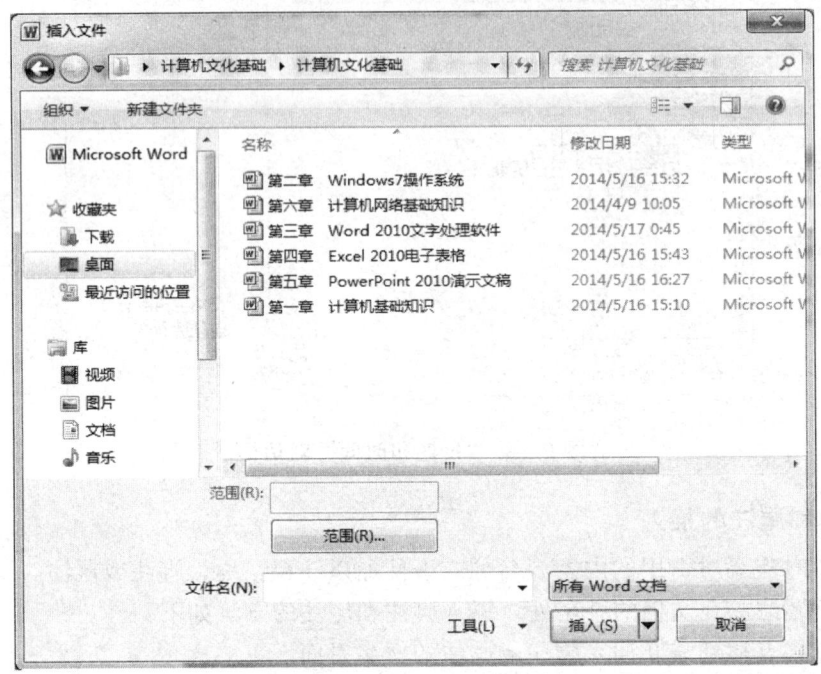

图3.16 "插入文件"对话框

（3）选择要插入的文件名，然后单击"插入"按钮，把选定的文件插在当前文档中。

3.3.2 文档的编辑

【知识点】
操作步骤的撤销和恢复、文本内容的选择、删除、修改、复制、粘贴、查找与替换
【相关知识介绍】

1. 撤销和恢复

在编辑的过程中，如果发现上一个操作出现了错误，例如文档中某一段被误删除了，即可按"Ctrl+Z"组合键进行恢复（或单击"标题"栏上的"撤销"按钮"   "）。如果发现撤销有误，则按"Ctrl+Y"组合键（或单击"标题"栏上的"恢复"按钮"   "）。撤销和恢复操作可多次重复，但在Word 2010中并不是所有的操作都是可以撤销和恢复的。

2. 文本的选择

在Word 2010中如果要对文档的内容进行编辑，需要先选定文本，被选定的文本呈反白显示。选择文本的方法如表3.1所示。

表 3.1 选择文本的方法

操作	选择文本	执行这个动作
鼠标操作	任何数量	单击要选取的文本起点，拖动到文本的终点为止
	一个词语	双击该单词中的任意位置
	一个句子	按住〈Ctrl〉键并单击句子中的任意位置
	一行	单击该行左侧的选择条
	多行	在选择条中拖动
	一个段落	双击段落左侧的选择条
	整个文档	按住〈Ctrl〉键并在选择条内任意位置单击
键盘操作	任何数量	将插入点移至文本起点，按住〈Shift〉键，并使用方向键移动插入点到想要的位置
	整个文档	Ctrl+A

3. 复制、移动和删除

（1）复制。

选择要复制的文本，按"Ctrl+C"键（或单击鼠标右键选择"复制"，也可单击"常用"工具栏上的"复制"按钮"　"），然后将插入点定位到目标位置，按"Ctrl+V"（或单击右键选择"粘贴"，也可单击"常用"工具栏上的"粘贴"按钮"　"）

（2）移动。

选择要移动的文本，按"Ctrl+X"键（或单击鼠标右键选择"剪切"，也可单击"常用"工具栏上的"剪切"按钮"　"），然后将插入点定位到目标位置，按"Ctrl+V"（或单击右键选择"粘贴"，也可单击"常用"工具栏上的"粘贴"按钮"　"）。

（3）删除。

文本输入过程中，若需删除单个字符，可使用"Backspace"键删除光标前面的字符，使用"Del"键删除光标后面的字符。

3.3.3 查找与替换操作

【知识点】

在 Word 2010 文档中使用"查找与替换"工具

【相关知识介绍】

1. 初级查找与替换

如果在很多页的文章中寻找某个词，如"计算机"，就需要使用 Word 的"查找"功能；如果还需要将这个词替换成另一个词，如换成"电脑"，就需要使用"替换"功能。

（1）简单查找步骤如下：打开文档，执行"开始"→"查找"命令或使用"Ctrl+F"组合键，在导航窗口的输入框中键入需要查找的内容，如"计算机"，按"Enter"键或"查找"按钮即可找到需要查找的内容，如图 3.17 所示。

（2）简单替换步骤如下：打开文档，执行"开始"→"替换"命令或使用"Ctrl+H"组合键，弹出"查找和替换"对话框，在"查找内容"中键入需要查找的内容，如"计算机"，在"替换为"中键入替换的内容，如"电脑"，单击"替换"或"全部替换"按钮即可完成替换操作,如图 3.18 所示。

选择"替换":表示一个一个地替换。选择"全部替换":表示一次全部替换。

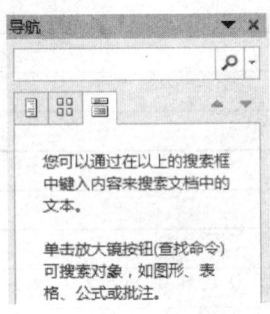

图 3.17 "导航"窗口

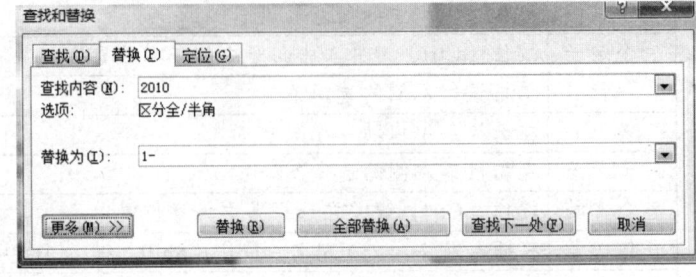

图 3.18 "查找和替换"对话框

2. 高级查找与替换

(1) 进阶查找。

以上是最简单的一种查找。如果提高查找难度,如需要查找"Computer"这个词,就要使用更为高级的查找了。具体操作步骤如下:

执行"开始"→"查找"→"高级查找"命令,打开"查找和替换"对话框,在"查找内容"中输入需要查找的内容,如"Computer"。单击"更多"按钮,展开高级查找对话框,在"搜索选项"中选择相应的设置,设置完成后单击"查找下一处"按钮即可,如图 3.19 所示。

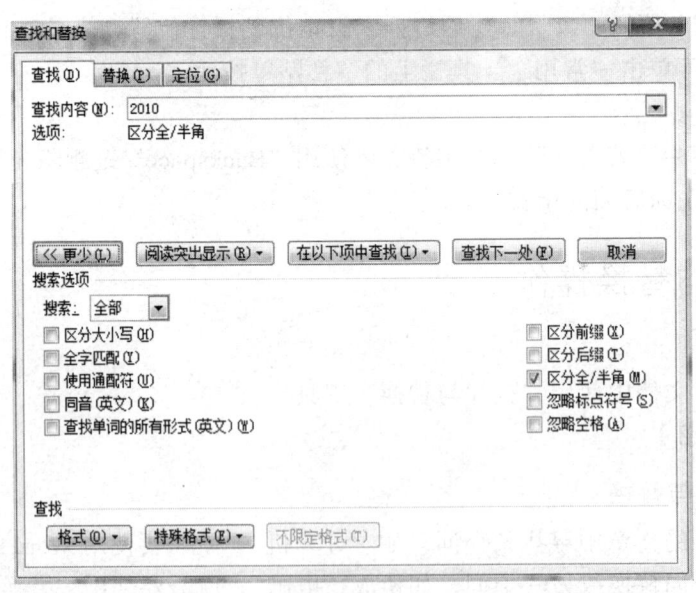

图 3.19 "查找和替换"对话框

"搜索选项"中几个选项的功能如下:

① 区分大小写:如果需要查找的是"Computer"而不是"computer"或是"COMPUTER",就必须勾选这个选项。

② 全字匹配:如果查找"Com",就有可能找到"Computer"。勾选这个选项后只会找到独立的"Com"。

③ 使用通配符：勾选这个选项后，只要查找"C*"，就可以搜索到"C1"、"Com1"、"Computer"，等等。

（2）高级查找。

Word 提供的查找和替换功能非常强大，下面把查找的难度再提高一些。需要在全文中查找蓝色的、加粗、黑体四号字的"计算机"。具体操作步骤如下：

① 启动"查找和替换"对话框，在"查找内容"中输入需要查找的内容：计算机。单击"高级"按钮，如图 3.20 所示。

② 弹出高级查找对话框，单击"格式"按钮，在弹出的下拉式菜单中选择"字体"命令，如图 3.21 所示。

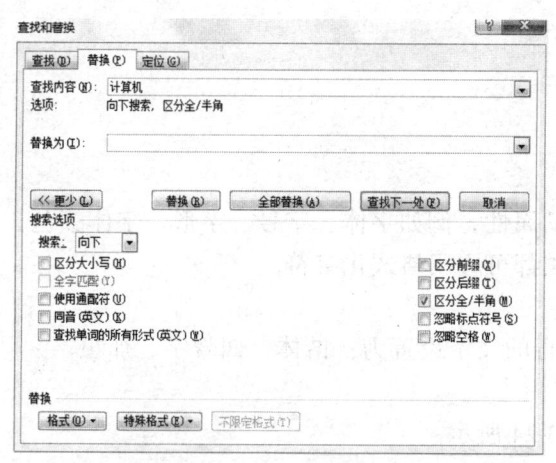

图 3.20　高级查找步骤 1

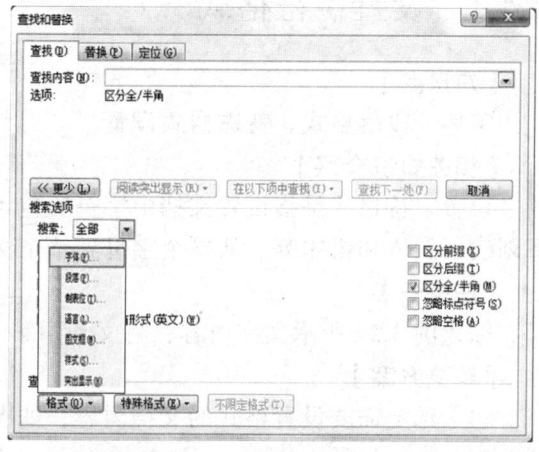

图 3.21　高级查找步骤 2

③ 在弹出的"查找字体"对话框中，按要求设置字符格式，设置完后单击"确定"按钮。如图 3.22 所示。

④ 此时会返回"查找和替换"对话框，单击"查找下一处"按钮，开始查找。如图 3.23 所示。

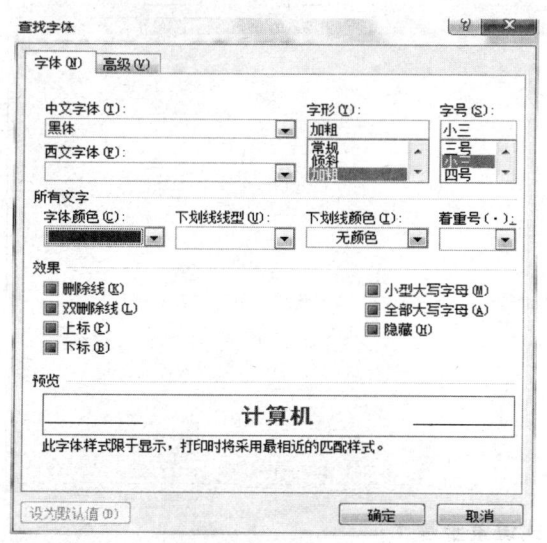

图 3.22　高级查找步骤 3

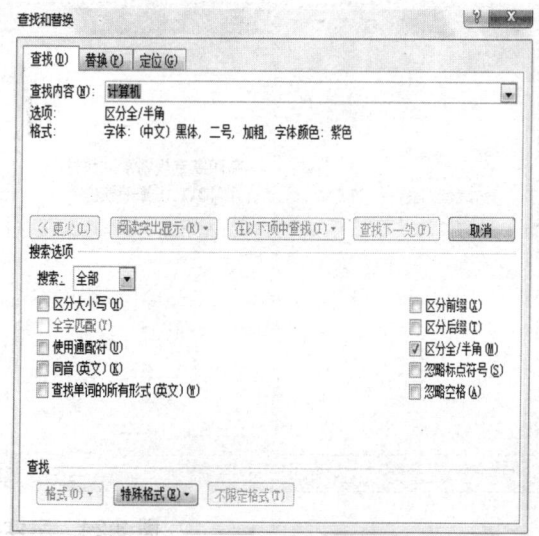

图 3.23　高级查找步骤 4

（3）高级替换。

当"替换为"的内容具有复杂的格式时，就需要使用 Word 的高级替换功能。替换的方法是在高级查找的基础上进行的。先在"查找内容"中键入需要查找的内容，设置其格式，然后在"替换为"中键入被替换的内容（这时要将光标置入"替换为"的文本框中），最后设置其格式。

3.4　Word 2010 文档排版

3.4.1　设置字符格式

【知识点】
字体、段落格式、特殊格式设置
【相关知识介绍】
设置字符格式是指设置文档中字符所包含的属性，例如字体、字号、字形、字体颜色、下划线、斜体和粗体等，从单个字母到整个文档都可应用格式化字符。
【任务一】
输入图 3.24 所示文字内容，将文章中第二行的文字设置为：楷体、四号字、加粗。
【解决方案】
（1）选定需要设置格式的文档内容，如图 3.24 所示。

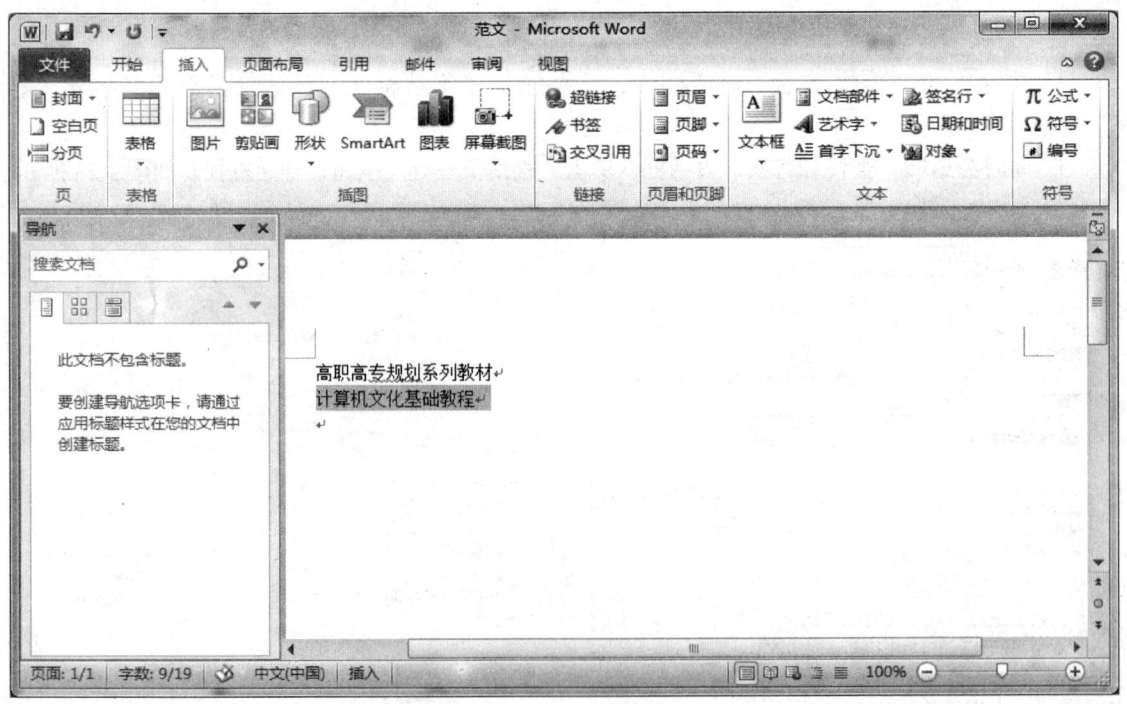

图 3.24　字体格式设置步骤 1

(2)执行"开始"→"字体"命令,如图 3.25 所示。

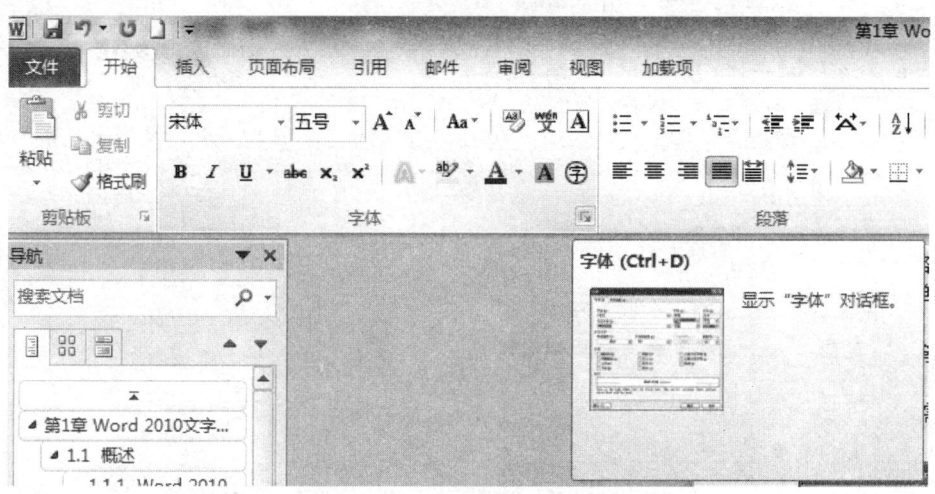

图 3.25　字体格式设置步骤 2

(3)在弹出的"字体"对话框中,选择"字体"选项卡,分别设置字体、字形和字号,单击"确定"按钮,即可完成字符格式的设置,如图 3.26 所示。

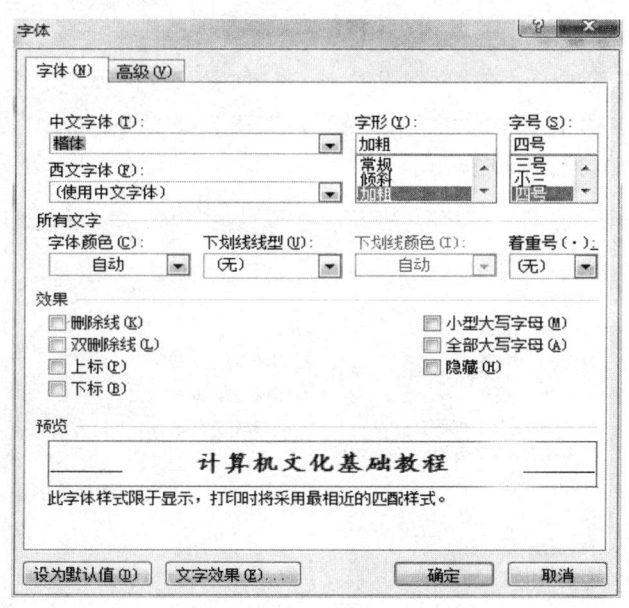

图 3.26　字体格式设置步骤 3

(4)设置好的效果如图 3.27 所示,第二行文字的字体、字形和字号都发生了变化。

【任务二】

将第二行文字中的"计算机"的间距加宽至 8 磅,并将其位置提升 6 磅。

【解决方案】

(1)选定需要设置的内容,如"计算机文化基础",执行"开始"→"字体"命令,打开"字体"对话框。

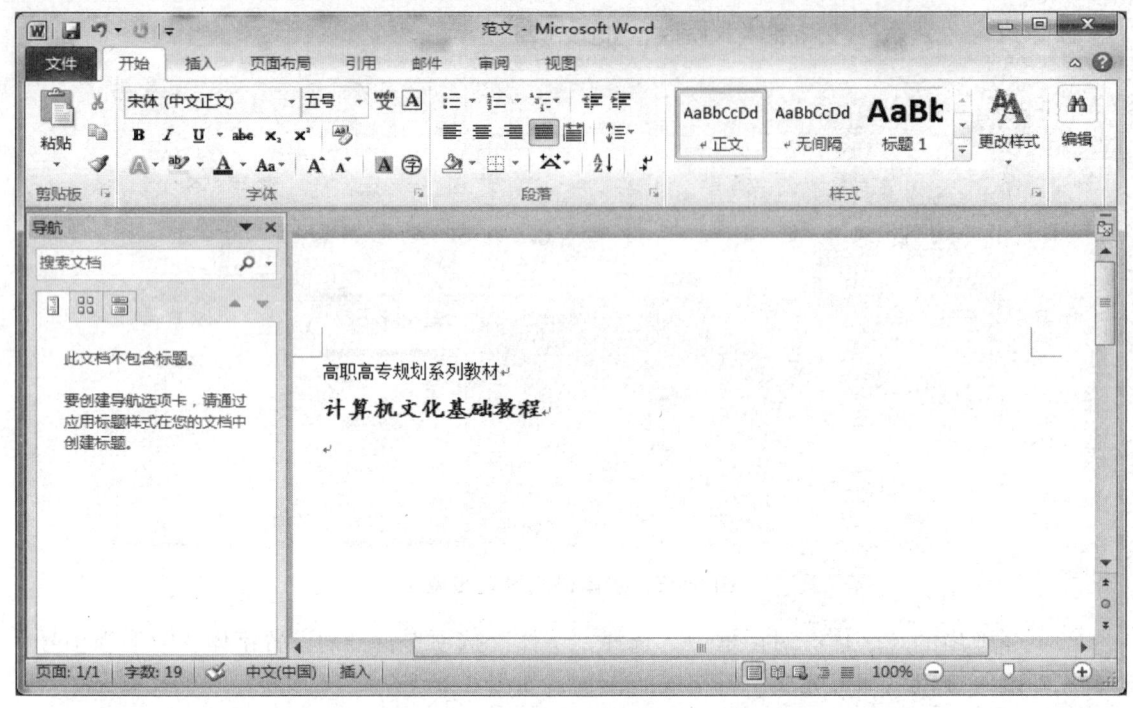

图 3.27　字体格式设置后的效果

（2）选择"高级"选项卡，在"间距"中选择"加宽"，"磅值"中设置为"8 磅"；在"位置"中选择"提升"，"磅值"中设置为"6 磅"，如图 3.28 所示。

（3）设置好的效果如图 3.29 所示。

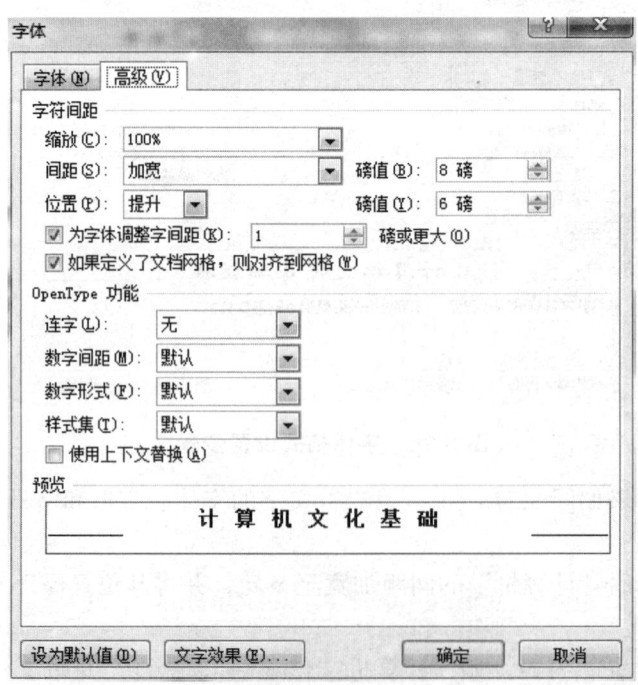

图 3.28　字符间距设置对话框

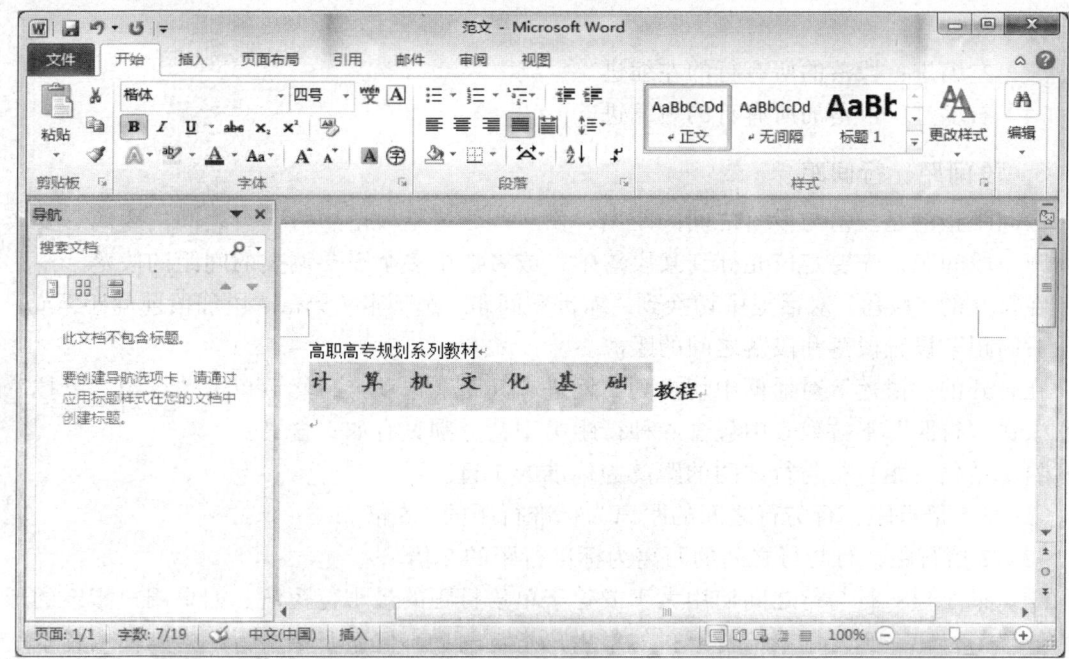

图 3.29　字符间距设置后的效果

3.4.2　设置段落格式

【知识点】
Word 2010 中的段落格式设置
【相关知识介绍】
段落是以回车键结束的一段文字，它包含任意数量的文本、图形、图像或其他对象。段落格式可帮助用户设置文档的整体外观。

1. 对齐方式

段落对齐的方式有以下 5 种：
（1）两端对齐：调整文字的水平间距，使其均匀分布在左右页边距之间（最后一行除外）。两端对齐使两侧文字具有整齐的边缘。
（2）左对齐：使段落的左端对齐，一般用在英文排版中。
（3）居中对齐：使段落行居中，通常用于标题行。
（4）右对齐：使段落的右端对齐。
（5）分散对齐：改变段落的字符间距使行中文字均匀分散并且两端都对齐。

2. 段落缩进

段落缩进是指文本与文档边界的相对水平位置，它可以控制正文与页面左右边界之间的空白。段落缩进分为左、右缩进和段落首行缩进。
（1）首行缩进：段落中的第一行左缩进，也就是我们常说的"第一行空几格"。
（2）悬挂缩进：缩进段落中除首行外的所有行都缩进，常用于参考书条目、词汇表词条、项目符号和编号列表等。

（3）左缩进：段落的所有行的左缩进。

（4）右缩进：段落的所有行的右缩进。

3. 段间距、行间距

段间距指的是段落与段落之间的距离，而行间距是指段落中行与行之间的距离。要改变行间距与段间距，先要定位光标到某段落中，或者选中多个需要调整的间距的段落。

在打开的"段落"对话框中切换到"缩进和间距"选项卡，单击"增加段前间距"或"增加段后间距"设置段落和段落之间的距离。

在打开的"段落"对话框中切换到"缩进和间距"选项卡，然后单击"行距"下拉三角按钮。在"行距"下拉列表中包含 6 种行距类型，分别具有如下含义：

（1）单倍行距：行与行之间的距离为标准的 1 行。

（2）1.5 倍行距：行与行之间的距离为标准行距的 1.5 倍。

（3）2 倍行距：行与行之间的距离为标准行距的 2 倍。

（4）最小值：行与行之间使用大于或等于单倍行距的最小行距值。如果用户指定的最小值小于单倍行距，则使用单倍行距；如果用户指定的最小值大于单倍行距，则使用指定的最小值。

（5）固定值：行与行之间的距离使用用户指定的值，需要注意该值不能小于字体的高度。

（6）多倍行距：行与行之间的距离使用用户指定的单倍行距的倍数值。

【任务一】

设置段落的对齐方式。

【解决方案】

（1）通过"开始"→"段落"工具栏设置：将光标定位到段落中或选中段落，单击"段落"工具栏上的对应按钮进行设置，如图 3.30 所示。

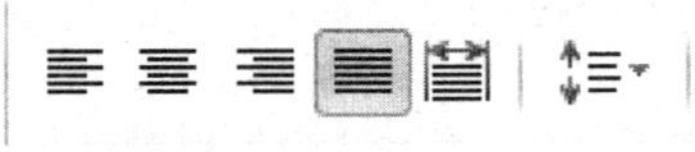

图 3.30　对齐方式工具按钮

（2）通过"格式"菜单设置：将光标定位到段落中或选中段落，执行"开始"→"段落"命令，弹出"段落"对话框，选择"缩进和间距"选项卡，在"对齐方式"的下拉列表框中选择需要的对齐方式即可，如图 3.31 所示。

【任务二】

设置段落的缩进、段落间距、行间距。

【解决方案】

通过菜单命令设置，具体步骤如下：

（1）选定需要设置格式的文档内容，执行"开始"→"段落"组中的扩展箭头命令。

（2）在弹出的"段落"对话框的"缩进和间距"选项卡中分别设置后，单击确定按钮，如图 3.32 所示。

图 3.31 设置段落对齐方式

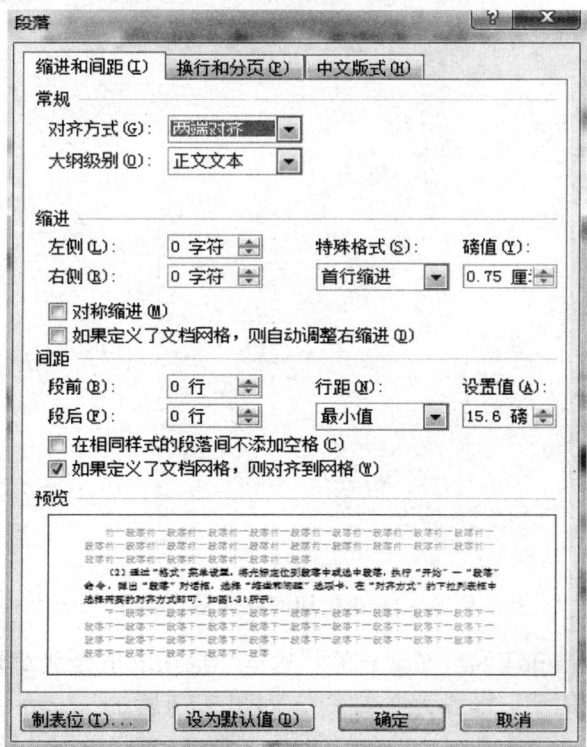

图 3.32 设置段落缩进、段落间距和行间距

（3）段落间距和行距设置。

段落间距是指相邻段落间的间隔。段落间距设置通过"开始"→"段落功能区"命令，在弹出的"段落"对话框中单击"缩进和间距"选项卡，在其中的"间距"栏中进行设置。"间距"分为段前、段后、行距3个选项，用于设置段落前、后间距以及段落中的行间距。行距有固定值、单倍行距、1.5倍行距、2倍行距、最小值、多倍行距等多种。

3.4.3 设置特殊格式

【知识点】

设置边框、底纹，设置分栏，设置项目符号，设置首字下沉、背景、格式刷工具、文字方向，设置分隔符

【相关知识介绍】

1. 设置边框、底纹

Word 2010 可以为指定的文本或段落添加边框和底纹，用来突出显示或美化文档。添加边框和底纹的操作步骤如下：

（1）选中要设置边框和底纹的文字，执行"开始"→"段落"组中的"边框"命令，如图3.33 所示。

图 3.33 边框和底纹设置步骤1

（2）在弹出的"边框和底纹"对话框的"边框"选项卡里分别设置边框样式、线型、颜色、宽度，然后将"应用于"设置为"文字"，如图3.34所示。

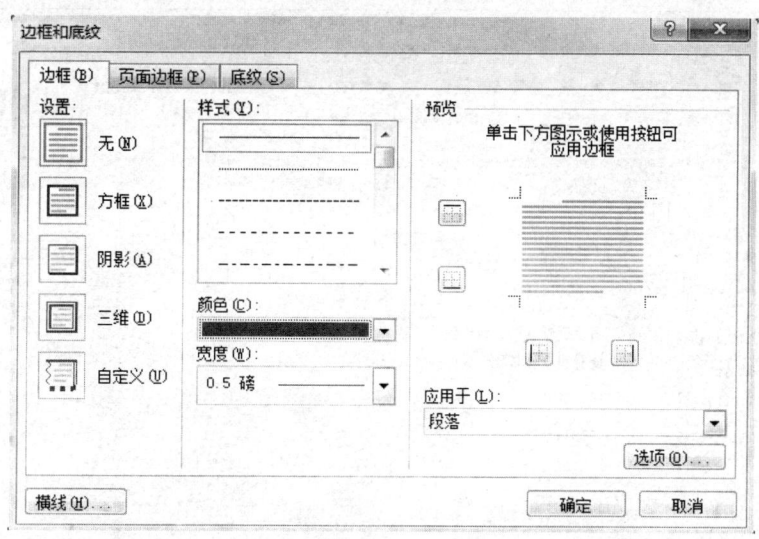

图 3.34　边框和底纹设置步骤 2

（3）单击"底纹"选项卡，开始设置"底纹"。从"填充"中选择填充的颜色，在"样式"中选择底纹的样式。将"应用于"设置为"段落"，单击"确定"按钮，如图 3.35 所示。

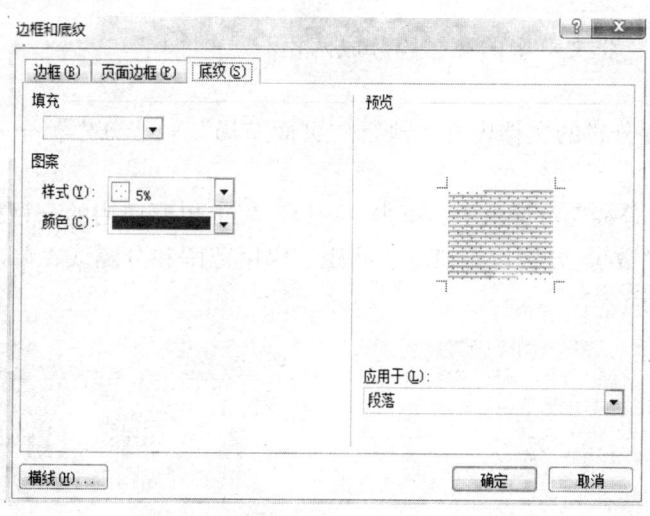

图 3.35　边框和底纹设置步骤 3

（4）设置完边框和底纹的效果，如图 3.36 所示。

2. 设置分栏

在报刊和杂志中多使用分栏排版，便于阅读。只有在页面视图和打印预览方式下才能显示分栏效果。

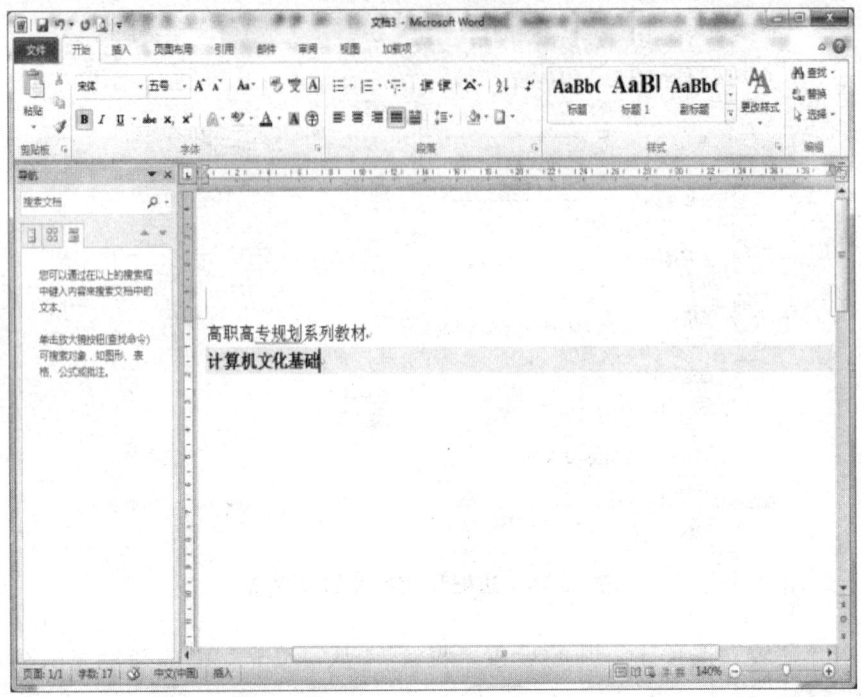

图 3.36 边框和底纹设置的效果

【任务一】

打开 Word 文档,将文章中的第二段分成两栏。

【解决方案】

(1)选中要设置分栏的文档内容,执行"页面布局"→"分栏"→"更多分栏"命令,如图 3.37 所示。

(2)在弹出的"分栏"对话框中,单击"预设"栏中想要使用的分栏格式(也可以在"栏数"中设置相应的栏数),分别设置栏宽、间距、应用范围和分隔线,单击"确定"按钮完成设置,如图 3.38 所示。

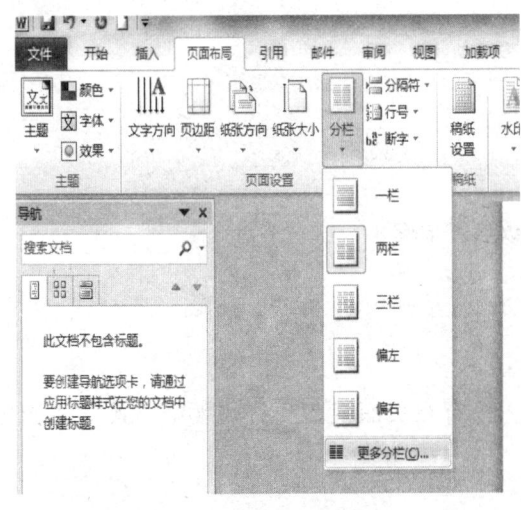

图 3.37 分栏设置步骤 1

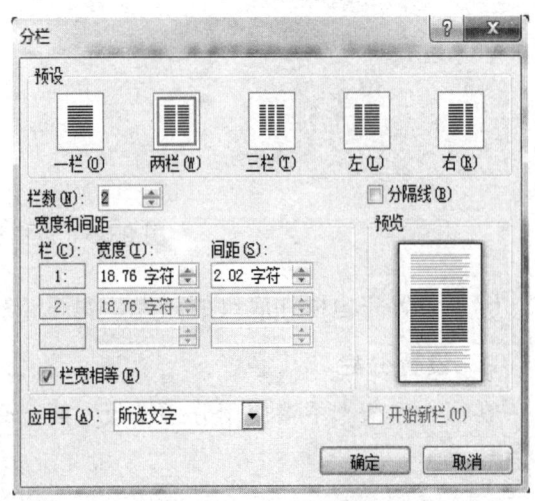

图 3.38 分栏设置步骤 2

(3)最终分栏的效果,如图 3.39 所示。

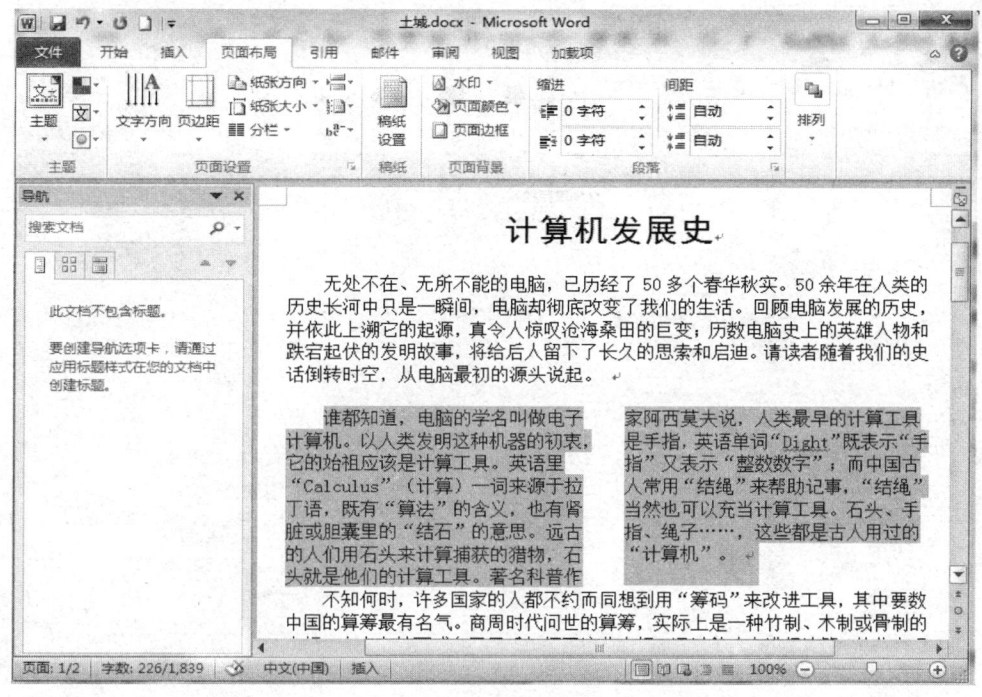

图 3.39　分栏后的效果

在设置分栏时,注意正确地选择"分栏"对话框中的"应用于"选项。选择不同的选项,分栏的效果作用于不同的范围。

① 整篇文档:选择此项,则整篇文档都应用分栏的设置。

② 所选文字:选择此项,只有选定的文字内容应用分栏设置,其他非选定内容不受影响。

③ 插入点之后:如果不选定文档,而是直接启动"分栏"对话框设置,则在"应用于"中出现此选项。选择此项后,则光标插入点之后的内容应用分栏设置。

选定分栏内容后,将"栏数"设置为"1"即可取消分栏。

3. 项目符号和编号

为了准确清楚地表达文档内容之间的并列关系、顺序关系等,可给选取的段落添加项目符号和编号。

项目符号主要用于区分 Word 2010 文档中不同类别的文本内容,使用圆点、星号等符号表示项目符号,并以段落为单位进行标识。

【任务二】

给选定的文档设置项目符号。

【解决方案】

(1)选中要设置项目符号的文档内容,执行"开始"→"项目符号"按钮,如图 3.40 所示。

图 3.40　项目符号和编号设置步骤 1

（2）弹出"项目符号"对话框，选择"定义新项目符号"命令，单击想要的项目符号选项；如果没有需要的项目符号，单击"自定义"按钮，如图 3.41 所示。

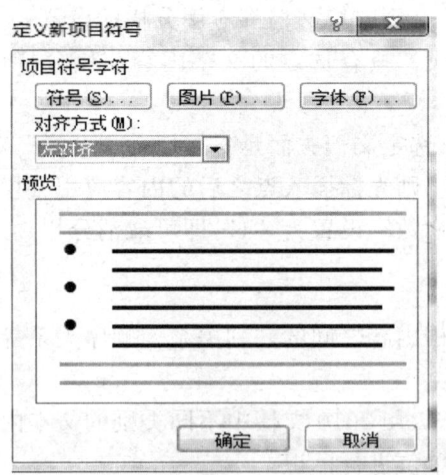

图 3.41　项目符号设置步骤 2

（3）单击"符号"按钮，弹出"符号"对话框，选择项目符号选项，单击"确定"按钮，如图 3.42 所示。

（4）返回"自定义项目符号列表"对话框，单击"确定"按钮，完成设置。

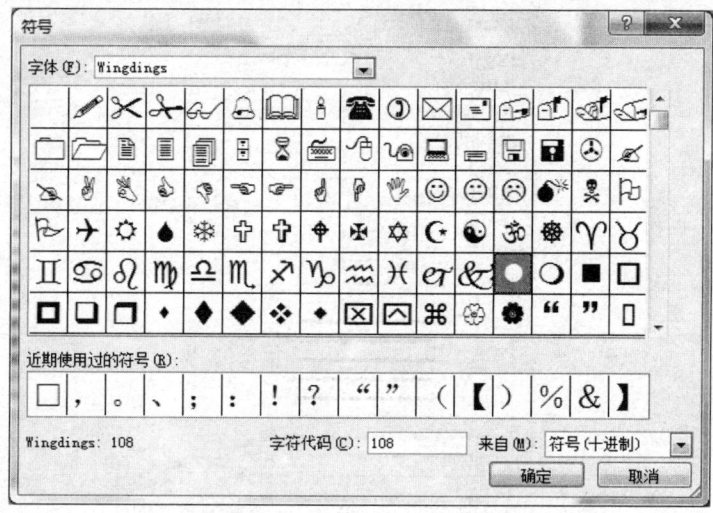

图 3.42　项目符号设置步骤 3

【任务三】
给选定的文档内容设置编号。
【解决方案】
（1）选中设置编号的文档内容，执行"开始"→"段落"组"编号"命令，如图 3.43 所示。

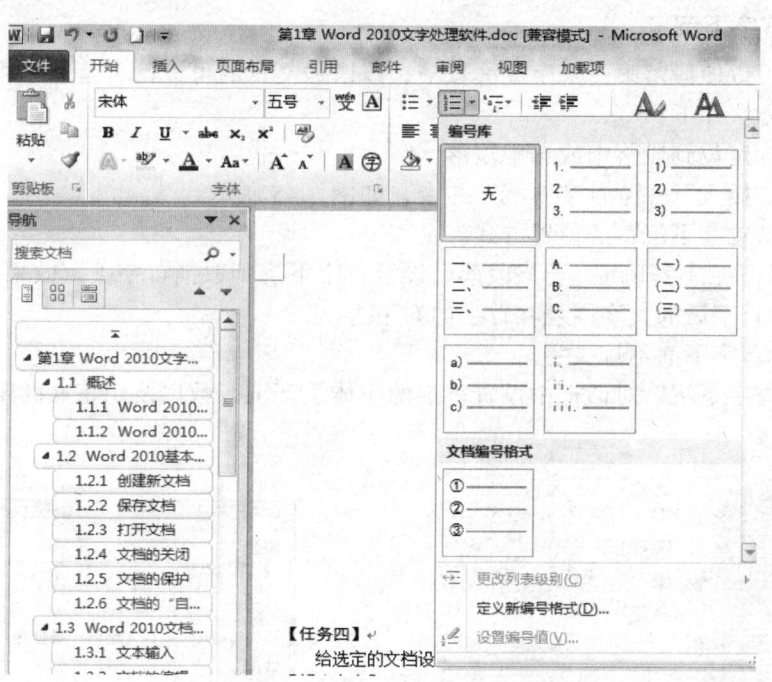

图 3.43　编号设置步骤 1

（2）弹出"项目编号"对话框，单击想要的项目编号选项；如果没有需要的编号，单击"定义新编号格式"按钮，如图 3.44 所示。

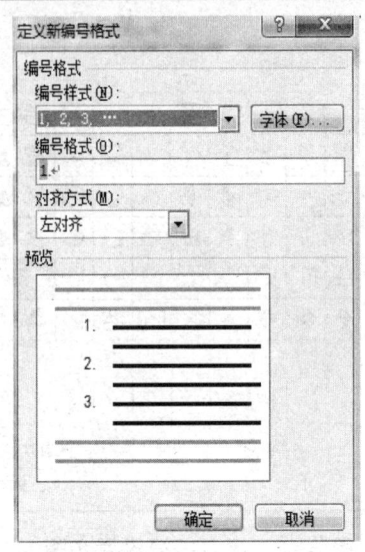

图 3.44　编号设置步骤 2

（3）打开"定义新编号格式"对话框，单击"编号样式"下拉按钮，选中一个样式，设置其他辅助选项，单击"确定"按钮。

取消项目符号或编号的方法：在"项目符号"或"编号"选项中单击"无"命令即可。

4．设置首字下沉

首字下沉可以使段落第一个字放大数倍，以增强文章的可读性，是出版物中流行的设计方式，其操作方法如下：

（1）将光标定位到段落中或选中段落。

（2）执行"插入"→"首字下沉"命令，如图 3.45 所示。

（3）选择"首字下沉"的位置方式。

① 无：不进行首字下沉，若该段落已设置首字下沉则取消首字下沉效果。

② 下沉：首字后的文字围绕在首字的右下方。

③ 悬挂：首字下面不排文字。

（4）在"首字下沉"对话框中设置首字的字体、下沉行数以及距正文的距离，如图 3.46 所示。

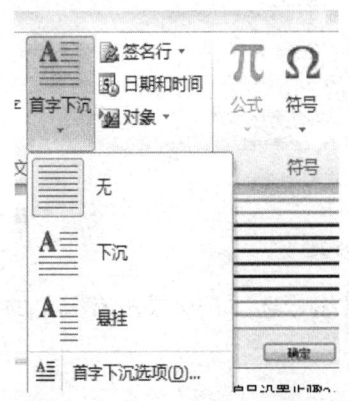

图 3.45　"首字下沉"选项设置

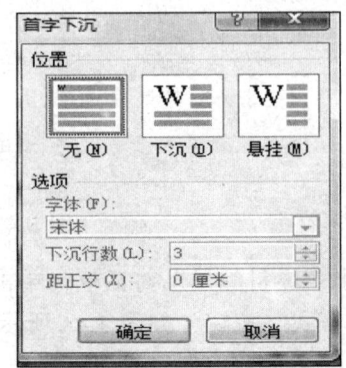

图 3.46　"首字下沉"对话框

5. 背　景

为了增强文本的视觉效果，可以为文档添加背景。

为了增强文本的视觉效果，执行"开始"→"段落"组"底纹"命令，可以为文档添加背景，如图 3.47 所示。

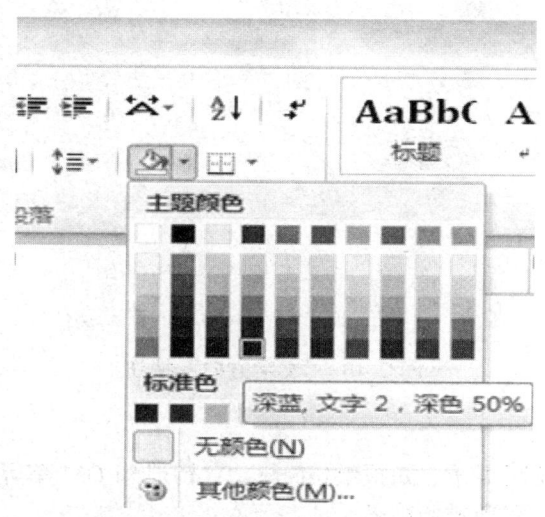

图 3.47　"文字背景"选项设置

设置背景颜色：在调色板中选择所需要的颜色，也可打开"其他颜色"对话框定义其他的颜色。

注意："背景颜色"和"填充效果"只能在视图中查看，无法打印。

6. 格式刷工具

格式刷用来复制文本或段落的格式，其操作方法如下：
（1）选择设置好格式的文本。
（2）单击"开始"工具栏上的"格式刷"按钮 ，光标变为刷子形状。
（3）在需要复制格式的文本上，按住左键拖动。
（4）单击"格式刷"只能进行单次复制，双击"格式刷"可进行多次复制。

退出格式刷状态的方法是按"Esc"键。

7. 文字方向

在 Word 中默认的文字方向是从上到下，从左到右。但有时也需要将文字的方式做适当的调整，达到较好的视觉效果。

要修改文字的方向，可在选中文本后执行"页面布局"→"页面设置"组"文字方向"命令，如图 3.48 所示，按需要改变文字的方向。

注意：如果只是改变文档中一小部分内容的文字方向，需要将文字插入到文本框中，否则 Word 会将该文字复制到新的页面中且改为修改后的文字方向。我们将在后面章节中讲解文本框具体使用方法。

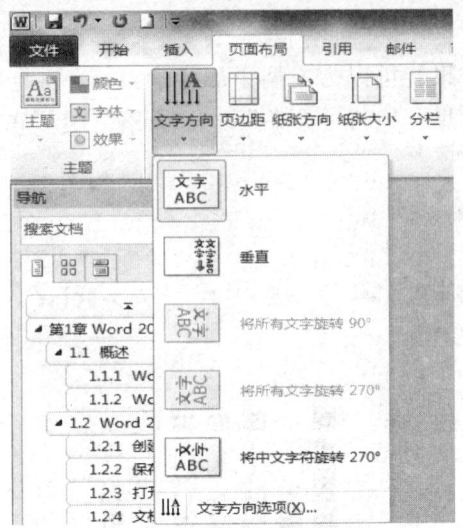

图 3.48 "文字方向"按钮

8. 设置分隔符

有的文档有特殊的排版需求,如报纸、简讯、宣传册和 DM 单等类似的文档。Word 2010 可以按需求插入分隔符,实现排版特效。

分页符:定义了上一页结束以及下一页开始的位置。Word 2010 可插入一个"自动"分页符(或软分页符),或者通过插入"手动"分页符(或硬分页符)在指定位置强制分页。取消硬分页符时可切换到普通视图中,选定手动分页符,然后按"Delete"键。

【任务四】

将"分页符.docx"文档中的例图所在页横向显示,其效果如图 3.52 所示。

【解决方案】

(1)分隔符。

① 打开"分隔符.docx"文档,以 25% 的比例显示,如图 3.49 所示。

图 3.49 "分页符.docx"文档以 25% 比例显示

② 将插入点定位到文本结束部分，执行"页面布局"→"分隔符"命令，如图 3.50 所示。

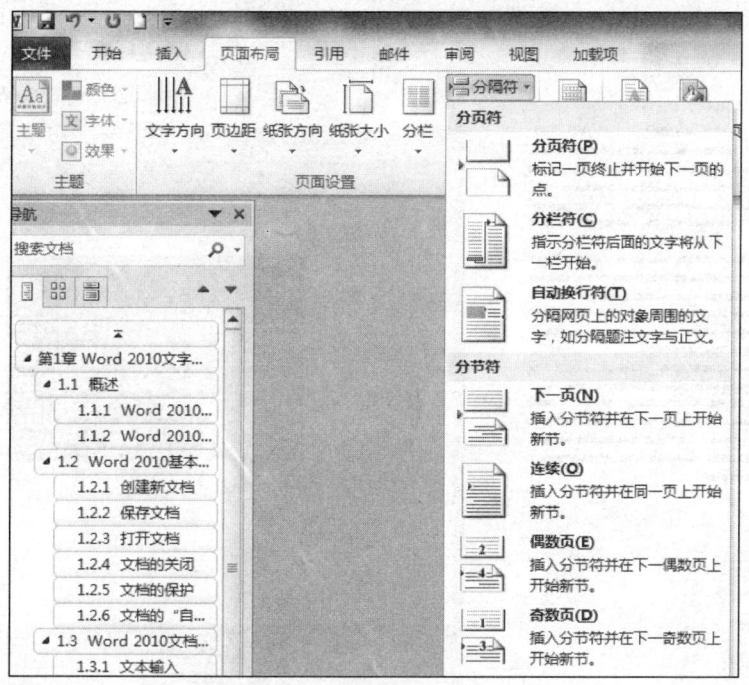

图 3.50 "分隔符"下拉菜单

③ 在"分隔符类型"中选择"分页符"即可。

④ 执行"页面布局"→"页面设置"命令，弹出"页面设置"对话框，选择"页边距"选项卡，在"方向"处选择"横向"，如图 3.51 所示。

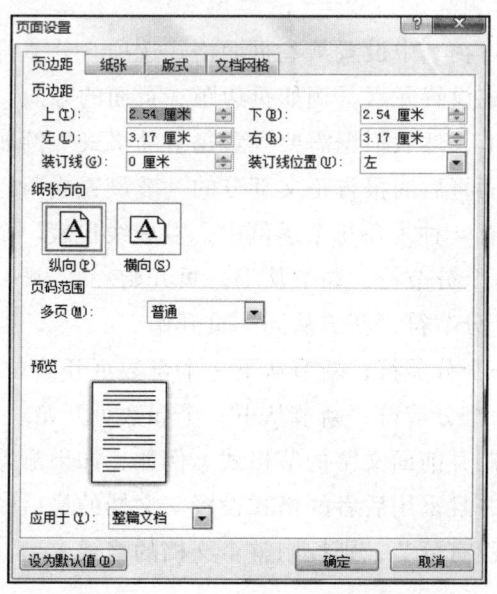

图 3.51 "页面设置"对话框

⑤ 将文档缩放到 25% 显示，可见例图所在页横向显示，如图 3.52 所示。

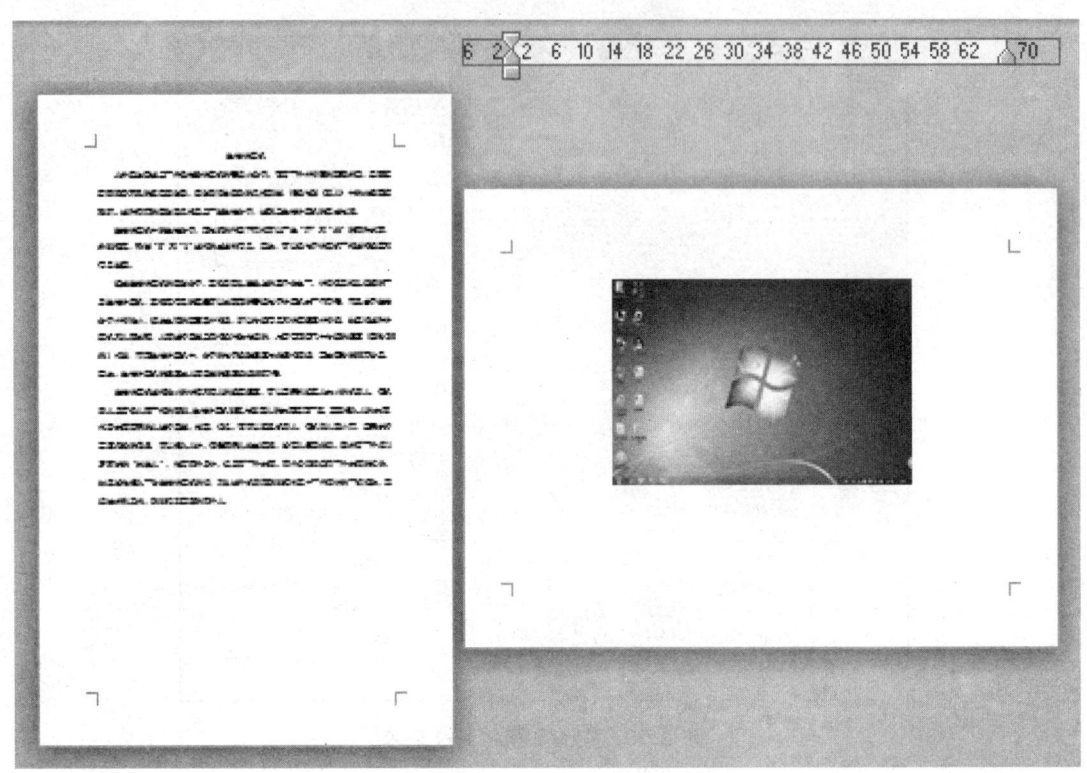

图 3.52　例图所在页横向显示

（2）分节符。

节是文档的一部分，可在其中设置某些页面格式选项。分节符是为表示节的结尾插入的标记。分节符包含节的格式设置元素，例如页边距、页面的方向、页眉和页脚，以及页码的顺序。即可将文档分成几节，然后根据需要设置每节的格式。例如，可将报告"内容提要"一节的格式设置为一栏，而将后面报告正文部分的一节设置成两栏。

可插入的分节符类型有 4 种（在每个示例中，双虚线代表一个分节符）：

① "下一页"：插入一个分节符，新节从下一页开始。
② "连续"：插入一个分节符，新节从同一页开始。
③ "奇数页"：插入一个分节符，新节从下一个奇数页开始。
④ "偶数页"：插入一个分节符，新节从下一个偶数页开始。

注意：切记分节符控制其前面文字的节格式。例如，如果删除某个分节符，其前面的文字将合并到后面的节中，并且采用后者的格式设置。文档的最后一个段落标记控制文档最后一节的节格式（如果文档没有分节，则控制整个文档的格式）。

3.5 Word 2010 表格排版技术

3.5.1 创建表格

【知识点】
在 Word 2010 文档中创建表格
【相关知识介绍】
表格由水平的行和垂直的列组成,行和列交叉组成的方框被称为单元格。所以,在 Word 中是利用指定行数和列数的方法来创建表格的。创建表格有多种方法,下面是创建表格常用的方法。

1. 使用"插入"工具栏创建

使用"插入"工具栏创建表格的操作方法如下:
(1)将光标定位在要插入表格的位置。
(2)单击"插入"工具栏上的"表格"按钮" ",如图 3.53 所示。

图 3.53 使用"插入表格"按钮拖动鼠标

(3)按住鼠标左键拖动,选择需要的行列数,松开左键即可创建。

2. 使用"插入表格"命令

使用"插入表格"命令创建表格的操作方法如下:
(1)将光标定位在要插入表格的位置。
(2)执行"插入"→"表格"→"插入表格"命令,弹出"插入表格"对话框,如图 3.54 所示。

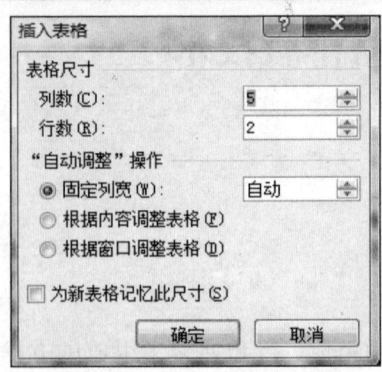

图 3.54 "插入表格"对话框

（3）在"表格尺寸"区域设置行数、列数。

（4）在"自动调整"区域可设置以下参数：

① "固定列宽"：在右侧的数值框中自定义列的宽度。

② "根据内容调整表格"：根据每一列中的内容自动调整列宽。

③ "根据窗口调整表格"：表格宽度与正文区域宽度相等。

（5）单击"设计"菜单，选择"表格样式"，如图 3.55 所示，生成的表格如图 3.56 所示。

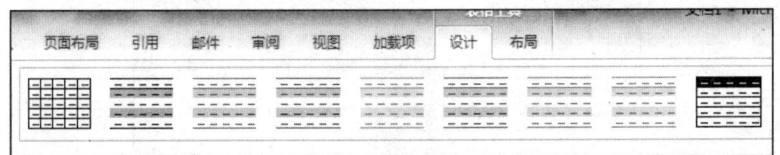

图 3.55 "表格样式"工具栏

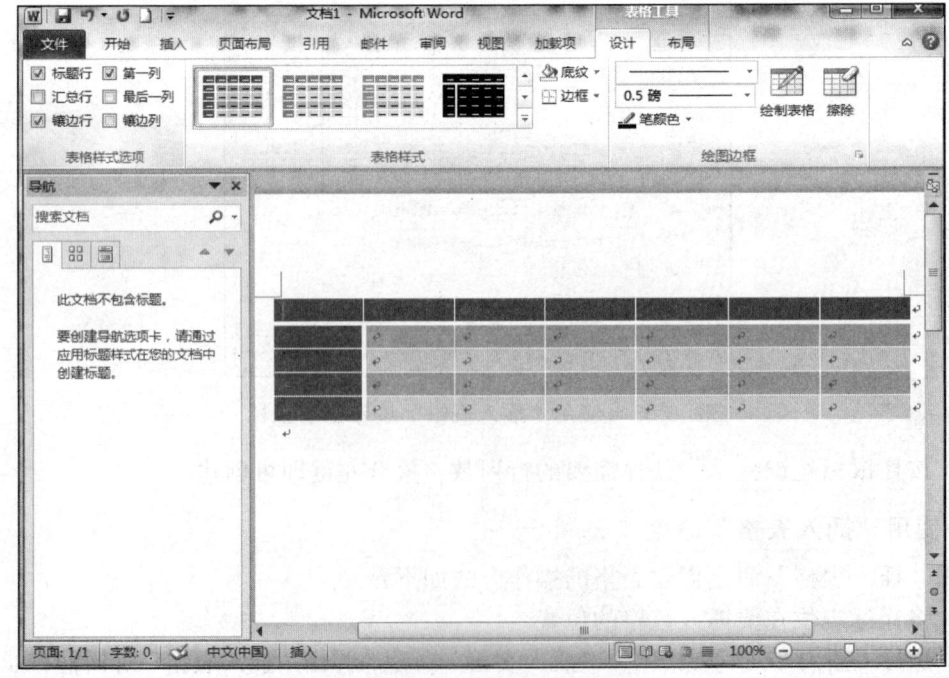

图 3.56 5 行 7 列表格

3. 绘制表格

绘制表格的操作方法如下：

（1）将光标定位在要插入表格的位置。

（2）单击"插入"→"表格"→"绘制表格"命令，在"设计"菜单中会出现"表格和边框"工具栏，如图3.57所示。

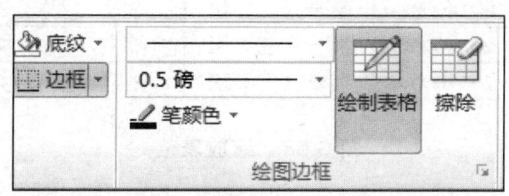

图 3.57 "表格和边框"工具栏

（3）单击"绘制表格"按钮，光标变成铅笔形状，按下拖动即可绘制表格。

（4）若需要擦除某些框线，可单击"擦除"按钮，然后选择需删除框线即可。

4. 在表格内输入文字

用鼠标单击表格的任何一个单元格时，光标插入点就会出现在此单元格中。这时这个单元格处于编辑状态，可以在其中输入文字，插入各种符号甚至背景图片等。

使用鼠标和键盘，都可以在表格中移动光标。如果使用鼠标，只需单击要移动到的单元格即可，使用键盘移动光标的方式，如表3.2所示。

表 3.2 使用键盘定位

方　法	效　果
↑	向上移动一行
↓	向下移动一行
←	向右移动一个字符
→	向左移动一个字符
Alt+PageDown	移动到该列的最后一个单元格
Alt+PageUp	移动到该列的第一个单元格
Alt+Home	移动到该行的第一个单元格
Alt+End	移动到该行的最后一个单元格
Tab	移动到下一个单元格
Shift+Tab	移动到前一个单元格

3.5.2 表格操作

【知识点】

在Word 2010文档中表格的移动与缩放、选择表格内容的方式

【相关知识介绍】

1. 表格的移动与缩放

移动鼠标光标使其指向表格的任何位置，表格左上角都会出现一个 ✥ 标记，拖动它可以

移动表格。将鼠标光标移至表格的右下角,指针变成 ↘,按住鼠标左键,拖动到适当的位置,放开鼠标,则可以使表格放大或缩小,如图 3.58 所示。

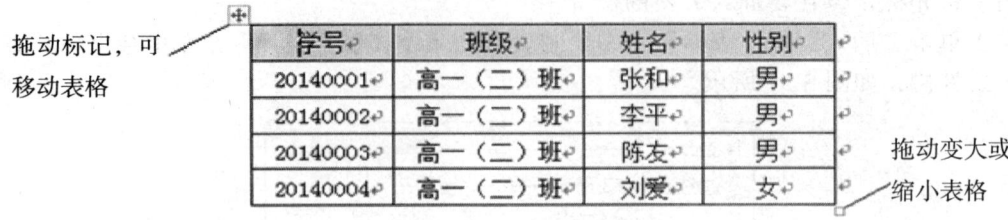

图 3.58 缩放表格

2. 选择表格内容

对表格进行处理,首先应选定操作对象,操作对象包括单元格、行、列或整个表格。

(1)选定单个单元格。

① 将插入点置于所选单元格中,单击"表格工具"选项卡"布局"功能区"表"组的"选择"下拉菜单下的"选择单元格"命令即可选定插入点所在的单元格。

② 将鼠标位于需选定的单元格的左侧,呈现右上的↗黑色箭头,单击即可选择该单元格。

(2)选定多个单元格。

① 在单元格中单击并拖动,可选定多个单元格。

② 按住 Ctrl 键,单击所需的单元格,可选择不连续的多个单元格;按住 Shift 键,单击所需的单元格,可选择连续的多个单元格。

(3)选定单行。

① 鼠标移动到该行左侧,呈现白色的右上箭头,单击可选择该行。

② 将插入点置于所选行的任一单元格中,单击"表格工具"选项卡"布局"功能区"表"组的"选择"下拉菜单下的"选择行"命令即可选定插入点所在的行。

(4)选定单行。

① 鼠标移动到该列上方,呈现黑色的向下箭头,单击可选择该列。

② 将插入点置于所选列的任一单元格中,单击"表格工具"选项卡"布局"功能区"表"组的"选择"下拉菜单下的"选择列"命令即可选定插入点所在的列。

(5)选定多行、多列。在选定单行、单列的基础上,按住鼠标左键拖动可选择多行、多列。

(6)选定整个表格。

① 光标定位在表格内,且表格左上角出现 ⊞ 标记时,单击该标记可选定整个表格。

② 将插入点置于表格的任一单元格中,单击"表格工具"选项卡"布局"功能区"表"组的"选择"下拉菜单中的"选择表格"命令,即可选定插入点所在的整个表格。

3.5.3 修改表格结构

【知识点】

在 Word 文档表格中插入行、列或单元格,删除行、列或单元格,删除单元格、行或列的内容,合并单元格,拆分单元格,调整表格的行高和列宽,绘制斜线表头,设置标题行重复

【相关知识介绍】

1. 插入行、列或单元格

（1）将光标定位在单元格中,执行"表格工具"选项卡"布局"功能区"列和行"组的"在上方插入行"等命令;或者单击"列和行"组的扩展箭头在弹出的子菜单中选择相应的按钮,即可完成行、列或单元格的插入。

（2）如需插入整行或整列,先选择该行或该列,单击鼠标右键,在弹出的菜单中选择"在上方插入行"或"在左侧插入列"等操作,如图 3.59 所示。

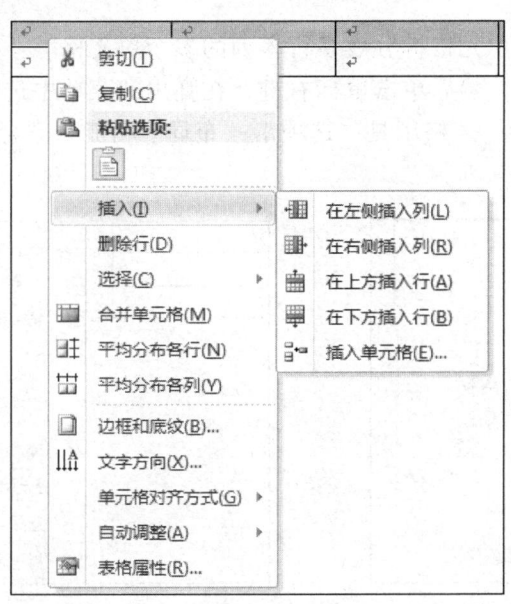

图 3.59　插入行或列命令

2. 删除行、列或单元格

（1）将光标定位在单元格中,执行"表格工具"选项卡"布局"功能区"列和行"组的"删除"命令,在弹出的子菜单中选择相应的按钮,即可完成行、列、单元格或整个表格的删除。

（2）如需删除整行或整列,先选择该行或该列,单击鼠标右键,在弹出菜单中选择"删除行"或"删除列",如图 3.60、图 3.61 所示。

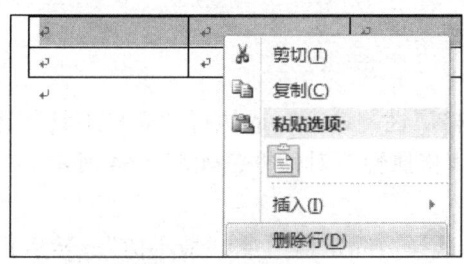

图 3.60　删除行命令

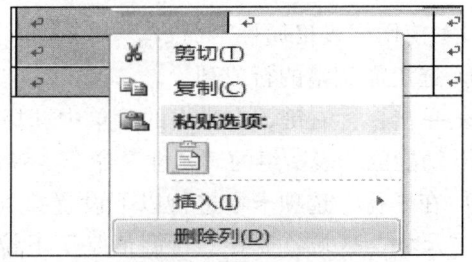

图 3.61　删除列命令

注意：删除单元格不能用"剪切"按钮,"剪切"只能删除单元格中的文本,而不能删除整个单元格。

3. 删除单元格、行或列的内容

选择相应单元格、行或列，直接按"Delete"键即可。

4. 合并单元格

单元格的合并是指多个（2个或者2以上的单元格）相邻的单元格合并成一个单元格。

选择要合并的单元格，然后单击鼠标右键，在弹出的菜单中选择"合并单元格"命令，如图 3.62 所示；或者执行"表格工具"选项卡"布局"功能区"合并"组的"合并单元格"命令。

5. 拆分单元格

单元格的拆分是指将单元格拆分成多行多列的多个单元格。

选择要拆分的单元格，然后单击鼠标右键，在弹出的菜单中选择"拆分单元格"命令，如图 3.63 所示；或者执行"表格工具"选项卡"布局"功能区"合并"组的"拆分单元格"命令。

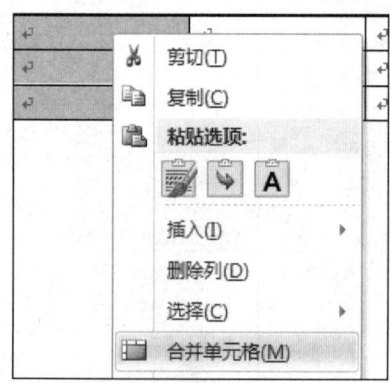

图 3.62　合并单元格命令

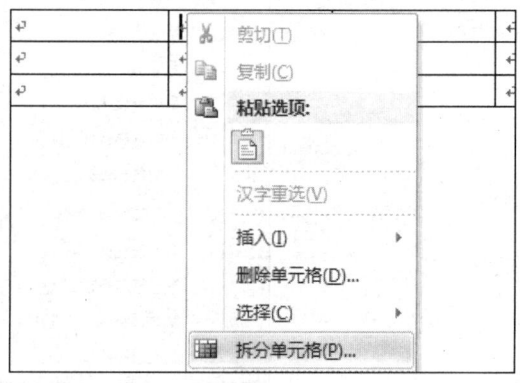

图 3.63　拆分单元格命令

6. 调整表格的行高和列宽

调整表格的行高和列宽有以下 3 种方法：

（1）使用鼠标调整。

① 将鼠标移到行或列的边框线上，指针变为黑色的双向箭头。

② 按住鼠标左键拖动，即可调整行高或列宽。上下拖动改变行高，左右拖动改变列宽。

（2）使用"表格属性"命令。

① 选定需调整的行或列。

② 单击鼠标右键，在弹出的菜单中选择"表格属性"命令；或执行"表格工具"选项卡"布局"功能区"表"组的"属性"命令，弹出"表格属性"对话框，如图 3.64 所示。

③ 在"行"选项卡中进行以下设置：

● "尺寸"区域：先在"行高值是"下拉框中选择"固定值"或"最小值"，然后再设置行高值。

● "允许跨行断页"复选框：可将行高过高的行位于两页上显示。

● "在各页顶端以标题行形式重复出现"复选框：可在每页开头设置重复的行。

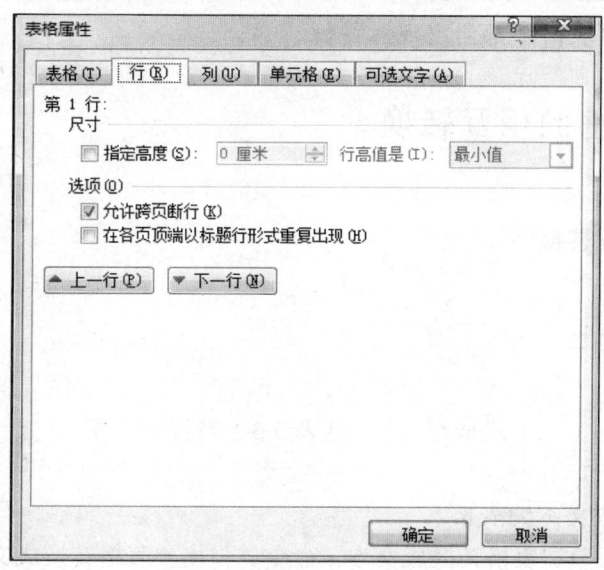

图 3.64 "表格属性"对话框

④ 列宽的设置与行高的设置类似。

（3）"平均分布各行"与"平均分布各列"。

选定需要设置的行或列，单击"表格工具"选项卡"布局"功能区的"分布列"按钮 ⊞ 或"分布行"按钮 ⊞，即可平均分布选定的行或列。

7. 绘制斜线表头

斜线表头是一种特殊的单元格，如图 3.65 所示。斜线单元格中的斜线把单元格分成不同区域，在不同区域中可输入不同的文本。操作方法如下：

星期 月份		

图 3.65 绘制斜线表头

首先要将光标定位于表格中。

方法一：执行"插入"菜单"表格"组"表格"下拉菜单中的"绘制表格"命令，在表格中绘制斜线，如图 3.65 所示，选择一种合适的表头样式。

方法二：执行"表格工具"选项卡"设计"功能区"表格样式"组中的"边框"命令，选择"斜下边框线"或"斜上边框线"。

方法三：执行"插入"菜单"插图"组中的"形状"命令，选择线条进行斜线表头绘制。

8. 设置标题行重复

如果一个表格分成了多页，为了醒目，通常希望在每一页的第一行重复显示表格的标题行，Word 2010 为表格标题的设置提供了非常友好的工具，使用户不必在每页表格中输入标题。只需选中标题行，执行"表格工具"选项卡"布局"功能区的"数据"组中的"重复标题行"命令,则每一页表格中都会出现标题行。

3.5.4 文本与表格的相互转换

【知识点】

文本与表格的相互转换

【相关知识介绍】

1. 表格转换成文本

【任务一】

将"××中学高一(二)班成绩表"(见表3.3)转换成文本。

【解决方案】

(1)选定要转换成文本的表格。

(2)执行"布局"→"表格转换成文本"命令,弹出"表格转换成文本"对话框,根据需要选择一种将原表格转换成文字后的分隔符,如图3.66所示。

表3.3　××中学高一(二)班成绩表

学号	姓名	语文	数学	计算机	总分
20140001	张和	80	75	91	
20140002	李平	67	89	81	
20140003	陈友	80	86	94	
20140004	刘爱	90	88	76	

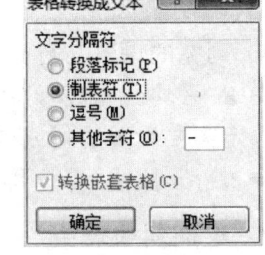

图3.66 "表格转换成文本"对话框

(3)单击"确定"按钮完成转换。其效果如图3.67所示。

图3.67 转换前后的效果

2. 文本转换成表格

在将文本转换为表格之前，要求被转换的文本中每一行之间要用段落标记隔开，每一列之间要用分隔符隔开，列之间的分隔符可以是制表符、逗号或空格等。

（1）选定要转换为表格的文本，执行"插入"→"表格"→"文本转换成表格"命令，弹出"将文字转换成表格"对话框，如图3.68所示。

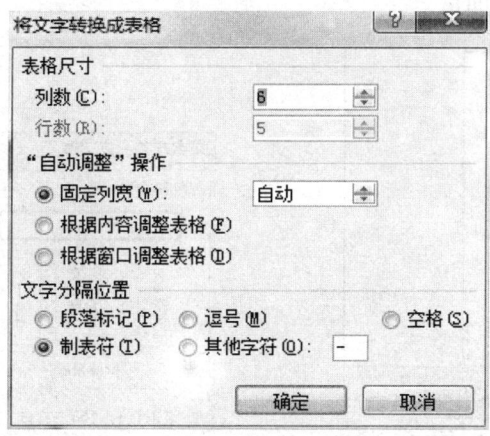

图3.68 "将文字转换成表格"对话框

（2）在对话框中设置行数、列数、列宽及表格样式等，单击"确定"按钮完成转换。

3.5.5 设置表格格式

【知识点】

自动套用表格样式、设置表格中文本内容的格式、表格边框和底纹的设置、表格内文本内容的对齐方式

【相关知识介绍】

1. 自动套用格式

在Word 2010中选中需要编辑的表格内容，使用"设计"→"选择相应格式"命令快速设置表格的格式。

2. 设置表格中的文本

在表格中，文本格式的设置与在文档中设置文本格式一样，可设置字体、颜色等效果。但是表格中的文本还可设置多种对齐方式和更改文字的方向。

（1）文本的对齐。

表格中文本的对齐方式有垂直对齐（顶端对齐、居中或底端对齐）和水平对齐（左对齐、居中或右对齐）。具体操作步骤如下：

① 选中需要对齐的单元格。

② 单击鼠标右键，在弹出的快捷菜单中选择"单元格对齐方式"，如图3.69所示。

③ 选择一种对齐方式即可。

（2）文字方向。

表格中文字有多种排列方向，默认情况下文字是横向排列的，特殊情况下可更改表格中文字的排列方向，其操作方法如下：

① 选择需要对齐的文本或单元格。

② 鼠标右键，选择"文字方向"命令，弹出"文字方向"对话框，如图3.70所示。

③ 选择一种排列方式即可。

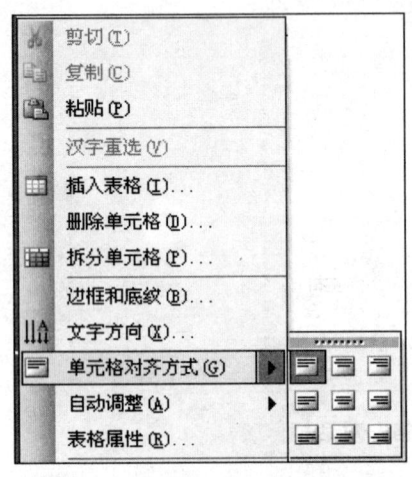

图 3.69 设置单元格的对齐方式

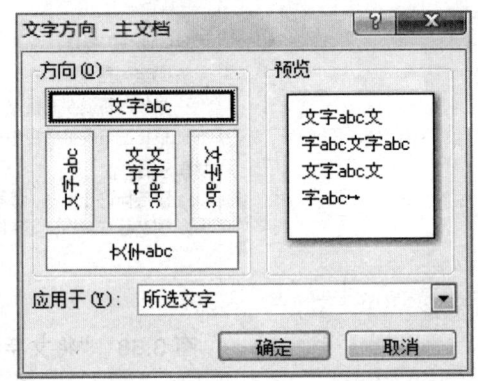

图 3.70 "文字方向"对话框

3. 表格的边框和底纹

为了美化、突出表格，可以适当地给表格添加边框和底纹。先在表格中选定要设置边框或底纹的单元格，单击鼠标右键，选择"边框和底纹"命令，打开如图3.71所示的"边框和底纹"对话框，可以对表格的边框和底纹进行相关的设置。

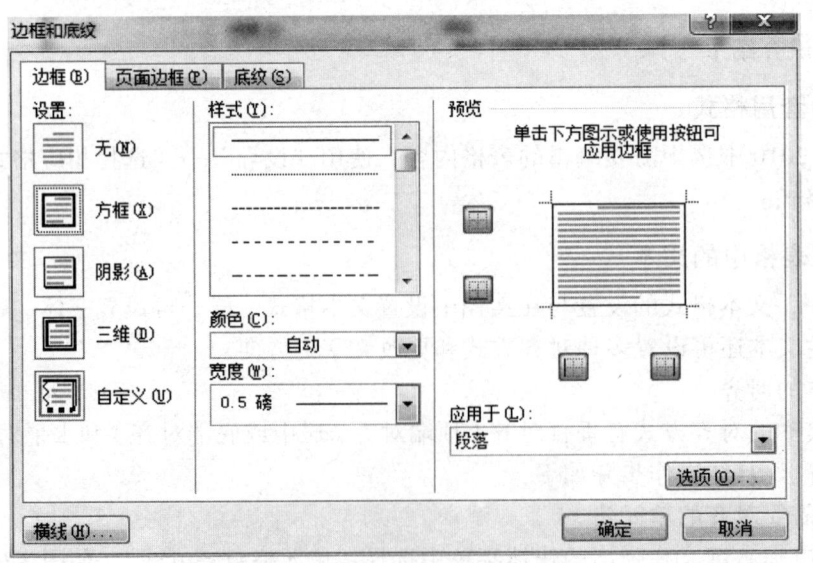

图 3.71 "边框和底纹"对话框

(1)边框设置。

在"边框"选项卡中,可以设置边框的线型、颜色和线宽,还可以单独设置边框的某一根线的线型、颜色和线宽等,在"应用于"列表框中有"文字""段落""单元格"和"表格"等项,设置时应注意选择,在"预览"窗口可以看到设置的效果。

(2)底纹设置。

在"底纹"选项卡中,可以设置底纹的颜色、样式等,同样在"应用于"列表框中注意设置的选择,设置完成后单击"确定"按钮。

4. 表格的对齐

Word 2010 中表格可设置与文字的环绕方式,其操作方法如下:

(1)选择需要对齐的表格。

(2)执行"布局"→"属性"命令,或单击鼠标右键在快捷菜单中选择"表格属性"命令,弹出"表格属性"对话框,如图 3.72 所示。

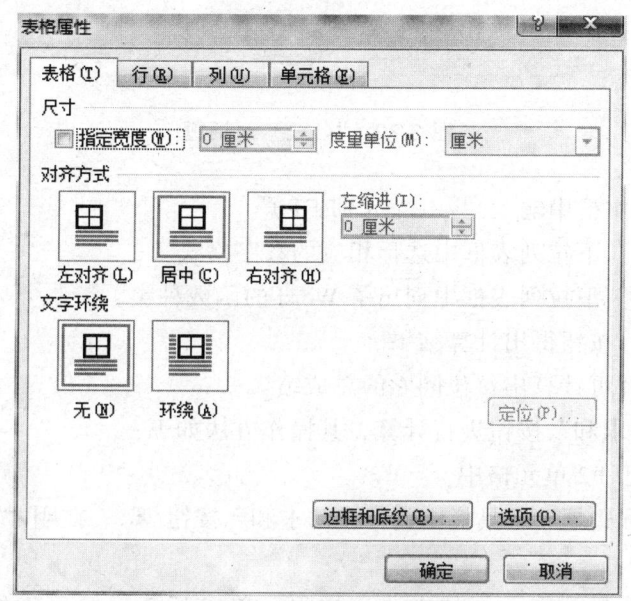

图 3.72 "表格属性"对话框

(3)在"表格"选项卡中可设置表格的大小、对齐方式和文字环绕。

3.5.6 表格的数据处理

【知识点】

表格内数据的基本运算公式的使用、表格内数据的排序

【相关知识介绍】

1. 表格数据的计算

Word 2010 可以对表格内数据进行简单的运算处理。

【任务一】

要求计算表 3.3 中每位同学的总分，并放入相应的单元格中。

【解决方案】

表格中的数值计算有以下两种方法：

（1）使用"公式"命令进行计算，其操作方法如下：

① 将光标定位于 F2 单元格中。

② 执行"布局"→"公式"命令，弹出"公式"对话框，如图 3.73 所示。

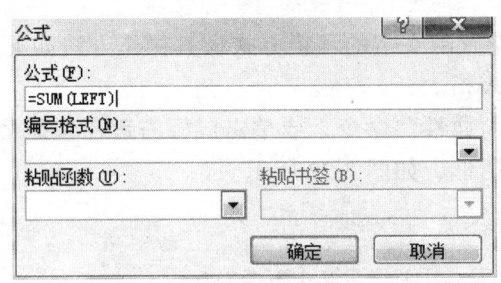

图 3.73 "公式"对话框

- 在"公式"文本框中输入"=SUM（LEFT）"。
- 在"数字格式"下拉列表框中选择相应的数字格式。
- 在"粘贴函数"下拉列表框中列出了 Word 的函数种类。

③ 单击"确定"按钮得出计算结果。

④ 重复以上步骤可计算出每位同学的总成绩。

（2）使用"自动求和"按钮进行计算，其操作方法如下：

① 将光标定位于 F2 单元格中。

② 单击"表格和边框"工具栏中的"自动求和"按钮 Σ，在刚才的单元格里出现了该生的总成绩"246"。

下面几行的计算是否和上面的方法一样呢？单击第 2 行最后 1 列单元格，计算"李平"的总成绩。还是用老方法，单击 Σ 按钮，结果仍然是"246"，显然答案是不正确的。

执行"表格"→"公式"命令，打开"公式"对话框，发现"公式"文本框中显示"=SUM（ABOVE）"，这个公式表示求此单元格以上的单元格数据之和；用鼠标单击第 1 行最后 1 列单元格，启动"公式"对话框，发现"公式"文本框中显示的是"=SUM（LEFT）"。原来，Word 的 Σ 按钮默认是对单元格上方的数据求和，而我们需要的是对单元格左侧的数据求和，因此必须修改公式，如图 3.74 所示。

注意：求单元格上方数据之和的公式为 SUM（ABOVE），求单元格下方数据之和的公式为 SUM（BELOW），求单元格左侧数据之和的公式为 SUM（LEFT），求单元格右侧数据之和的公式为 SUM（RIGHT），求平均值的公式为 AVERAGE（ ）。

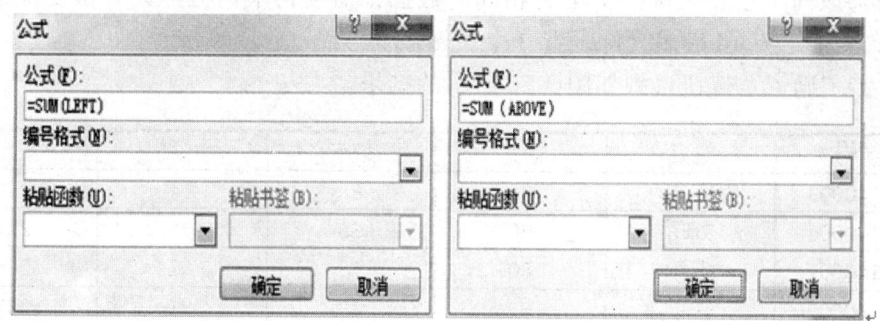

（a）求左侧数据之和的公式　　　　（b）求上方数据之和的公式

图 3.74　求和公式的两种形式

2. 表格数据的排序

Word 2010 可以对表格数据按照一定的顺序进行排列。

【任务二】

在上例计算完成后，对"总成绩"列的数据进行降序排列。

【解决方案】

数据排序有以下两种方法：

（1）使用"降序"按钮进行排序，其操作方法如下：

① 选中"总成绩"列。

② 单击"布局"菜单栏中的"降序"按钮 ，即可得到结果。

（2）使用"排序"命令进行排序，其操作方法如下：

① 选中"总成绩"列。

② 执行"表格工具"选项卡"布局"功能区"数据"组中的"排序命令"，弹出"排序"对话框，如图 3.75 所示。

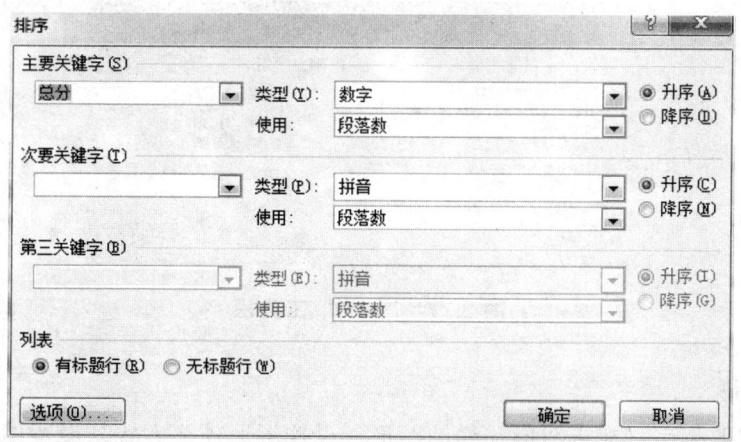

图 3.75　"排序"对话框

③ 在"主要关键字"一栏中选择"总分"，在"类型"框中选择"数字"，单击单选框中的"降序"。

④ 如果该列（主要关键字）中有相同的数据，需要再根据另一列（次要关键字）进行排序。依次类推，Word 最多允许设置 3 个关键字。

⑤ 单击"确定"按钮得到如图 3.76 所示的结果。

学号	姓名	语文	数学	计算机	总分
20140003	陈友	80	86	94	260
20140004	刘曜	90	88	76	254
20140001	张和	80	75	91	246
20140002	李平	67	89	81	237

图 3.76 排序结果

3.6 图文处理

3.6.1 绘图工具栏的使用

【知识点】

绘图工具栏的使用

【相关知识介绍】

Word 2010 中可以利用"绘图"工具栏绘制各种图形。

1. 绘制图形

绘制图形的方法为：单击"插入"菜单，就可以看到"绘图"工具栏，如图 3.77 所示。可使用工具栏上的"形状"按钮选择绘制"直线""箭头""矩形""椭圆"等各种基本图形。

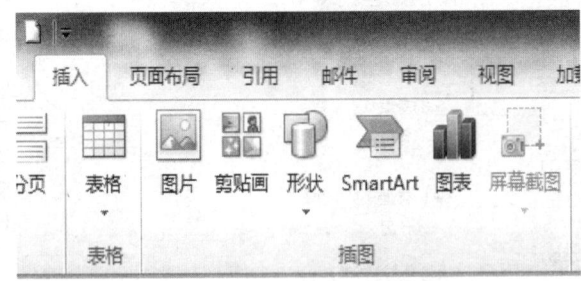

图 3.77 "绘图"工具栏

2. 编辑图形

（1）设置图形大小、旋转图形、移动图形、设置图形环绕方式与设置图片格式相同。

（2）设置颜色、线型：单击"格式"菜单，设置图形的填充颜色、边框颜色、文字颜色、线型、虚线线型、箭头样式、阴影和三维效果及图形形状样式。

（3）设置叠放次序：每绘制一个图形，该图形就位于一个透明的图层上，最先绘制的图形位于最底层，以后绘制的图形依次向上叠放，改变图层顺序就可以得到一些特殊的效果。

操作方法为：选择要更改顺序的图形，单击鼠标右键在弹出的快捷菜单中选择"置于顶层"或"置于底层"命令，展开其级联菜单，如图 3.78 所示。

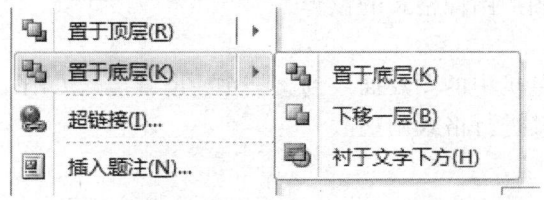

图 3.78 "叠放次序"菜单

（4）组合图形：Word 中可以将绘制的多个图形组合成一个整体。组合后的图形可整体改变属性。

操作方法为：选择要组合的多个图形，单击鼠标右键在弹出的快捷菜单中选择"组合"命令，即可组合多个图形。若要取消组合，单击鼠标右键在弹出的快捷菜单中选择"取消组合"命令即可。

3. 在图形中添加文字

在图形中添加文字，应首先选中图形，单击鼠标右键，在弹出的快捷菜单中选择"添加文字"命令，在图形中出现闪烁插入点，即可在图形中输入文字，插入文字后的效果如图 3.79 所示。

图 3.79 绘制图形

3.6.2 图片处理

【知识点】

插入图形和图像，图形图像格式的设置

【相关知识介绍】

用户可将保存在计算机中的图片插入到文档中，也可插入 Office 2010 自带的剪贴画。插入图形和图片后还可对其进行格式调整。

1. 插入图片

执行"插入"选项卡"插图"组中的"图片"命令可插入图形或图片，如图 3.80 所示。下面介绍插入图片的方法。

图 3.80 图片的三种来源

执行"插入"选项卡"插图"组中的"图片"命令，弹出"插入文件"对话框，单击"查找范围"下拉按钮，在弹出的下拉列表中选择图片存放的路径，找到所需图片后再单击"插入"按钮，如图 3.81 所示。

图 3.81 "插入图片"对话框

2. 设置图片格式

单击插入好的图片，图片被选中并且四周出现 8 个黑色的控制点。同时激活"图片"工具栏，如图 3.82 所示。

单击鼠标右键，在弹出的菜单中选择"设置图片格式"命令，弹出"设置图片格式"对话框，如图 3.83 所示，选择相应的选项卡进行设置。

图 3.82 "图片"工具栏

(1)"裁剪"选项卡,如图 3.83 所示:可对图片进行精确裁剪,以及对图像色调进行控制。

(2)"线型"选项卡,如图 3.84 所示:可为图片添加边框,设置边框的属性。

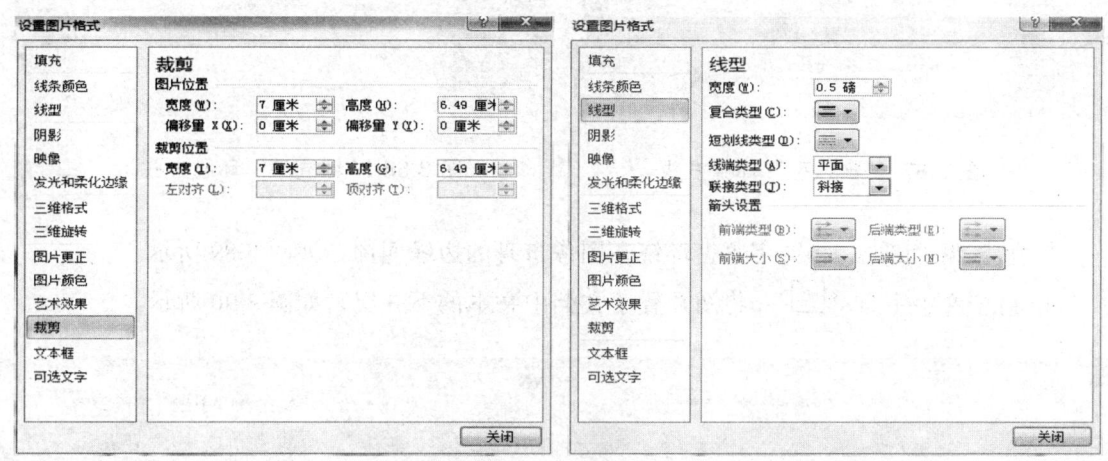

图 3.83 "设置图片格式"对话框　　　　图 3.84 "线型"选项卡

(3)"大小"选项卡,如图 3.85 所示:可精确设置图片的大小及旋转角度。

(4)"文字环绕"选项卡,如图 3.86 所示:设置图片与周围文本的环绕方式,如嵌入型、四周型、紧密型、衬于文字下方、浮于文字上方等。默认为"嵌入型"环绕方式。

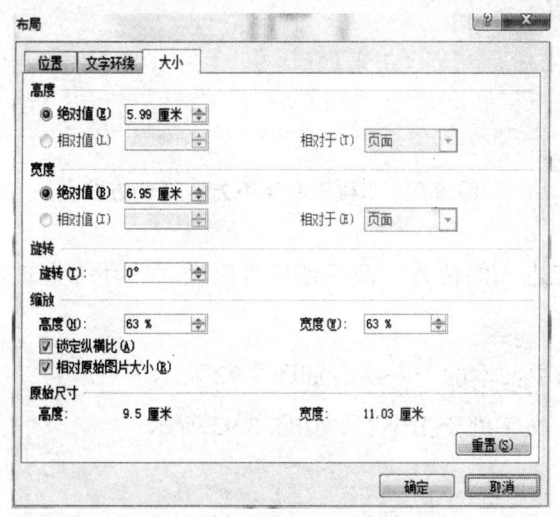
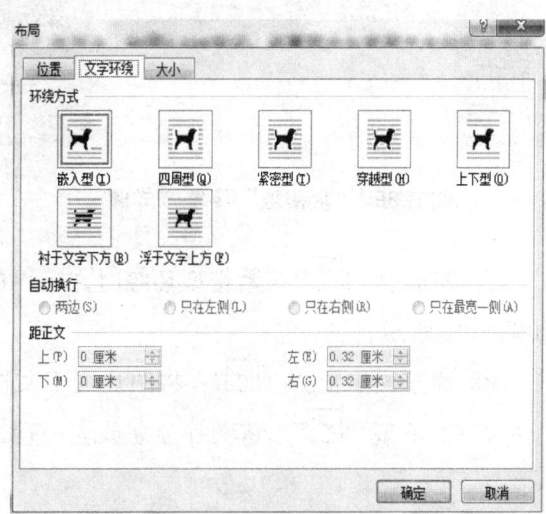

图 3.85 "大小"选项卡　　　　图 3.86 "文字环绕"选项卡

① 嵌入型"⬚"：在文档中直接从插入点放置图形或其他对象，如图 3.87 所示。
② 四周型"⬚"：将文字环绕在所选对象的边界框四周，如图 3.88 所示。

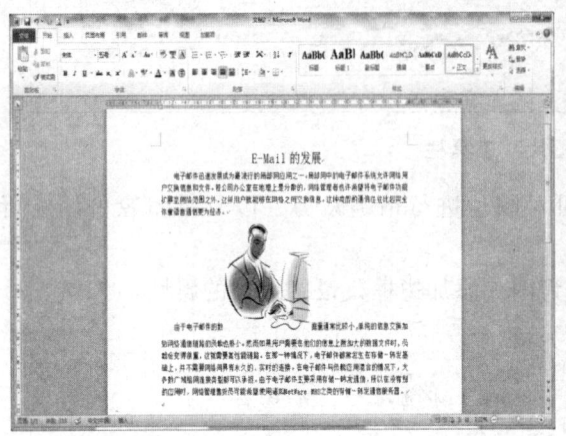
图 3.87 "嵌入型"环绕方式

图 3.88 "四周型"环绕方式

③ 紧密型"⬚"：将文字紧密环绕在图像自身的边缘四周，如图 3.89 所示。
④ 衬于文字下方"⬚"：将图片置于文档中文本的下一层，如图 3.90 所示。

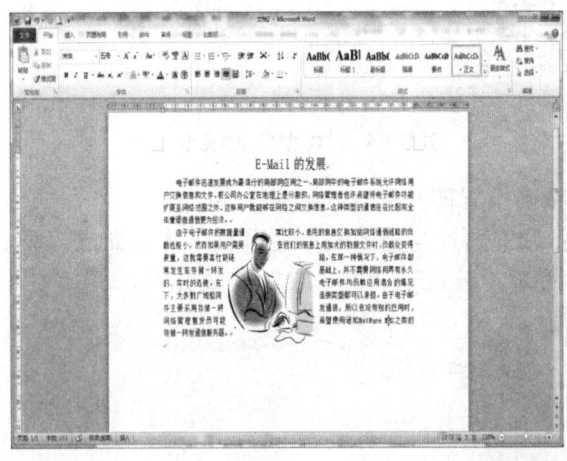
图 3.89 "紧密型"环绕方式图

图 3.90 "衬于文字下方"环绕方式

⑤ 穿越型"⬚"：紧密型环绕时文字不能进入的地方，而穿越型可以进入的环绕方式。如图 3.91 所示。
⑥ 浮于文字上方"⬚"：将图片置于文档中文本的上一层，如图 3.92 所示。
⑦ 上下型"⬚"：将图片独立放在一行，文字处于上下行，如图 3.93 所示。

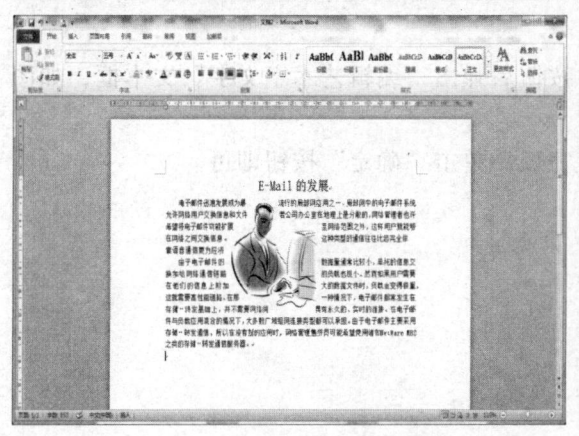
图 3.91 "穿越型"环绕方式

图 3.92 "浮于文字上方"环绕方式

图 3.93 "上下型"环绕方式

注意：不仅插入的图片可以进行文字环绕，在 Word 2010 中插入的其他图形对象，如艺术字、绘制的图形等也可以进行文字环绕的设置。

3.6.3 添加艺术字

【知识点】
插入艺术字和文本框
【相关知识介绍】
Word 2010 可以添加艺术字，增强文档的视觉效果。艺术字是进行艺术处理后的文字，作为图形对象插入到文档中。

1. 插入艺术字
操作方法如下：
（1）将光标定位于要插入艺术字的位置。
（2）选择"插入"菜单栏，单击"文本"工具栏上的"插入艺术字"按钮 ，弹出"艺术字库"对话框,如图 3.94 所示。

(3)选择一种艺术字样式,单击"确定"按钮后弹出"编辑艺术字文字"文本框,如图 3.95 所示。

(4)输入文字并设置字体、字号等,设置完成后单击"确定"按钮即可。

图 3.94 "艺术字库"对话框

图 3.95 "编辑艺术字文字"文本框

2. 编辑艺术字

操作方法为:选中艺术字,弹出"格式"工具栏,如图 3.96 所示,在其中可进行艺术字的编辑。

图 3.96 "艺术字"工具栏

3.6.4 文本框的使用

【知识点】

文本框的正确使用

【相关知识介绍】

文本框,顾名思义就是装着文字的框架,利用文本框,可以将文字放到文档窗口的任意位置,并因此设置出特殊的排版效果。

文本框分为横排文本框和竖排文本框。插入文本框的方法有两种,一是单击"插入"菜单下"文本框"按钮,再选择文本框的类型;二是直接在"插入"菜单下单击"形状"按钮选择横排文本框 或者竖排文本框 按钮进行插入。

1. 利用文本框输入文字

【任务一】

利用文本框在插入的图片上输入文字，如图 3.97 所示。

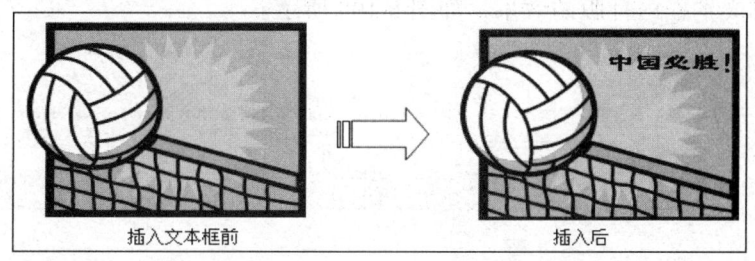

图 3.97 利用文本框在图片上输入文字

【解决方案】

（1）打开"范文.doc"文档，单击"插入"菜单下的"文本框"按钮，拖动鼠标画出一个文本框，在文本框中输入文字"中国必胜！"，如图 3.98 所示。

（2）将文本框拖动到图片的右上角处，单击鼠标右键，在快捷菜单中选择"设置形状格式"命令，弹出"设置形状格式"对话框。选择"颜色线条"选项卡，将"透明度"设置为"100%"，"颜色"设置为"白色"，如图 3.99 所示。

图 3.98 在文本框中输入文字图

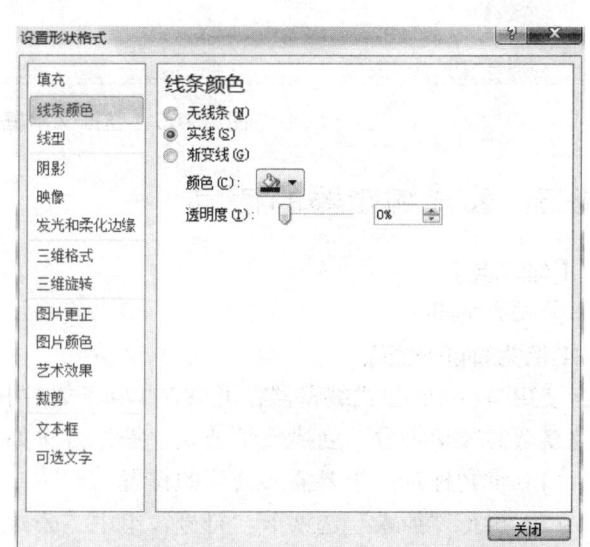

图 3.99 "设置形状"对话框

2. 利用竖排文本框排版

在前面我们曾经学习了如何设置文字方向，但如果只是改变文档中一小部分内容的文字方向，需要将文字插入到文本框中，否则 Word 会将该文字复制到新的页面中且改为修改后的文字方向。

【任务二】

在实际应用中，有时需要将部分文字采用竖向排列方式显示，该如何利用竖排文本框来对文档中的部分文字进行排版是该任务要解决的问题。

【解决方案】

（1）打开"范文.doc"文档，单击"插入"选项卡"文本"组下的"文本框"按钮，选择竖排文本框，输入文字。

（2）在竖排文本框内排版的效果，如图3.100所示。

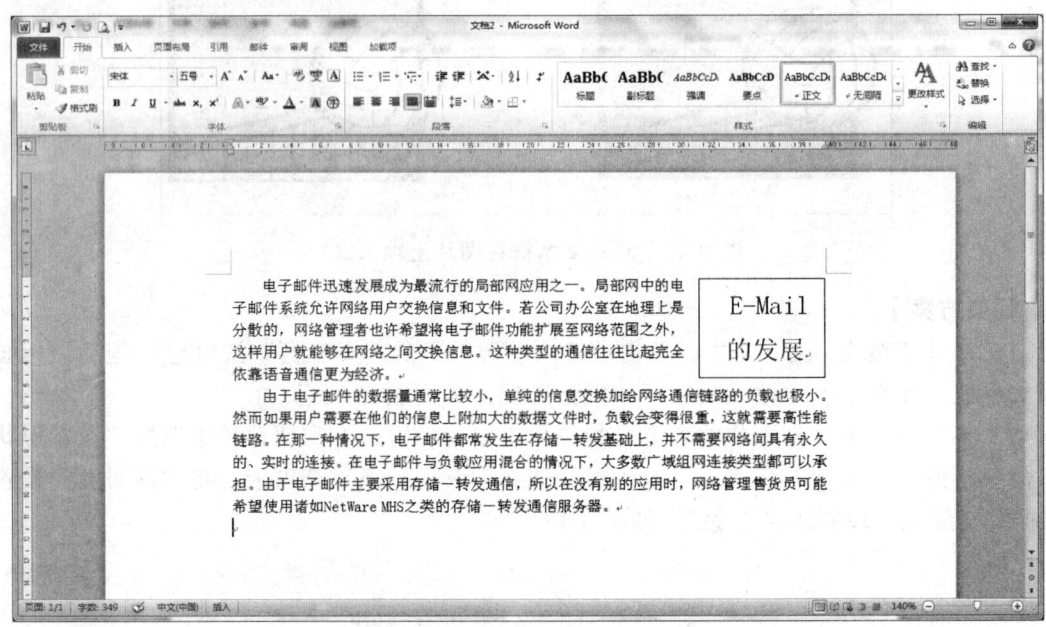

图 3.100　竖排文本框的排版效果

3.6.5　公式编辑器的使用

【知识点】

公式的编辑

【相关知识介绍】

使用 Word 的公式编辑器，可以在 Word 文档中加入分数、指数、微分、积分、级数以及其他复杂的数学符号，创建数学公式。操作方法如下：

（1）将光标定位于要插入公式的位置。

（2）执行"插入"选项卡"符号"组中"公式"下拉菜单中的"插入新公式"命令，如图 3.101 所示。

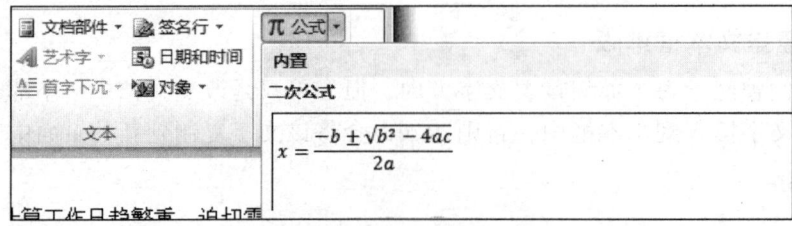

图 3.101　插入"公式"

（3）插入公式后，屏幕将显示输入公式的文本框和"公式"工具栏，如图 3.102 所示。

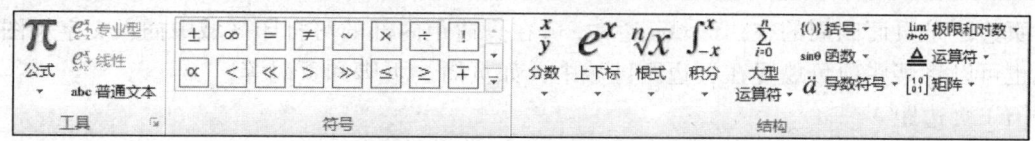

图 3.102 "公式"工具栏

"公式"工具栏包括符号工具栏和样板工具栏。

符号工具栏上有关系符号、空格和省略号、装饰符号、运算符号、箭头符号、逻辑符号、集合论符号、小写希腊字母。如果要在公式中插入符号，可以选择"公式"工具栏上面一行的按钮，然后在按钮下弹出的工具栏上选取所需的符号。

样板工具栏上有围栏样板（像圆括号、方括号、花括号等）、分数根式样板、上下标样板、累加样板、上下划线样板、带有标签的箭头样板、累乘和集合论样板、矩形样板等。可以在样板的插槽内再插入其他样板以便建立复杂层次结构的多级公式。

（4）在文本框中创建完公式之后，单击公式以外的任何区域即可返回文档状态。

（5）若要修改公式，可直接双击公式，再次回到公式编辑状态即可修改。

3.7 页面设置与打印

3.7.1 页面设置

【知识点】

页面属性的设置

【相关知识介绍】

文档排版、美化后，下一步就是进行页面设置，如：设置文档打印时使用的纸张、页边距、纸张的来源、版式和版面大小等。

执行"页面布局"→"页边距"→"自定义页边距"命令，可打开"页面设置"对话框。

1. "页边距"选项卡（见图 3.103）

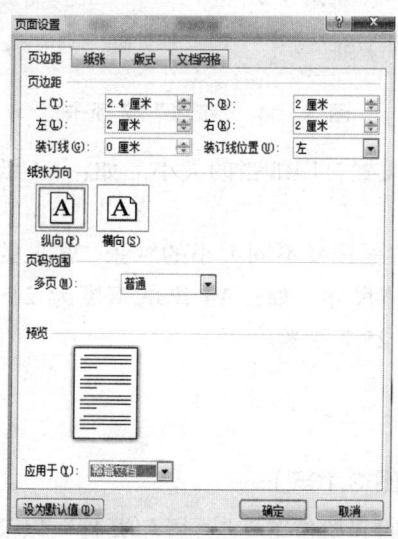

图 3.103 "页边距"选项卡

页边距是页面四周的空白区域。通常，可在页边距内部的可打印区域中插入文字和图形。但是也可以将某些项目放置在页边距区域中：如页眉、页脚和页码等。

（1）页边距。

页边距是正文部分与纸张边缘的距离，分为上、下、左、右4个，分别对应正文区域与打印纸张的上、下、左、右4个边界的距离。Word 2010 提供默认的页边距。

（2）方向。

方向是指文档是横向打印在纸张上还是纵向打印在纸张上。Word 2010 提供的默认值是纵向打印。

（3）页码范围。

页码范围是指含页码的多页文档在打印时的页码设置方式。

2. "纸张"选项卡（见图3.104）

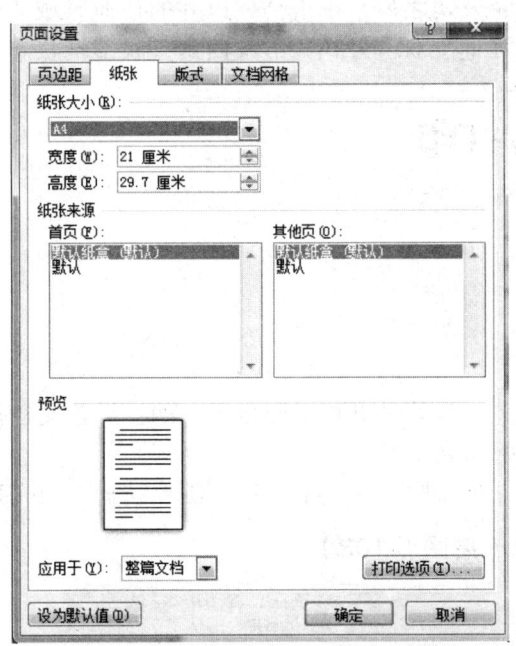

图3.104 "纸张"选项卡

在本选项卡中可根据需要设置打印纸张的大小，如：A4纸、B5纸、16开纸等。

（1）纸张大小。

通过设置"纸张大小"下拉框选择不同大小的纸张，常见的有A4纸、B5纸、16开纸等，同时在宽、高出显示纸张的具体尺寸。如：A4纸的宽度为21厘米，高度为29.7厘米；B5纸的宽度为18.2厘米，高度为25.7厘米。

（2）纸张来源。

单击"默认纸盒"即可。

3. "版式"选项卡（见图3.105）

在本选项卡中可设置"节的起始位置""页眉和页脚"以及页面的"垂直对齐方式"等。

（1）页眉和页脚。

设置合理的页眉、页脚会使文档易于阅读和检索。根据需要不同可在此处进行设置。

① 文档每一页上采用相同的页眉/页脚。

② 文档第一页上采用一个页眉/页脚，在所有其他页上采用一个不同的页眉/页脚，即"首页不同"。

③ 奇数页上采用一个页眉/页脚，偶数页上采用另一个不同的页眉/页脚，即"奇偶页不同"。

（2）距边界。

页眉和页脚离纸张上、下边缘的距离。一般情况下，页眉和页脚距边界的距离应分别小于上边距和下边距的距离。

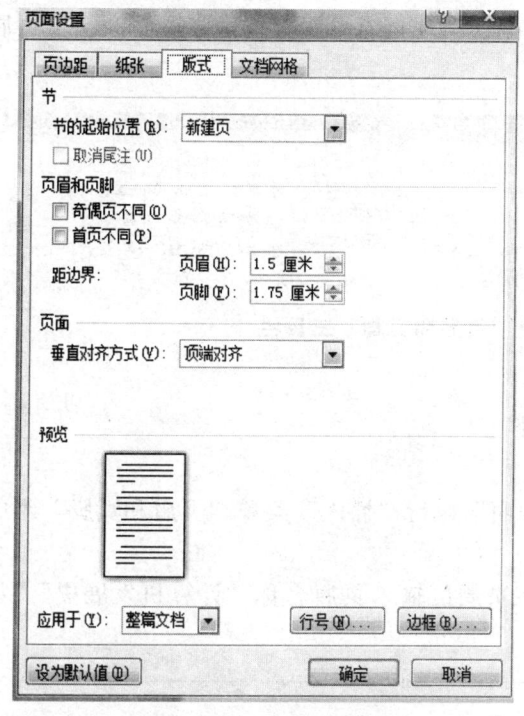

图 3.105 "版式"选项卡

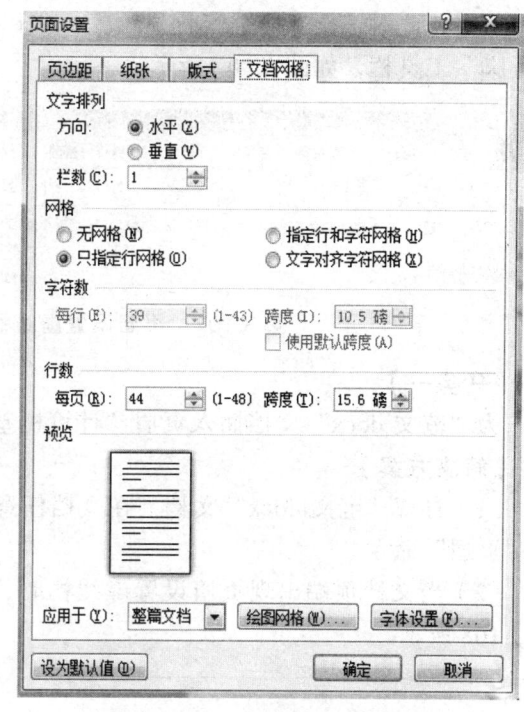

图 3.106 "文档网络"选项卡

4. "文档网格"选项卡（见图 3.106）

在本选项卡中，可以设置每页文字的栏数、每页的行数、每行的字数以及文字的排列方向等。

在页面设置对话框的各个选项卡中，都有一个"应用于"下拉列表，其功能就是将设置应用于不同的范围中。"应用于"下拉列表中各选项的功能如下：

① 整篇文档：应用于打开的整个文档中。

② 插入点之后：应用于当前插入点位置之后。

③ 本节：应用于当前插入点所在的节中（如果文档未分节，则没有该选项）。

④ 所选文字：应用于文档中选中的部分（如果文档未分节，则没有该选项）。如果选择了文档，并且在"应用于"列表框中选择了"所选文字"选项，则自动将所选择文字分为独立的一节。

3.7.2 设置页眉、页脚

【知识点】
页眉页脚的插入和基本设置
【相关知识介绍】
在实际工作中，常常希望在每页的顶部或底部显示页码及一些其他信息，如文章标题、作者姓名、日期或某些标志。这些信息若在页的顶部，称为页眉；若在页的底部，称为页脚。

1. 插入页眉

要插入页眉和页脚，可在页面视图方式下该文档的任意页面执行"插入"→"页眉或页脚"命令，此时正文部分会淡化显示，而文档顶端会出现页眉设置虚线框，同时激活"页眉和页脚"工具栏，如图 3.107 所示。

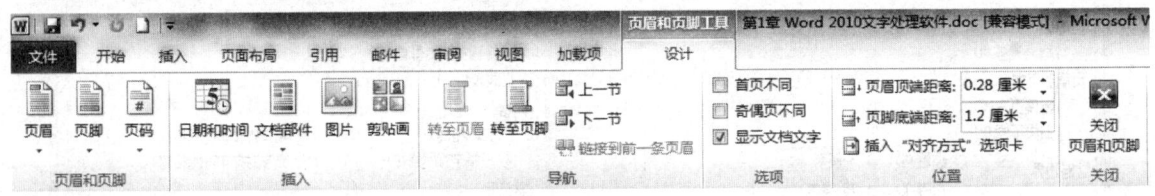

图 3.107　页眉设置虚线框及"页眉和页脚"工具栏

【任务一】
为"范文.docx"文档插入页眉"计算机基础"。
【解决方案】
（1）打开"范文.docx"文档，在文档任意页面上执行"插入"菜单"页眉和页脚"组中的"页眉"命令。
（2）当文档顶端出现页眉设置虚线框时，在页眉区输入页眉名称"计算机发展史"，如图 3.108 所示。

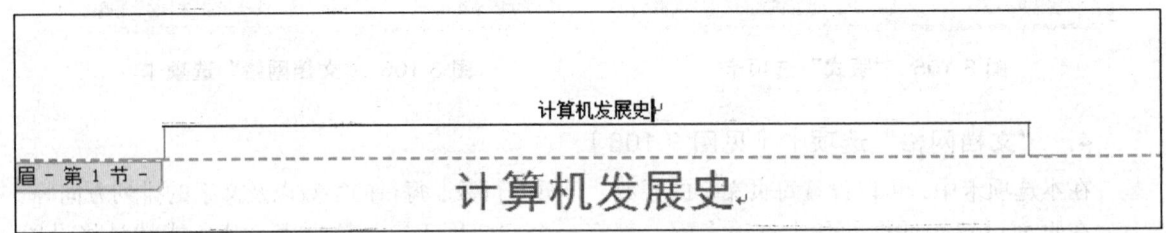

图 3.108　为"范文.docx"文档设置页眉

（3）用鼠标双击文档正文任意位置，退出页眉/页脚编辑框，返回正文编辑区。

2. 插入页脚

设置页脚的方法和设置页眉的方法类似，也是在页面视图方式下在该文档的任意页面执行"插入"选项卡"页眉和页脚"组中的"页脚"命令，此时正文部分会淡化显示，而文档底端会出现页脚设置虚线框，同时激活"页眉和页脚"工具栏，在虚线框里输入页脚内容即可。

【任务二】

为"范文.docx"文档设置页脚。

【解决方案】

（1）打开"范文.docx"文档，在文档任意页面执行"插入"选项卡"页眉和页脚"组中的"页脚"命令。

（2）当文档底端出现页脚设置虚线框时，将光标定位到页脚区。

（3）在插入点处输入"2014年1月26日"。

（4）单击"格式"工具栏上"右对齐"按钮 ≡，将页脚右对齐，如图3.109所示。

（5）用鼠标双击文档正文任意位置，退出页眉/页脚编辑框，返回正文编辑区。

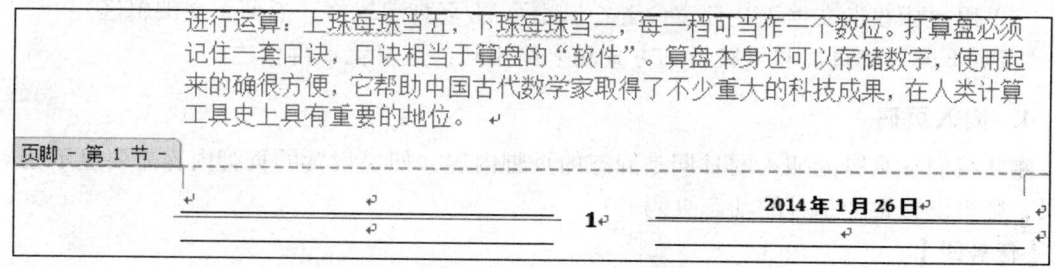

图 3.109　为"范文.doc"文档设置页脚

3. 创建不同的页眉和页脚

有的文档有特殊的排版需求，例如要求奇数页和偶数页有不同的页眉和页脚，有的文档又要求首页的页眉和其他页眉的不同，通过"页面设置"中的"版式"选项卡可以实现特殊的排版效果。

【任务三】

为"范文.docx"文档设置奇数页的页眉为"规划系列教材"，偶数的页眉为"计算机基础"。

【解决方案】

（1）打开"范文.docx"文档，在文档任意页面执行"插入"菜单"页眉和页脚"组中的"页眉"命令，调出"页眉和页脚"工具栏。

（2）在选项组中勾选"奇偶页不同"。

（3）若当前页面为奇数页面，则页眉处显示"奇数页页眉"，输入"规划系列教材"，奇数页页眉设置完成，如图3.110所示。

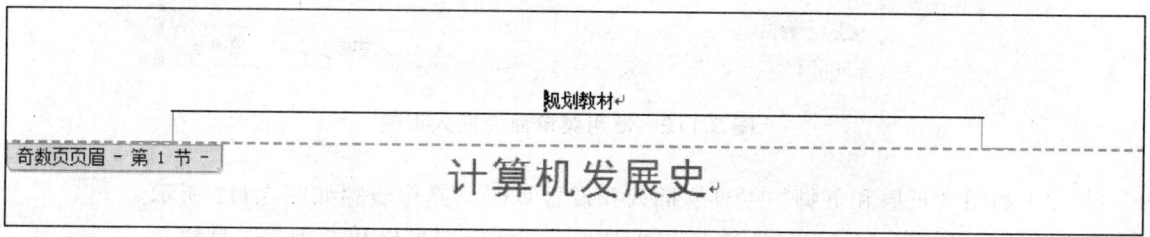

图 3.110　设置奇数页页眉

（4）拖动滚动条到相邻的偶数页，页眉处显示"偶数页页眉"，输入"计算机基础"，偶数页页眉设置完成，如图 3.111 所示。

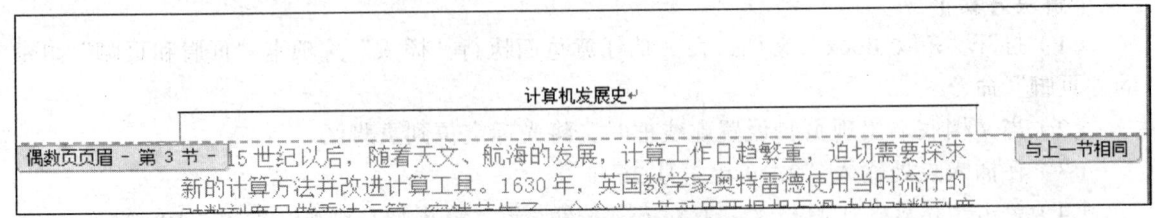

图 3.111　设置偶数页页眉

（5）用鼠标双击文档正文任意位置，退出页眉/页脚编辑框，返回正文编辑区。
"首页不同"的页眉和页脚设置方式和上例相同，这里就不再赘述。

4. 插入页码

刚才我们在页脚处插入的日期是静态的页脚内容，如果设置的页脚内容需要显示相应的页码，则需设置自动编号的动态页码。

【任务四】
为"范文.docx"文档设置动态页码。

【解决方案】
（1）通过菜单命令插入并设置页码，操作步骤如图 3.112 所示。
① 打开"范文.docx"文档，执行"插入"选项卡"页眉和页脚"组中的"页码"命令。
② 在"插入"选项卡"页眉和页脚"组中的"页码"命令，在下拉菜单中选择"设置页码格式"中进行设置。

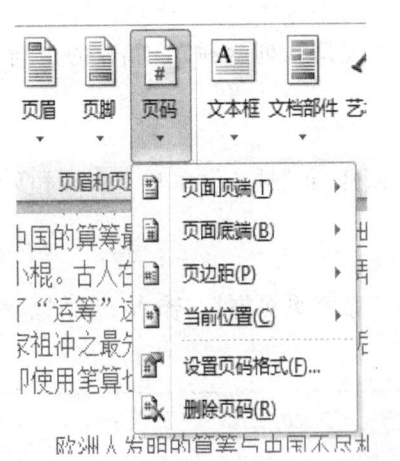 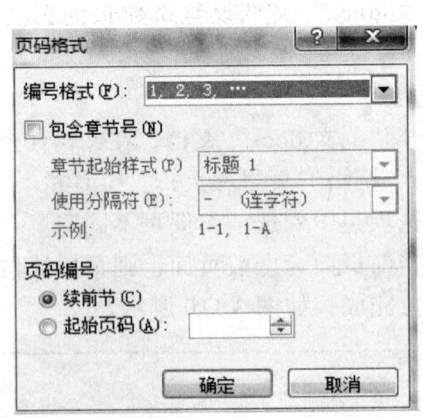

图 3.112　使用菜单命令插入页码

（2）利用"页眉和页脚"工具栏插入并设置页码，操作步骤如图 3.113 所示。
① 打开"范文.docx"文档，双击页脚区域，调出"页眉和页脚"工具栏。
② 在页脚插入点处单击"页码"→"当前位置"，选择相应的页码格式。

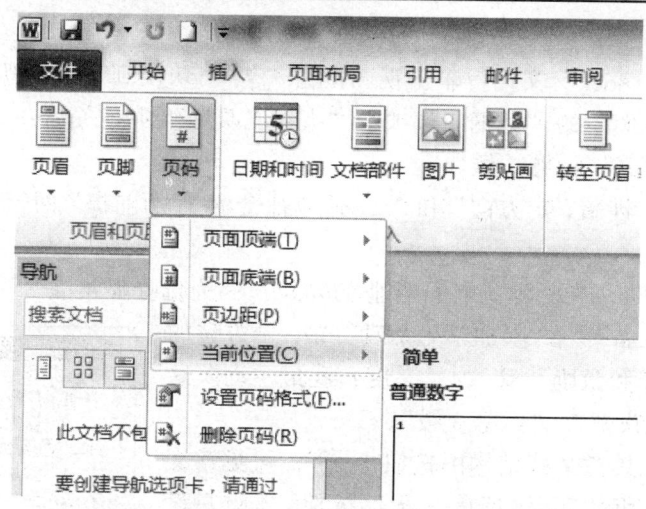

图 3.113　利用"页眉和页脚"工具栏插入页码

5. 删除页眉和页脚

进入页眉和页脚编辑状态，选择所有页眉（脚）文本，按"Delete"键或选择"剪切"命令。

3.7.3　目录的生成

【知识点】

自动生成目录的使用

【相关知识介绍】

目录是文档的大纲列表，常常需要通过目录来浏览文档中的相关主题。利用 Word 2010 的大纲级别可以自动为文档生成相应的目录。

1. 大纲级别

大纲级别用于为文档中的段落指定等级结构（1级至9级）的段落格式。指定了大纲级别后，可在大纲视图或文档结构图" "中处理文档的文本并以此为依据生成相应的目录结构。

大纲视图中是用缩进文档标题的形式代表标题在文档结构中的级别。也可以使用大纲视图处理文档。在大纲视图中，Word 2010 简化了文本格式的设置，以便将精力集中在文档结构上。

大纲视图中的每一级标题都已设置为相应的内置标题样式（"标题1"到"标题9"）或大纲级别（1级到9级）。可以在标题中使用这些样式或级别。在大纲视图中也可以将标题拖至相应级别，从而自动设置其标题样式。

Word 2010 按照标题级别缩进该标题。该缩进只在大纲视图中出现，切换到其他视图时，Word 将取消该缩进。

【任务一】

为已有的文档设置大纲级别。

【解决方案】

（1）打开"范文.docx"文档，单击视图按钮"▤"切换到"大纲视图"。

（2）执行大纲视图中的"大纲"选项卡"大纲工具"组中相关命令，将标题"读大学要做的事情"设置为样式"标题1级"。

（3）选中"一 广涉猎，定方向"和"二 适应社会-生存的前提"两行，将样式设置为"标题2级"。

（4）分别选中"1.广泛涉猎各行各业的知识……为选择做准备""2.努力去学精一门知识……为职业做准备""1.参加学生活动""2.全方位的沟通""3.不吝赞美和激励"和"4.态度：我最主动"这6行，将它们的样式设置为"标题3级"。

（5）单击常用工具栏文档结构图按钮"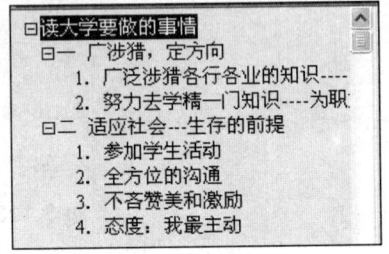"，可见该文档的文档结构，即大纲的等级结构——大纲级别。本例只设置了1级至3级，如图3.114所示。

图3.114 文档结构图中的内容

（6）单击文档结构图的大纲级别，右边窗口会显示相应的文档内容。

2. 目录的生成

在大纲级别设置完成后，将插入点确定到目录所在的位置，执行"引用"选项卡"目录"组中"目录"菜单下的"插入目录"命令，弹出"目录"对话框，如图3.115所示。

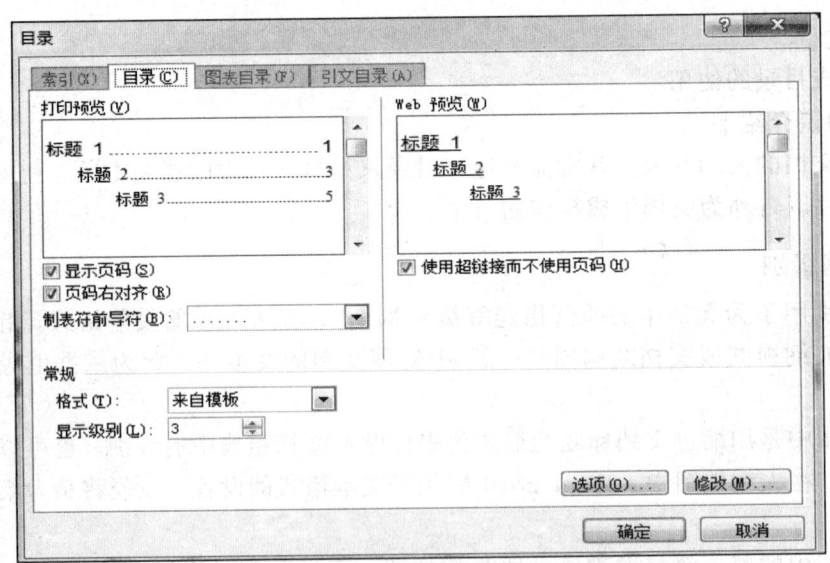

图3.115 "索引和目录"选项卡

（1）Web预览：在Web预览窗口中可以预览目录生成的情况。

（2）显示页码：如需显示页码，勾选该项。

（3）页码右对齐：如需右对齐页码，则勾选该项，否则不显示制表符前导符。

（4）制表符前导符：需勾选页码右对齐项。常规格式可来源默认模板或者Word 2010的其他模板，"显示级别"在默认情况下只出现大纲级别1~3，如需更改，可单击右旁微调按钮"3"进行增减。

【任务二】

打开任务一中设置好大纲级别的"范文.docx"文档，创建目录。

【解决方案】

（1）将插入点定位到标题1的下一行空白位置，执行"引用"选项卡"目录"组中"目录"菜单下的"插入目录"命令，弹出"目录"对话框。

（2）对"目录"选项卡中的各参数进行设置，完成后单击"确定"按钮，如图 3.116 所示。

```
读大学要做的事情..................................................1
  一 广涉猎，定方向.................................................1
    1. 广泛涉猎各行各业的知识----为选择做准备..........................1
    2. 努力去学精一门知识----为职业做准备..............................2
  二 适应社会---生存的前提..........................................2
    1. 参加学生活动...................................................2
    2. 全方位的沟通...................................................2
    3. 不吝赞美和激励.................................................3
    4. 态度：我最主动.................................................3
```

图 3.116 自动生成目录

3. 目录的编辑

目录生成后可按照需要对生成目录进行修改或编辑。

（1）删除目录的子项。

例如：图 3.116 自动生成目录中，目录虽然自动生成了，但目录的第一行却包含了文档的标题，需要将此行删除，可单击该行，按"Delete"键删除即可。

（2）更新目录的内容。

目录显示的是文档的结构，当文档内容发生改变时，例如某行的大纲级别原来是标题 2 现在改为标题 3 了；或者原来文档中没有插图，后插入了很多图片，文档的页码因此而发生了改变等。只要文档的内容发生了改变都应该更新目录，在目录区单击鼠标右键，选择"更新域"，如图 3.117 所示。

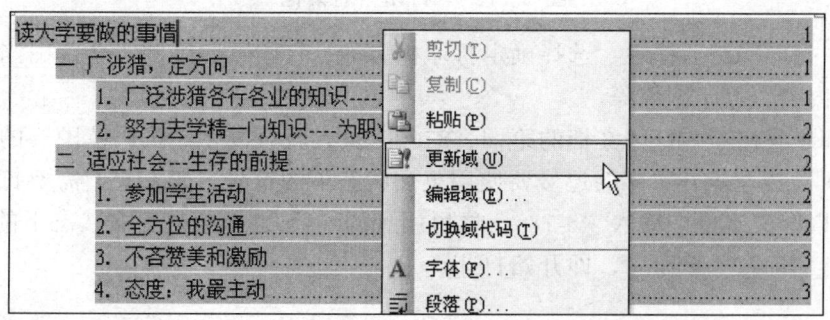

图 3.117 更新域

这时会弹出"更新目录"对话框，如果只是页码改变，则选择"只更新页码"；若是文档结构有变化，则选择"更新整个目录"，如图 3.118 所示。

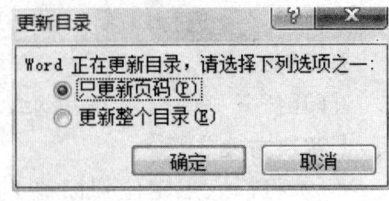

图 3.118 "更新目录"对话框

3.7.4 打　印

【知识点】

打印的设置与打印预览

【相关知识介绍】

使用"打印"命令，其操作方法如下：

（1）执行"文件"菜单"打印"命令，打开"打印"对话框，该对话框右边区域是打印预览窗口，如图 3.119 所示。

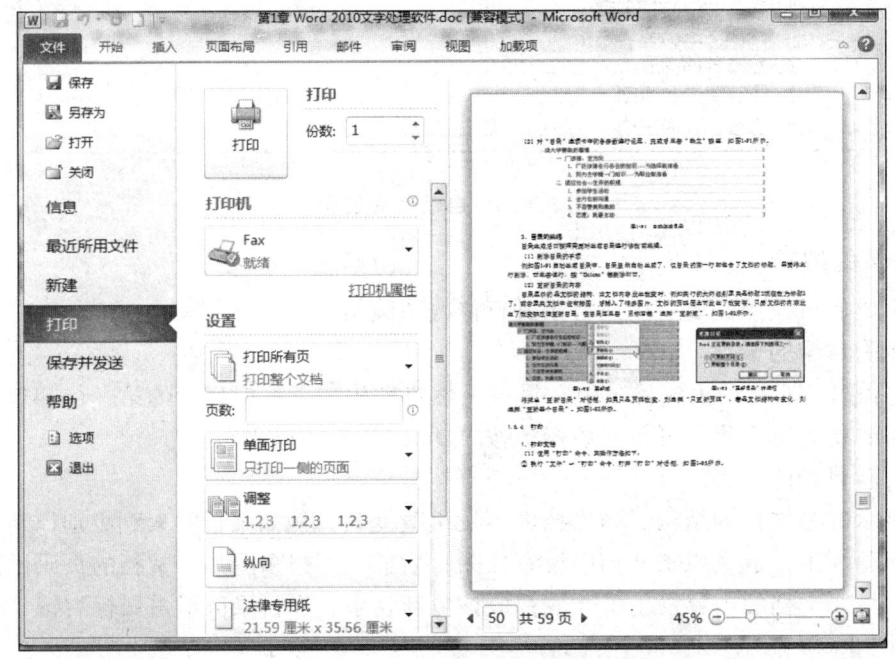

图 3.119 "打印"对话框

（2）在"打印"对话框中，选择确定打印机名称、打印页面范围（全部、当前页、页码范围）、打印内容、打印份数等。

注意：如果我们需要打印文档的第 4、8、20 页，就可以在"页码范围"的文本框中输入"4，8，20"，注意隔开数字的逗号要使用英文状态下的符号。如果我们需要打印第 8 页到第 18 页，可以在文本框中输入"8-18"，这里用到的"-"也必须是英文状态下的符号。

（3）单击"确定"按钮后，即开始打印。

本章小结

本章主要介绍了 Word 2010 的基本概念和使用 Word 编辑文档、排版、页面设置、表格制作和图形绘制等基本操作。

  Word 2010 具有非常直观的操作界面，所提供的各种视图版式（例如页面视图、大纲视图、草稿视图等）、预览功能（例如打印预览、缩略图预览）和格式效果（例如渐变填充和映像），为用户观察文档的编辑和排版结果提供了极大的方便。

  Word 2010 取消了传统的菜单操作方式，代之以各种功能区，Word 2010 提供了以各种功能区和文件选项卡为基础的丰富多彩的排版工具。大多数情况下，仅使用鼠标即可完成文档的编辑、排版、表格制作、图形绘制等基本操作。

  Word 2010 提供了强大的制表功能，不仅可以自动制表，也可以手动绘制；不仅可以实现表格线的自动保护、表格数据的自动计算等功能，还可以实现对表格外观的各种修饰，甚至可以在 Word 文档中直接插入 Excel 电子表格。因此，利用 Word 2010 软件制作表格，最大限度实现了轻松、美观、快捷、方便的操作目标。

  利用 Word 2010，不仅可以编辑文字、图形、图像、声音、动画等对象，还可以插入其他软件制作的内容和信息；Word 软件也提供了多种绘图工具，可以完成图形制作、编辑艺术字、编写数学公式等操作，从而最大限度地满足了用户对各类文档处理的需求。

  Word 2010 提供了打印预览功能，这是 Word "所见即所得" 功能的一种体现。通过预览，可以从总体上检查版面是否符合要求，如果不够理想，可以返回重新编辑调整，直到满意方才正式打印，这样就避免了纸张的浪费。

第 4 章　Excel 2010 电子表格

Excel 2010 是 Office2010 中的一个重要组件，它是最优秀和最常用的电子表格软件之一，是个人及办公事务处理的理想工具。它具有强大的数据处理、数据分析能力，提供了丰富的财务分析函数、数据库管理函数及数据分析工具。财务管理人员可以用它进行财务分析，统计分析等；决策人员可以用它进行决策分析；管理人员可以用它进行各类销售及投资交易的图表分析；办公人员可以用它管理单位的各种人员档案，如职工薪酬、业绩考评等。

本章从实际出发，以具体应用为导向，详细介绍了 Excel 2010 的基本操作、数据处理、数据分析、图表分析及打印排版等常用功能。

知识目标：
- ◆ 熟悉 Excel 2010 的启动和退出
- ◆ 熟悉 Excel 2010 的窗口界面
- ◆ 掌握 Excel 2010 中数据的录入、编辑方法
- ◆ 掌握 Excel 2010 中图表的使用
- ◆ 掌握 Excel 2010 中数据的分析和处理方法

技能目标：
- ◆ 掌握 Excel 2010 中的数据录入和编辑
- ◆ 掌握 Excel 2010 中图表的创建
- ◆ 掌握 Excel 2010 中的数据分析和处理

4.1　Excel 2010 概述

4.1.1　Excel 2010 的基本功能

【知识点】

Excel 2010 的功能

【相关知识介绍】

Excel 之所以深受广大用户欢迎，是由它自身的特点和功能所决定的，Excel 的特点和功能可以概括为以下几点：

（1）较强的制表能力。Excel 既可以自动生成规范的表格，也可以根据用户的要求生成复杂的表格，而且表格的编辑、修改十分灵活方便。

(2）较强的数据处理和数据链接能力。用户可以通过在单元格中建立公式实现数据的自动处理和链接。

(3）内置了大量的函数。用户可以直接引用这些函数，极大地方便了用户对各种数据处理的需求。

(4）具有便捷的图表生成能力。用户可以根据表格中枯燥的数据迅速便捷生成各种直观生动的图表，并且还允许用户根据需要修改及自定义图表。

(5）具有较强的格式化数据表格和图表的能力。用户可以方便灵活地使用 Excel 提供的格式化功能，使生成的数据表格或图表更加美观、清晰。

(6）具有较强的打印控制能力。既允许用户通过屏幕预览打印效果，也允许用户控制调整打印格式。

(7）具有较强的数据分析和管理能力。用户可以使用 Excel 提供的数据分析工具进行数据分析，使用 Excel 提供的数据管理功能对表格中的数据排序或筛选。

(8）具有较强的数据共享能力。Excel 可以与其他应用系统相互交换共享工作成果。特别是 Excel 既可以方便地从数据库文件中获取记录，还可以将 Excel 的工作簿文件直接转换为数据库文件。

4.1.2　Excel 2010 的启动与退出

【知识点】

Excel 2010 的启动、退出

【相关知识介绍】

1. 启动 Excel 2010

Excel 2010 中文版的启动方法很多，通常如下：

(1）通过"开始"菜单启动。单击桌面上的"开始"→"所有程序"→"Microsoft Office"→"Microsoft Excel 2010"命令。

(2）从桌面的快捷方式图标启动。条件是桌面上已建立了 Excel 2010 快捷方式图标，则双击此图标。

(3）利用已有的 Excel 2010 文件启动。单击已存在的电子表格文件可以启动 Excel 2010，同时打开了该工作簿文件。

2. 退出 Excel 2010

同样，退出 Excel 2010 的方法也有几种，通常如下：

(1）执行"文件"→"退出"命令。

(2）单击窗口标题栏中的图标，选择"关闭"命令。

(3）单击窗口标题栏右边的"关闭"按钮。

如果在退出前表格被修改过，系统会提示是否保存修改的内容，单击"是"按钮则保存文档；单击"否"按钮则直接退出，不作保存。

4.1.3 Excel 2010 的窗口界面

【知识点】
窗口组成、基本概念

【相关知识介绍】

1. Excel 2010 窗口组成

Excel 2010 较 2003 版本有着较大的区别，特别是以前版本中我们熟悉的菜单栏和工具栏不见了，取而代之的是 Microsoft Office Fluent 界面，包含菜单选项卡和带型功能区。工作时，功能区会显示用户最常使用的命令，而不是将它们隐藏在菜单或工具栏下，因此很容易找到之前不曾知晓的命令。

Excel 2010 启动后用户所看到的工作界面如图 4.1 所示，具体功能介绍如下：

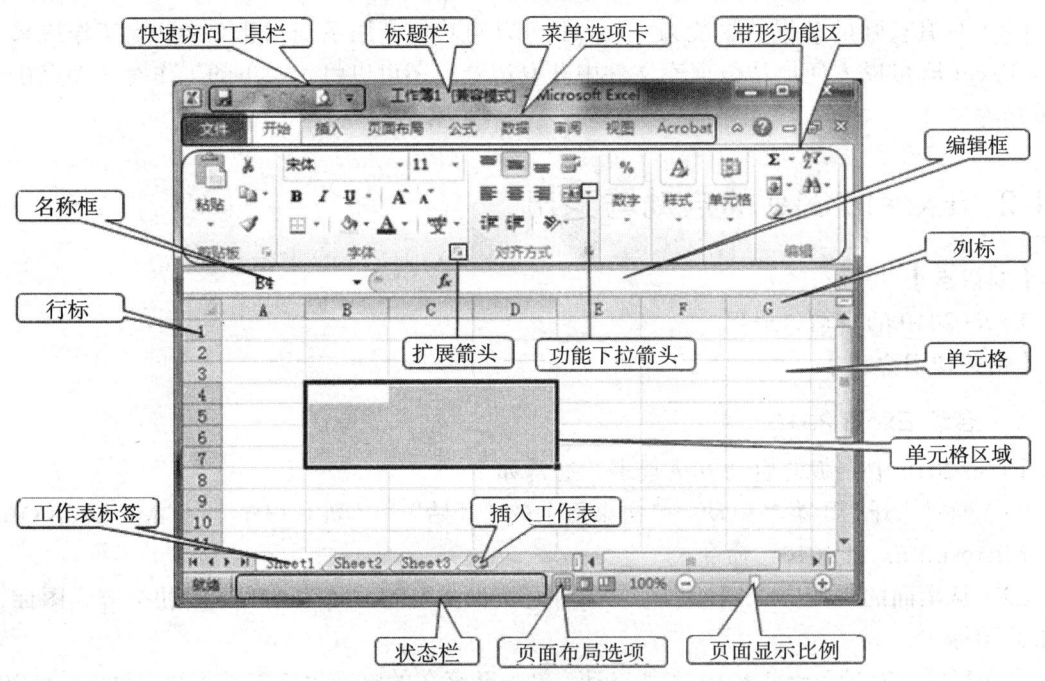

图 4.1 Excel2010 的窗口组成

（1）快速访问工具栏：该工具栏可能是 Excel 2010 中与以前版本的工具栏最相似的部分了，在上面可以放置常用的命令按钮，以方便快速使用。

通常，"快速访问工具栏"在 Excel 工作簿界面的左上方，也可以在"快速访问工具栏"中单击右键，选择"在功能区下方显示快速访问工具栏"即可显示在功能区下方；可以在任何命令按钮中单击右键，从弹出的快捷菜单中选择"添加到快速访问工具栏"命令，将该命令按钮添加到其中；也可以在"快速访问工具栏"中单击右键，选择"从快速访问工具栏中删除"命令，将该命令按钮从工具栏中删除。

（2）标题栏：用来显示工作簿名称。

（3）菜单选项卡：包括了操作 Excel 2010 的所有命令，相当于 2003 版本的菜单栏，不同的是在 Excel 2010 中菜单变成了选项卡，将功能进行逻辑分类，分别放在相应的"带形功能区"中。

（4）带形功能区：Excel 2010 将一些常用的功能做成按钮的形式并将功能相近的组合在一起形成功能区，默认情况下 Excel 2010 窗口中将出现"开始"选项卡中的功能命令按钮。同时，一些命令按钮旁有下拉箭头，含有相关的功能选项；在区域的右下角，有扩展箭头可显示该区域功能的对话框。

（5）名称框：用来显示活动单元格的名称。

（6）编辑栏：显示当前活动单元格的内容或公式，用户可以对当前活动单元格的内容或公式进行编辑。

（7）状态栏：用来显示当前系统的状态及命令的简单描述。

（8）单元格：行和列相交处即为单元格，单元格是存储数据的基本单元，可输入各项数据和公式。

2. 基本概念

（1）单元格。每张工作表是由多个长方形的"存储单元"所构成的，这些长方形的"存储单元"被称为"单元格"。输入的任何数据都将保存在这些"单元格"中。这些数据可以是字符串、数字、公式或者图形、声音等。

（2）单元地址。对于每个单元格都有其固定的地址。例如：A1 代表了 A 列的第 1 行的单元格。同样，一个地址也唯一地表示一个单元格，例如：B5 指的是 B 列与第 5 行交叉位置上的单元格，并且在标明单元格时，先标明列号再标明行号。

由于一个工作簿文件可能会有多个工作表，为了区分不同工作表的单元格，要在地址前面增加工作表名称。例如：Sheet2!A6 说明该单元格是 Sheet2 工作表中的 A6 单元格。工作表名与单元格之间必须使用"!"号来分隔。

（3）活动单元格。单元格是组成工作表最小的单位。要输入单元格数据，首先要激活单元格，被激活的单元格称为活动单元格。活动单元格的边框为粗黑边框，这时输入的数据会被保存在该单元格中。在单元格右下角有一个黑色的矩形框，当鼠标移动到该处，会呈现出实心黑色十字状，称为填充柄。

（4）区域。连续的多个单元格称为区域，标记为"左上角单元格的地址:右下角单元格地址"。例如：A1:E5。

4.1.4　Excel 2010 的工作簿和工作表

【知识点】

工作簿、工作表标签、工作表的基本操作

【相关知识介绍】

Excel 2010 启动后，自动生成一个名为"工作簿 1"的空文件，在窗口左下角，我们还看到了有"Sheet1""Sheet2""Sheet3"3 个标签，它们分别代表什么，有什么作用呢？

1. 工作簿

Excel 2010 使用了工作簿的概念，当改变某一工作表数据时，该工作表所在工作簿的其他工作表中由此而派生出的数据将自动修改,避免了前后数据不一致的问题。

Excel 2010 中,工作簿是以文件的形式进行存在的,工作簿由若干个工作表构成。一个工作表由 1 048 576(2^{20})行和 16 384(2^{14})列构成,其中行用数字 1,2,3……,1 048 576,标注在工作簿窗口的左边,称为行标。列用字母 A,B,……Z,AA,AB,……,AZ,BA,BB,……,XFD 标注在工作簿窗口的顶部,称为列标,如图 4.1 所示。Excel 2010 较以前的各个版本,行列的限量都大幅度提升,便于我们处理更大的数据,各版本行列范围比较如表 4.1 所示。

表 4.1 各版本行列范围比较

Excel 版本	行限量	行范围	列限量	列范围
Excel 97~2003	65 536(2^{16})	1~65 536	256(2^8)	A~IV
Excel 2007~2010	1 048 576(2^{20})	1~1 048 576	16 384(2^{14})	A~XFD

2. 工作表

Excel 2003 的每一个工作簿可以包含 1~255 个工作表,而 Excel 2010 已远远突破这个界限,可以达到 10 000 以上,工作表之间是相互独立的。当用户创建一个工作簿时,新工作簿中有 3 个工作表,分别用"Sheet1""Sheet2""Sheet3"表示,"Sheet1""Sheet2""Sheet3"也叫做工作表标签,用户可以根据实际需要随时添加和删除工作簿中的工作表。

【任务】

为了对计算机系 08 届毕业生进行学分审核,需要按班级整理各班的标准学分构成表,计算机系 08 届毕业班分别为数据库 05-1、WEB05-1、网络技术 05-1、网络系统管理 05-1、网络构建 05-1、NIIT05-1、软件测试 05-1、桌面程序设计 05-1、信息管理 05-1、计算机应用 05-1、图形图像 05-1、多媒体 05-1 共 12 个班级,要求每个班级的标准学分构成表为一张工作表,但默认的工作表只有 3 张,而且名字均分别是以"Sheet"+编号的形式,如何插入新的工作表?如何对工作表的名字进行修改,如何删除多余的工作表是该任务需要解决的问题。

【解决方案】

(1) 插入工作表。

用户需要添加工作表时,可以有多种方法,在这里我们介绍两种方法:

① 可以在该工作表标签处单击鼠标的右键,将会弹出如图 4.2 所示的菜单,然后选择"插入"选项,在出现的对话框中选择"工作表",即可插入一张新工作表。

② 若要在某个工作表前插入一张空白工作表,先选中该工作表标签,然后打开"插入"菜单下"工作表"选项,就可以在该表之前插入一张空白工作表。

按上述方法,在现有 3 张工作表的基础上,再插入 9 张工作表。

(2) 删除工作表。

若插入了多余的工作表,需要将其删除时,可选中要删除

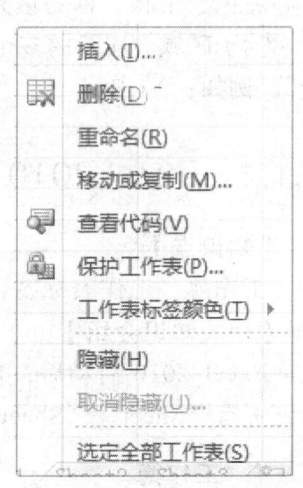

图 4.2 插入工作表

的工作表标签，打开"编辑"菜单下的"删除工作表"选项即可，也可以直接通过鼠标右键点击要删除的工作表标签，在出现的图 4.2 所示的菜单中选择"删除"命令，即可删除该工作表。在删除工作表的同时工作表的相应标签也消失。

在删除工作表时要注意的是：工作表删除后不能通过撤销操作来恢复，所以一定要确定该工作表确实没用了再删除。

（3）重命名工作表。

工作表的名称，在默认情况下是以"Sheet"+编号的方式来命名的，在工作中不便于区分。为了便于我们识别工作簿当中的工作表，我们可以对工作表进行重新命名，使用能反映工作表内容的名称作为工作表的名称。用鼠标双击要重命名的工作表标签，工作表名称将会突出显示，或者通过右键快捷菜单方式，选择"重命名"来执行给文件改名的操作，如图 4.3 所示，然后输入工作表的新名称并按"Enter"键确定即可。

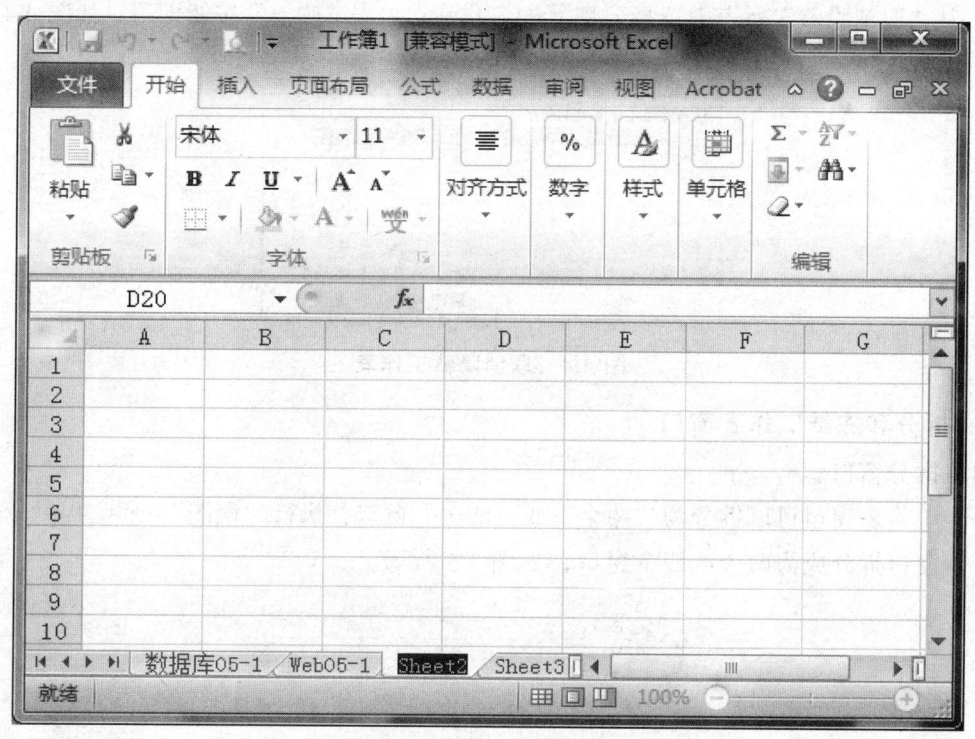

图 4.3　工作表的重命名

（4）复制或移动工作表。

在实际应用中，通常需要复制或移动工作表。复制或移动工作表的操作既可在工作簿间进行，也可以在工作簿内部进行。可以通过菜单操作实现也可通过鼠标拖动操作实现，这里以鼠标拖动操作为例来看看工作表的复制和移动。在工作簿内复制或移动工作表，使用鼠标操作非常方便。按住"Ctrl"键，将鼠标指针移到要复制的工作表标签上（如 Sheet2），按住鼠标左键不放，此时光标变成一个带加号的小表格，再用鼠标将被复制工作表标签拖曳到目标工作表上（如 Sheet3）即可将 Sheet2 复制到 Sheet3 之前。若在拖曳时不按"Ctrl"键，完成的将是工作表的移动操作。

（5）工作表的隐藏。

在 Excel 中可以将含有重要数据的工作表或者将暂时不使用的工作隐藏起来。在工作簿内隐藏工作簿和工作表，可减少屏幕上的窗口和工作表的数量，并且有助于防止对隐藏工作表的误操作。对于隐藏的工作表，即使看不见隐藏的窗口，它仍是打开的。隐藏工作的操作步骤如下：

① 右键点击要隐藏的工作表。

② 在弹出来的快捷菜单中选择"取消隐藏"命令，可以看到选定的工作表从屏幕上消失。

将工作表隐藏以后，如果要使用它们，可以恢复它们的显示。其操作过程如下：

① 右键点击任意工作表。

② 在弹出来的快捷菜单中选择"取消隐藏"命令。

③ 从"取消隐藏"列表中选择要恢复的工作表，单击"确定"按钮即可，如图 4.4 所示。

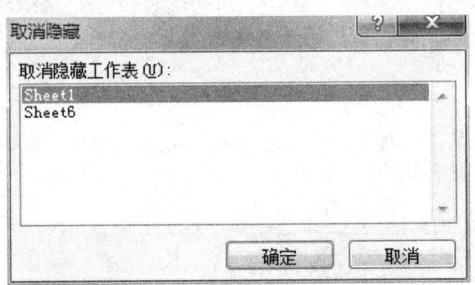

图 4.4 取消隐藏工作表

3. 拆分和冻结工作表窗口

（1）拆分窗口。

一个工作表窗口可以拆分为"两个"或"四个"窗口，执行"视图"→ 拆分 命令，即可将一个窗口拆分成为两个或四个窗口，如图 4.5 所示。

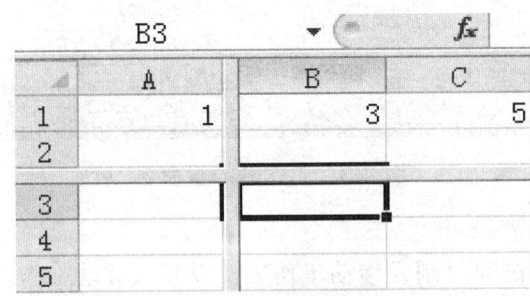

图 4.5 拆分窗口

（2）取消拆分。

执行"窗口"→"取消拆分"命令。

（3）冻结窗口。

当工作表较大时，无法再向下或向右滚动浏览时，要始终显示固定的行与列，便可采用冻结窗口的方法。冻结行与列的方法是选定需要固定行（列）下（右）一行（列），执行"视图"→"冻结窗口"→"冻结拆分窗口"命令，如图 4.6 所示。

	A	B	C	D	E	F	G
1							
2			空调销售情况统计表（单位：台）				
3		类别	第一季	第二季	第三季	第四季	总计
4							
5		长虹	45612	56243	23654	32145	157654
6		格力	56238	23548	74656	52413	206855
7		海尔	112365	365478	75216	48752	601811
8		合计					
9							

图 4.6　冻结窗口

4.2　Excel 2010 的基本操作

4.2.1　数据的录入

【知识点】
Excel 2010 工作表中数据的录入

【相关知识介绍】
向 Excel 2010 中录入数据，首先需要由用户决定数据应该录入到哪张工作表的哪个单元格中，所以用户首先单击工作表标签可以确定要使用的工作表，在工作表中选定单元格或单元格区域后，我们就可以在活动单元格中输入数据。可以从键盘直接输入数据，也可以自动输入数据，输入结束后按回车键、"Tab"键等均可确认输入，按"Esc"键可取消输入。

1. 输入文本

Excel 2010 文本数据包括汉字、英文字母、数字、空格及其他可输入字符。当输入的文本长度超出单元格宽度，若右边单元格无内容，则扩展到右边列；否则，则截断显示。

2. 输入数值

在活动单元格中输入的数值数据可以是整数也可以是小数、分数以及科学计数法表示的数。注意：在输入分数时，为了与日期数据加以区别，应先输入 0 和空格，再输分数。

【任务一】
某空调销售公司为提高管理效率，需要将其空调的销售量按季度进行统计，如图 4.7 所示。如何在 Excel 中输入数据就是本任务要解决的问题。

	A	B	C	D	E	F	G
1				编辑栏			
2			空调销售情况统计表（单位：台）				
3		类别	第一季	第二季	第三季	第四季	总计
4		海尔	112365	365478	75216	48752	
5		长虹	45612	56243	23654	32145	
6		格力	56238	23548	74656	52413	
7		其他	12456	48785	98512	32546	
8		合计					

图 4.7　销售表窗口

【解决方案】
（1）启动 Excel 2010 应用程序。
（2）选中 B2 单元格，输入图 4.7 中的标题"空调销售情况统计表（台）"。
（3）在（B3:G7）单元格区域中分别录入图 4.7 所示内容。

3. 利用自动填充功能输入数据

在录入数据时，如果遇到数据有一定的规律时，我们可以采用自动填充的方法来完成，而不需要手动的录入，可以大大提高数据的录入效率。下面介绍两种自动填充方法：

（1）使用填充柄：用鼠标点住初始值所在单元的右下角，当鼠标指针变为实心十字形时，拖曳至要填充的最后一个单元格，即可自动填入一系列的数值。

（2）使用菜单选项卡：自动填充除了上面介绍的利用填充柄来填充数据外，还可以利用"开始"菜单选项卡里的 填充▼ 功能来实现。

【任务二】
使用填充柄的方法输入一月到五月的月份。

【解决方案】
① 选中 B2 单元格，录入"一月"；
② 选中 B2 单元格，用鼠标拉动其右下角的实心十字形到 F2 放开鼠标，得到如图 4.8 所示的结果。

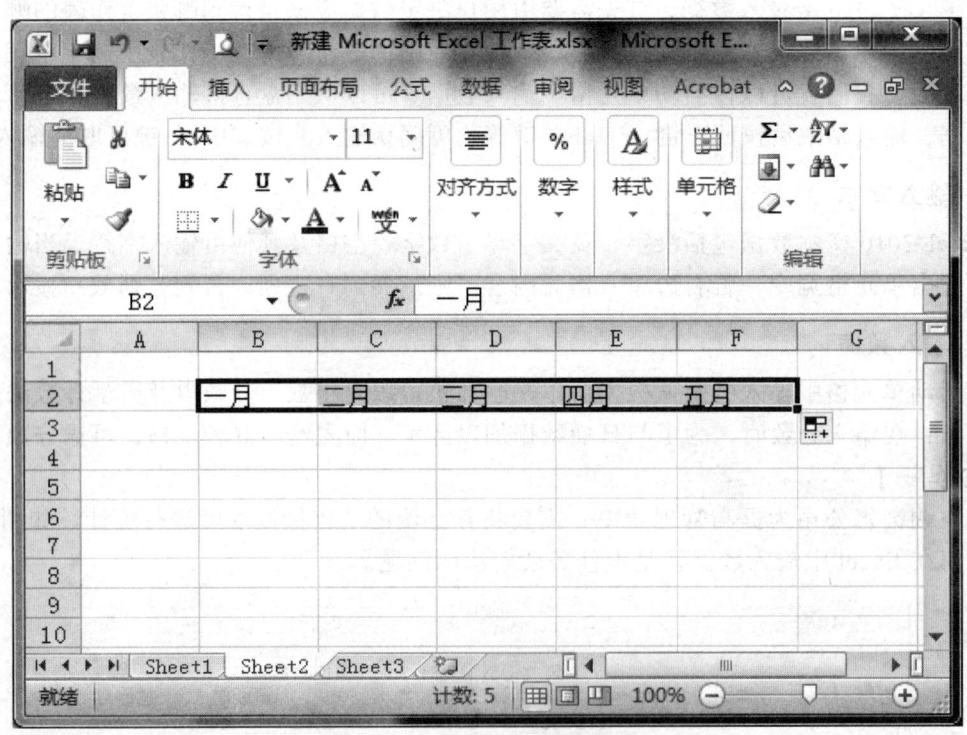

图 4.8 用填充柄完成自动填充

【任务三】
使用菜单的自动填充功能，在 A1:J1 区域中显示 1~20 内的奇数数列。

【解决方案】

① 在 A1 单元格中录入 1；

② 选中 A1:J1 单元格区域；

③ 执行"开始"→"填充"→"系列"命令，如图 4.9 所示；

④ 在弹出的"序列"对话框中，选择序列产生在行、类型为等差序列、步长值为 2，终值为 20，如图 4.10 所示；

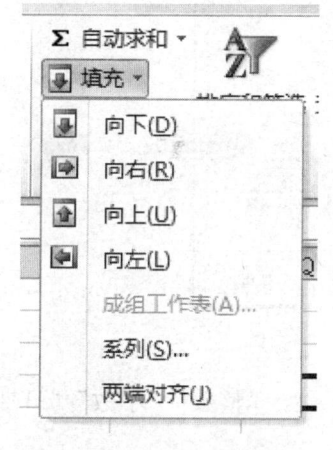

图 4.9 填充窗口

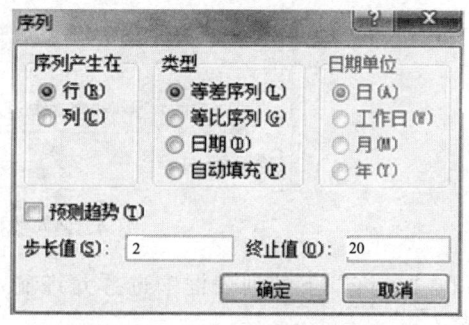

图 4.10 "序列"对话框

⑤ 单击"确定"按钮，得到如图 4.11 所示的填充结果。

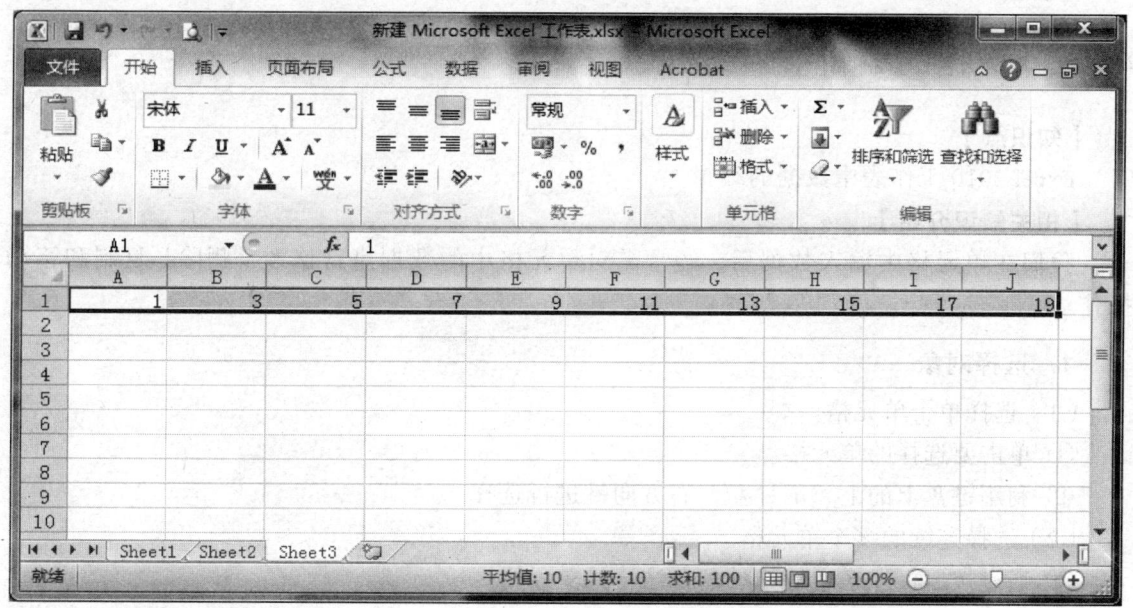

图 4.11 自动填充结果

4. 输入有效数据

利用 Excel 2010 的输入有效数据功能，可以预先设置某一单元格允许输入的数据类型、范围，并可设置数据输入提示信息。通过以下步骤定义有效数据的输入：

（1）选择将设置有效数据的单元格。
（2）单击"数据"选项卡里的"数据有效性"选项，单击"设置"标签，出现如图4.12所示的对话框，在"数据有效性"对话框中作相应设置即可。

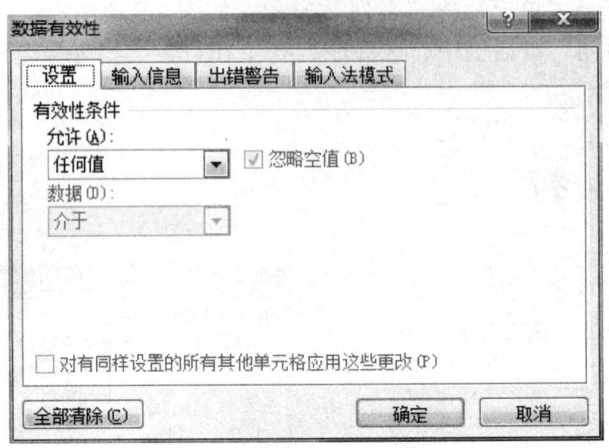

图 4.12　数据有效型窗口

① 在"允许"下拉列表框中选择允许输入的数据类型，如"整数""小数""日期""自定义"等。

② 在"数据"下拉列表框中选择所需操作符，如"大于""不等于"等，然后在数值栏中根据需要填入相应的值即可。

4.2.2　数据的编辑

【知识点】
Excel 2010 工作表中数据的编辑
【相关知识介绍】
我们在单元格中输入数据后，经常需对单元格中的数据进行修改、删除、复制和移动操作。

1. 选择对象

（1）选择单个单元格。
① 单击要选择的单元格。
② 利用键盘上的上、下、左、右方向键进行选择。
（2）选择连续的多个单元格。
① 通过按鼠标左键进行拖动的方法选择单元格区域。
② 首先单击要选定的区域的第一单元格，再按住 Shift 键，单击该区域，沿第一个单元格对角线方向到最后一个单元格。
（3）选择不连续的多个单元格。
选定第一个单元格或单元格区域，然后按住 Ctrl 键，用鼠标再选取其他单元格或单元格区域。

（4）选定行与列。
① 选定整行：单击行号。
② 选定整列：单击列号。
（5）选定整个工作表。
① 单击工作表左上角的"全选"按钮。
② 按"Ctrl+A"组合键选定所有单元格。

2. 修改数据

在 Excel 2010 中，可通过以下两种方法对数据进行修改：
（1）直接在单元格中修改，用鼠标双击单元格，然后进入单元格进行修改。
（2）在编辑栏中进行修改，首先选中被改数据的单元格，然后在编辑栏中进行相应数据修改。

3. 删除数据

（1）清除数据。

清除数据针对的对象是格式、内容、批注或者超链接，而单元格本身并不受影响。在选取了一个单元格或一个单元格区域后，按 Del 键或执行"开始"→"清除"→"清除内容"命令，可以将单元格中的数据清除，这样清除的仅仅是单元格中的数据，对它的格式化并没有影响。

（2）删除数据。

删除数据针对的对象是单元格、工作表行、列或工作表，删除数据后被选中的单元格以及该单元格中的数据都从工作表中消失。删除数据的方法是：
① 执行"开始"→"删除"命令，将出现如图 4.13 所示的对话框。
② 在"删除"对话框中，用户可选择"右侧单元格左移""下方单元格上移"来填充被删掉单元格后留下的空缺。如果选择"整行"或"整列"则将删除选取区域所在的行或列，其下方行或右侧列自动填充空缺。

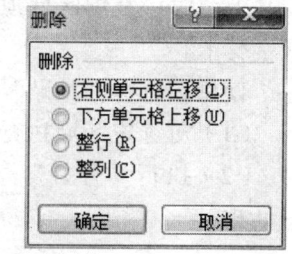

图 4.13 "删除"对话框

4. 复制单元格数据

如果要将单元格复制或移动到同一个工作表的其他位置、同一个工作簿的另一个工作表、另一个窗口或另一个应用程序中，可以使用"剪切""复制"和"粘贴"命令，也可以使用剪切、复制和粘贴按钮 或者快捷键。

注意：在 Excel 2010 中，剪贴板可保留多个复制的信息，以方便用户选择复制所需要的信息。

【任务一】

将单元格 A3:E3 的内容复制到 A12:E12 中。

【解决方案】

要实现这个操作有多种方法可以实现：

（1）利用菜单的方法，其操作步骤如下：
① 选定表中的 A3:E3 单元格。
② 执行"开始"→"复制"命令，可以看到在选中区域内出现了一个虚框。
③ 选定工作表的 A12:E12 单元格区域。
④ 执行"开始"→"粘贴"命令，将剪贴板中的数据复制到 A12:E12 单元格区域中，就会看到复制后的工作表格。

（2）通过使用工具栏上的图标按钮来达到对单元格的复制，操作过程如下：
① 选定表中的 A3:E3 单元格，单击 复制 按钮。
② 选定工作表的 A12:E12 单元格区域。
③ 单击 粘贴 按钮，将剪贴板中的数据复制到 A12:E12 单元格区域中。

（3）使用快捷键"Ctrl+C"和"Ctrl+V"，完成对单元格的复制。
（4）使用"填充柄"操作，完成对单元格的复制。

5. 选择性粘贴

在 Excel 2010 中除了能够复制选定的单元格外，还能够有选择地复制单元格数据，数据复制时往往只需复制它的部分特性。"选择性粘贴"命令可用于将复制单元格中的公式或数值与粘贴区域单元格中的公式或数值合并。可在"运算"框中指定是否将复制单元格中的公式或数值与粘贴区域单元格的内容相加、相减、相乘或相除等。

使用"选择性粘贴"的另一个极重要的功能就是"转置"功能。所谓"转置"就是可以完成对行、列数据的位置转换。例如，把一行数据转换成工作表的一列数据，当粘贴数据改变其方位时，复制区域顶端行的数据出现在粘贴区域左列处；左列数据则出现在粘贴区域的顶端行上。

使用"选择性粘贴"的操作步骤如下：
（1）对选定区域执行复制操作并指定粘贴区域。
（2）执行"开始"→"粘贴"→"选择性粘贴"命令，屏幕上出现如图 4.14 所示的对话框。

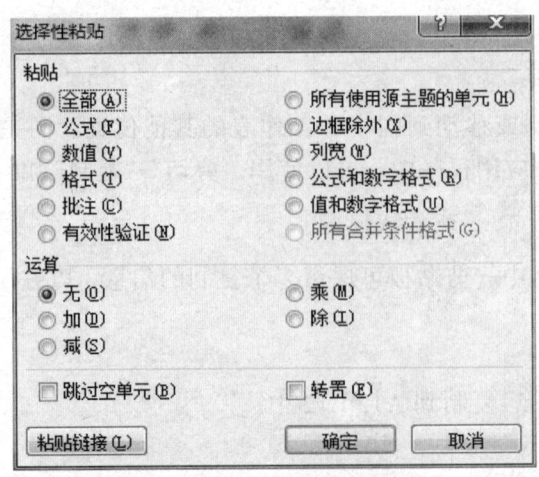

图 4.14 "选择性粘贴"对话框

（3）在"粘贴"复选框中设定所要的粘贴方式，单击"确定"按钮即可完成。

6. 移动单元格数据

利用 Excel 提供的移动单元格命令，实现将单元格从一个位置搬移到一个新的位置。

【任务二】

将单元格 A2 的内容移动到 A3 单元格中。

【解决方案】

具体操作步骤如下：

（1）选定工作表的 A2 单元格，按下剪切按钮 ✂ 。

（2）选定工作表的 A3 单元格，单击粘贴按钮 📋，将剪贴板中的数据复制到 A3 单元格，就会看到移动后的工作表格。

此外，还可以使用"拖放"操作来完成对单元格的移动。具体的操作过程是：将鼠标指针指向移动区域的边框线上，并看到鼠标指针变成一个四向箭头，拖动选定内容到新的位置上后释放鼠标。

7. 撤销与恢复操作

在 Excel 中，还提供了多步撤销操作，利用该操作能够撤销最近一次或多步的操作，而恢复到在执行该项操作前的系统状态。这一功能对发生误操作是十分有用的工具，使我们能够及时更正。

（1）快速访问工具栏：↶ 撤销操作，↷ 恢复操作。

（2）快捷键："Ctrl+Z"撤销操作，"Ctrl+Y"恢复操作。

4.2.3 插入（删除）行、列、单元格

【知识点】

Excel 2010 工作表中行（列）位置的调整

【相关知识介绍】

1. 行、列和单元格的插入

我们在对工作表中的数据进行编辑时，难免会出现遗漏，有时遗漏一个单元格中的数据，有时遗漏一行或一列，这时可以通过插入单元格、行或列来弥补。首先选择要插入单元格、行、列的单元格位置，再执行"开始"→"插入"→"插入单元格"命令，将出现如图 4.15 所示的"插入"对话框，根据我们的需求选择插入的是单元格、整行或整列；或者选择"插入"菜单中的行或列命令也可完成对整行或整列的插入操作。

2. 行、列和单元格的删除

首先选中要删除的单元格或要删除的行、列中的任意一个单元格，执行"开始"→"删除"→"删除单元格"命令，将出现如图 4.16 所示的"删除"对话框，根据操作选择恰当的选项即可完成对单元格、行、列的除操作。或者选中要删除的整行或整列后，执行"开始"→"删除"→"删除单元格/行/列"命令，将直接删除所选中的行或列。

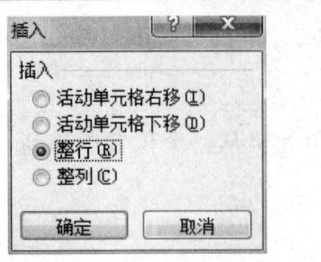
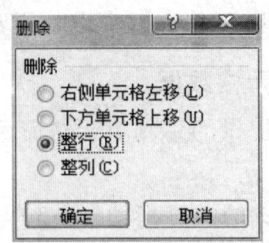

图 4.15 "插入"对话框　　　图 4.16 "删除"对话框

3. 合并单元格

有时根据具体数据输入的要求，需要将多个单元格进行合并，此时，只需要先选中要合并的单元格区域，然后单击工具栏上的"合并及居中"按钮 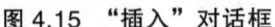，就可以将选中的区域合并为一个单元格。

4.2.4 改变行高、列宽

【知识点】

Excel 2010 工作表中行高（列宽）的调整

【相关知识介绍】

使用 Excel 2010 建立数据表时，数据表的每行、每列的宽度和高度都是一样的，如果需要改变行或列的宽度，我们可以有多种方法来完成：

1. 利用"格式"菜单定义行高（列宽）

操作步骤：

（1）选中需要调整的行或列，单击"格式"菜单，如图 4.17 所示。

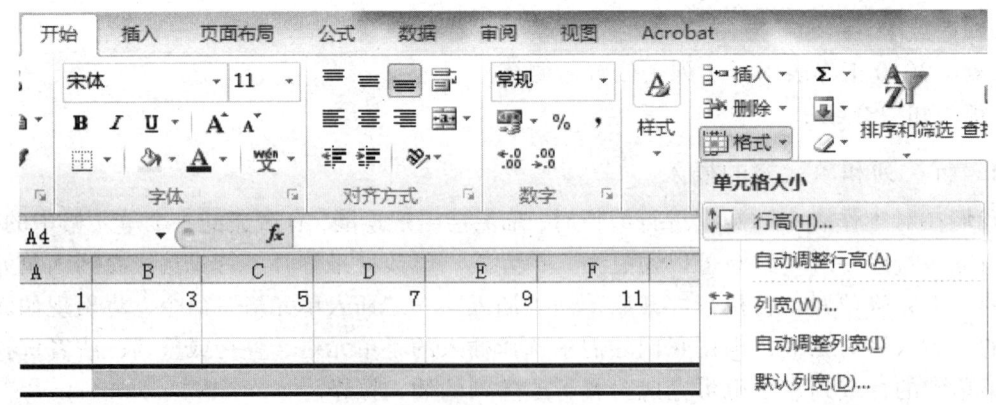

图 4.17 列窗口

（2）选择"行高（列宽）"选项，将出现"行高（列宽）"对话框，如图 4.18 所示，在对话框中输入适合的数据，单击"确定"按钮即可。

2. 使用鼠标拖动来改变行高（列宽）

将鼠标指向行号下端（列标右侧）的横格线（竖格线），光标由

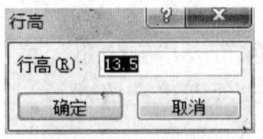

图 4.18 行高对话框

原来的空心十字转为上下箭头分割状,拖动鼠标,拖动时名称栏中会显示当时的行高(列宽),如图 4.19 所示,当显示的值适合我们期望的行高或列宽时,松开鼠标左键即可。

图 4.19 改变列宽

4.2.5 格式设置

【知识点】

Excel 2010 工作表的格式设置

【相关知识介绍】

录入到 Excel 中的数据,还应该对其进行数据格式的设置,使其能满足用户需求。要对数据表中单元格内容进行格式设置,首先我们选中要设置的数据,然后执行"开始"→"格式"→"设置单元格格式"命令,可以打开如图 4.20 所示的"设置单元格格式"对话框,在这个对话框中可以对单元格属性进行设置。

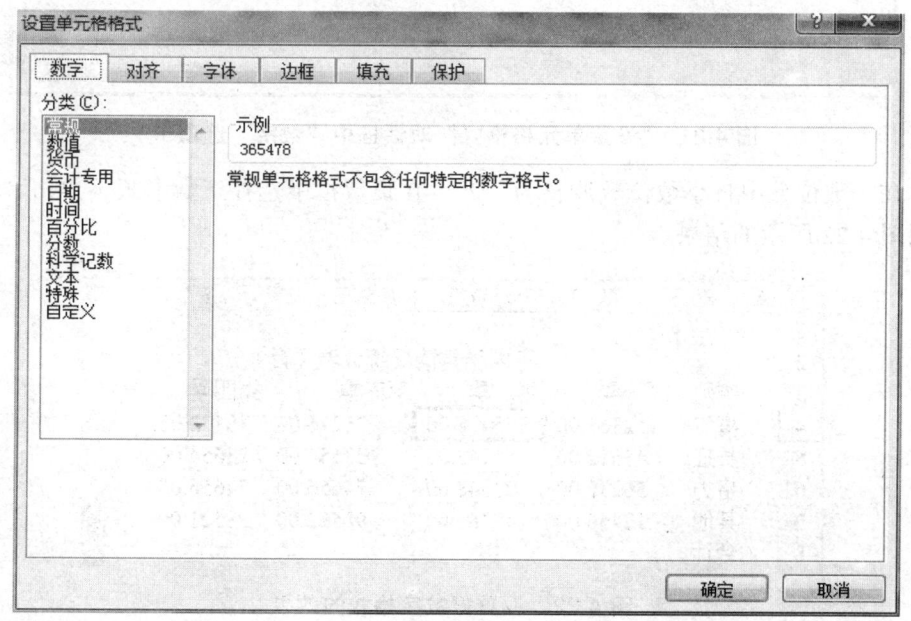

图 4.20 "设置单元格格式"对话框

1. 设置"数字"格式

选择要格式化的单元格或单元格区域，在弹出的"设置单元格格式"对话框中单击"数字"选项卡，出现如图 4.20 所示的对话框，在分类列表框中单击"数字"格式，在右边的选项中选择具体的数字格式，最后单击"确定"按钮结束格式设定。

【任务一】

将空调销售情况统计表中的数据改成具有两位小数的数据。

【解决方案】

（1）首先打开要操作的数据表，选中 C4：F7 单元格区域。

（2）单击鼠标右键，选择"设置单元格格式"命令，弹出"设置单元格格式"对话框，在设置窗口中选择"数字"选项卡中的"数值"选项，如图 4.21 所示。

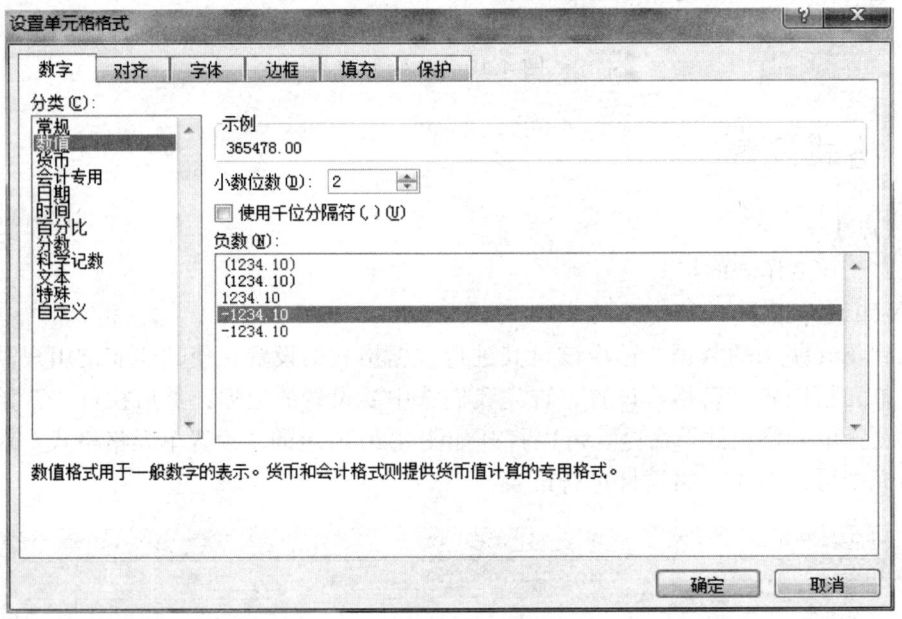

图 4.21 "设置单元格格式"对话框中"数字"选项卡

（3）在小数位数中将小数位数调整为"2"，在负数栏中选择正数形式，单击"确定"按钮，得到图 4.22 所示的结果。

	A	B	C	D	E	F
1						
2			空调销售情况统计表（台）			
3		类别	第一季	第二季	第三季	第四季	总计
4		海尔	112365.00	365478.00	75216.00	48752.00
5		长虹	45612.00	56243.00	23654.00	23654.00
6		格力	56238.00	23548.00	74656.00	74656.00
7		其他	12456.00	48785.00	98512.00	98521.00
8		合计				

图 4.22 设置好数字格式的效果

2. 设置"对齐"格式

在缺省情况下，Excel 将根据输入的数据类型自动调节其对齐方式，为了产生更好的效果，可以利用"设置单元格格式"对话框的"对齐"选项卡，如图 4.23 所示。

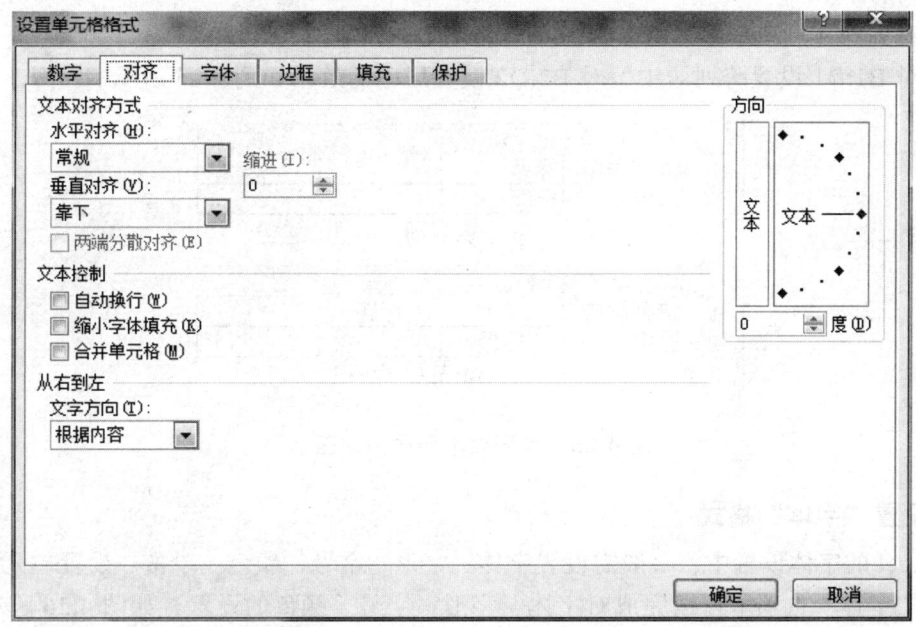

图 4.23 "设置单元格格式"对话框中"对齐"选项卡

【任务二】
将空调销售情况统计表中的数字区域按跨列居中的方式排列。

【解决方案】
（1）选中要设置对齐方式的数据区域（C4:F7）。
（2）单击鼠标右键，选择"设备单元格格式"命令，弹出如图 4.23 所示对话框。
（3）在"对齐"选项卡上选择"水平对齐"中的"跨列居中"。
（4）单击"确定"按钮，设置后的效果如图 4.24 所示。

空调销售情况统计表（台）				
类别	第一季	第二季	第三季	第四季
海尔	112365.00	365478.00	75216.00	48752.00
长虹	45612.00	56243.00	23654.00	23654.00
格力	56238.00	23548.00	74656.00	74656.00
其他	12456.00	48785.00	98512.00	98521.00
合计				

图 4.24 跨列居中结果

关于跨列居中和居中：
跨列居中应用于同一行不同列的连续单元格，将这些单元格设置成跨列居中时，在其中的一个单元格内输入内容，单元格中的内容以从本单元格开始的连续设置跨列居中的单元格为基准进行居中对齐，从居中形式上看，比较像合并居中，但单元格实际上并没有合并。当在设置跨列居中的其他单元格中输入内容时，前面的单元格内容以下一个非空白单元格为基准进行跨列居中。

居中对齐只针对单一单元格，以本单元格中部为基准进行居中。

分别对 B1:D1 设置跨列居中、对 B2:D2 设置居中的效果如图 4.25 所示。

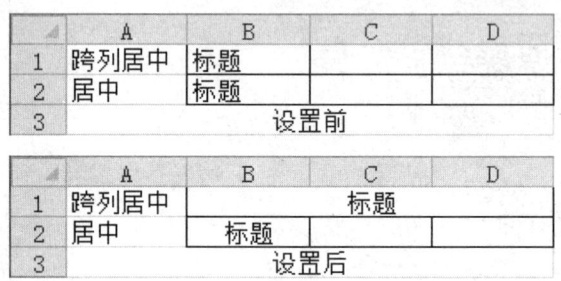

图 4.25 跨列居中和居中的区别

3. 设置"字体"格式

在 Excel 的字体设置中，一般需设置字体、字形、字号、颜色。单击"设置单元格格式"对话框的"字体"选项卡可以完成对字体、字形、字号、颜色的设置，如图 4.26 所示。

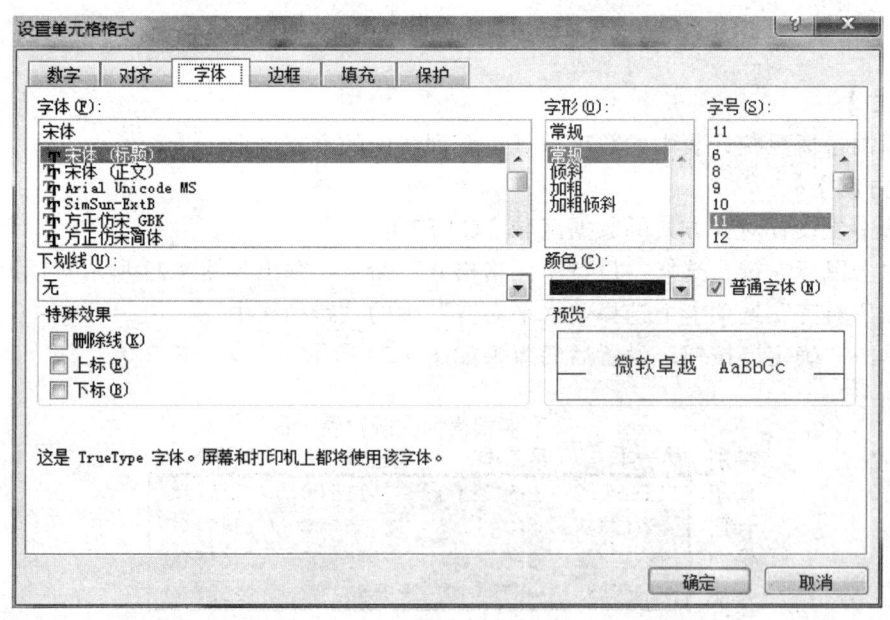

图 4.26 "设置单元格格式"对话框中"字体"选项卡

4. 设置表格边框

虽然我们看到的 Excel 工作区中有单元格及其虚框线，但如果不设置单元格的边框线，打印的时候，这些虚框是不可见的。可在"设置单元格格式"对话框中单击"边框"选项卡，设置边框参数后单击"确定"按钮来设置边框线,如图 4.27 所示。在该选项中,用户可以对边框的线条样式、颜色、位置进行选择。

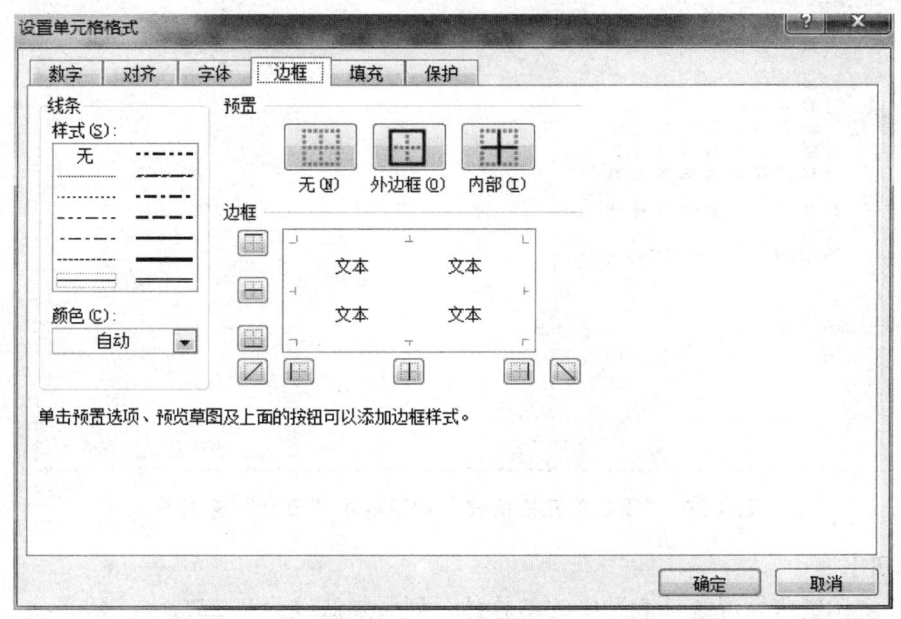

图 4.27 "设置单元格格式"对话框中"边框"选项卡

【任务三】
对"空调销售情况统计表"添加内外边框,要求外边框用粗实线,内线用细实线。
【解决方案】
(1)选中要加边框的数据区域。
(2)打开"设置单元格格式"对话框,选择"边框"选项卡。
(3)在"边框"选项卡上,分别选中"粗实线"→"外边框","细实线"→"内部",然后单击"确定"按钮。设置后的效果如图 4.28 所示。

空调销售情况统计表(单位:台)					
类别	第一季	第二季	第三季	第四季	总计
海尔	112365	365478	75216	48752	
长虹	45612	56243	23654	32145	
格力	56238	23548	74656	52413	
其他	12456	48785	98512	32546	
合计					

图 4.28 设置边框后的数据表

5. 设置图案
设置单元格的图案也就是设置单元格或单元格区域的颜色和底纹。在"设置单元格格式"对话框中选中"填充"选项卡,将出现如图 4.29 所示的对话框,设定单元格背景颜色及图案模式后按"确定"按钮,将在选定的单元格或单元格区域中应用相应图案。

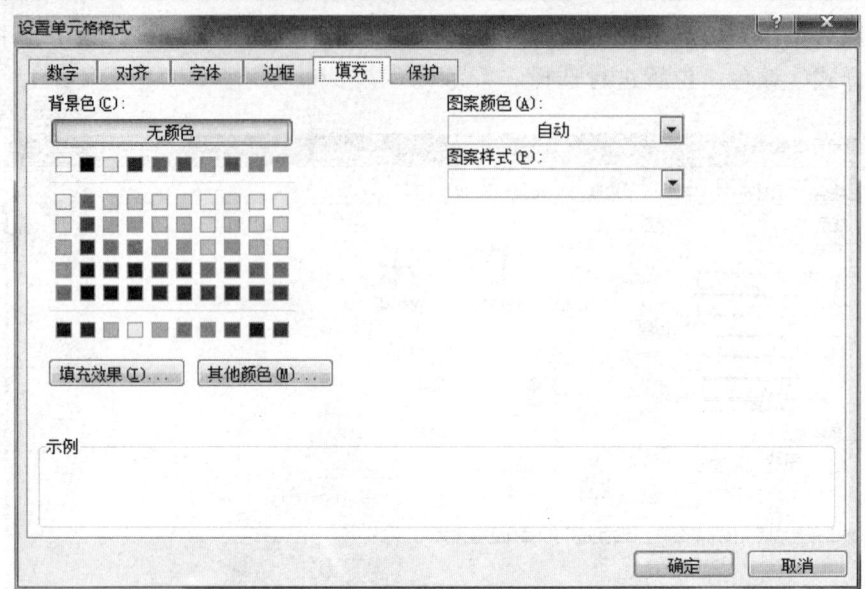

图 4.29 "设置单元格格式"对话框中"填充"选项卡

【任务四】

请将"空调销售情况统计表"中的"总计"列添加底纹为灰 25%。

【解决方案】

（1）首先选中"总计"这列的数据区域。

（2）打开"设置单元格格式"设置对话框，选择"填充"选项卡。

（3）在"图案颜色"中选择灰色，在图案中选择"白色，背景 1，深色 25%"，单击"确定"，设置后的效果如图 4.30 所示。

空调销售情况统计表（单位：台）					
类别	第一季	第二季	第三季	第四季	总计
海尔	112365	365478	75216	48752	
长虹	45612	56243	23654	32145	
格力	56238	23548	74656	52413	
其他	12456	48785	98512	32546	
合计					

图 4.30 工作表图案设置后结果

4.2.6 高级应用

【知识点】

Excel 2010 工作表中的批注、公式的插入，名称的定义，打印标题的设置，录制宏，文件加密与保护，条件格式，数据有效性

【相关知识介绍】

1. 批注的插入

在编辑 Excel 2010 数据表时，用户往往需要对某个单元格进行说明，这时就需要对单元

格插入批注,插入批注的方法如下:
(1)选中需要添加批注的单元格。
(2)执行"审阅"→"新建批注"命令。
(3)在弹出的批注框中输入批注文本。
(4)完成批注文本输入后,单击批注框外部的工作表区域即可完成批注的插入操作。

2. 插入公式

在用户对 Excel 2010 中的数据进行编辑时,可能会遇到对数学公式的编辑,这时我们需要用到 Excel 2010 中插入选项卡中的"公式"功能键添加数学公式。其方法如下:
(1)单击需要插入公式的单元格。
(2)执行"插入"→"公式"命令,可以输入常见的一些公式,如图 4.31 所示。

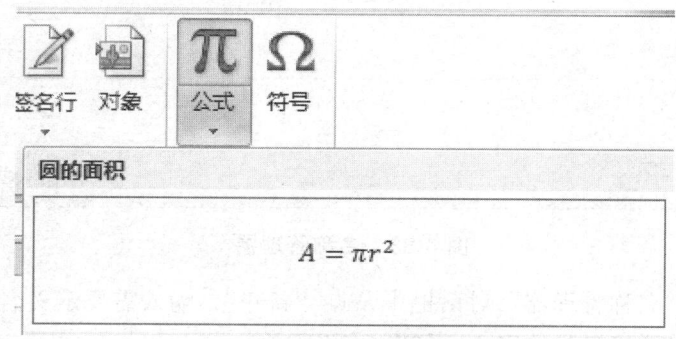

图 4.31 "公式"功能键

(3)双击"π",将弹出如图 4.32 所示的"公式工具"设计功能区,根据需要选择合适的公式模板,输入相应的表达式即可完成公式的输入操作。

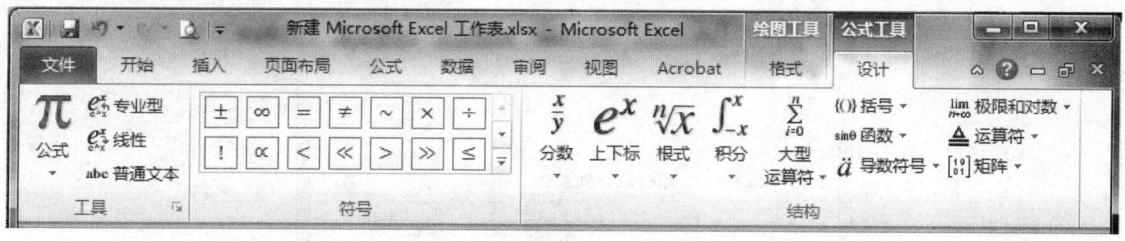

图 4.32 "公式工具"设计功能区

3. 名称定义

在前面的学习过程中,我们知道在 Excel 2010 中的单元格都有自己的名称,即用列标和行标来表示,如 A1、B3 等,有时我们需要用一些我们自己定义的名称来记忆它们,所以需要重新对单元格进行定义,定义的方法如下:
(1)选择要定义的单元格。
(2)执行"公式"→"名称管理器"命令,如图 4.33 所示。

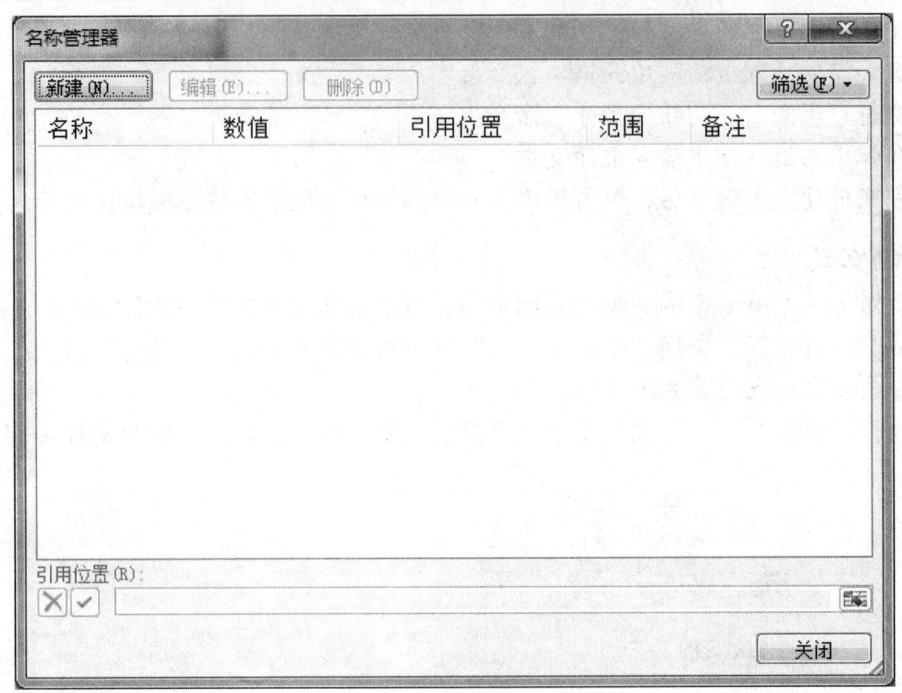

图 4.33　名称管理器

（3）在弹出的"名称管理器"对话框中，点"新建"，输入需要定义名称，单击"确定"按钮，即可完成对单元格名称的定义，如图 4.34 所示。

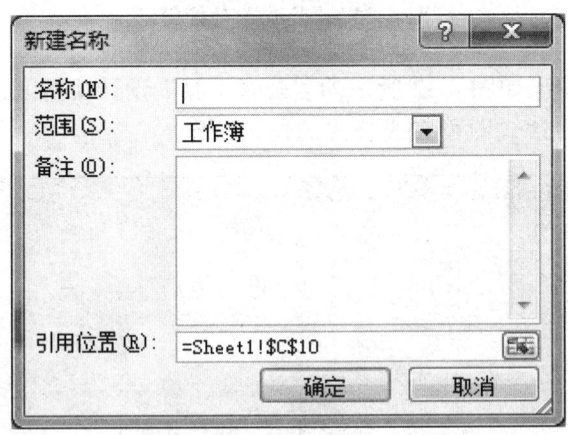

图 4.34　"定义名称"对话框

4．设置打印标题

如果数据表内容比较多，一页是打印不完的，在不作打印标题设置之前，所打印出的数据表格从第二页开始是没有标题和表头的，使得用户不清楚数据表中每个单元格内容对应什么条目，所以需要为其设置打印标题，以使打印出来的每页数据表中都有标题及表头显示。这在利用 Excel 2010 电子表格做数据量大、分页较多的操作时很有用。具体设置打印标题的步骤如下：

（1）选中需要设置打印标题的工作表。

（2）执行"页面布局"→"页面设置"命令，在弹出的"页面设置"对话框中选择"工作表"选项卡，如图 4.35 所示。在"打印标题"设置中做好要创建的打印标题行或列的选择后（可根据数据表的内容显示要求，设置"顶端标题行"或"左端标题列"），单击"确定"按钮完成打印标题的设置操作。

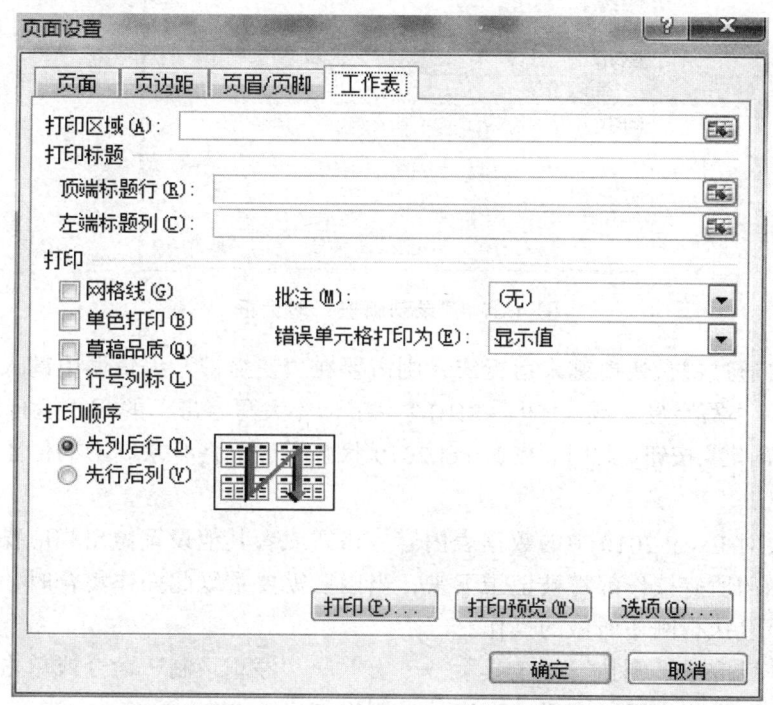

图 4.35 "页面设置"对话框中"工作表"选项卡

5. 录制宏

所谓"宏"就是一组操作的集合或者是一组命令的集合，对于许多操作步骤相似的操作，可先将这些操作步骤记录为"宏"，再在需要用到它的地方运行该"宏"即可。可以通过录制宏的方式，即记录用户所做的所有操作步骤，直到停止录制宏的方式实现，也可通过编写命令来完成。宏的录制方式如下：

（1）执行"视图"→"宏"→"录制宏"命令，如图 4.36 所示。

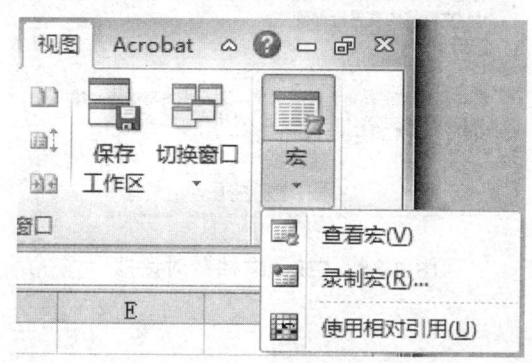

图 4.36 调用"录制新宏"命令

（2）弹出"录制新宏"对话框，在"宏名"编辑框中输入宏的名称，如图 4.37 所示。

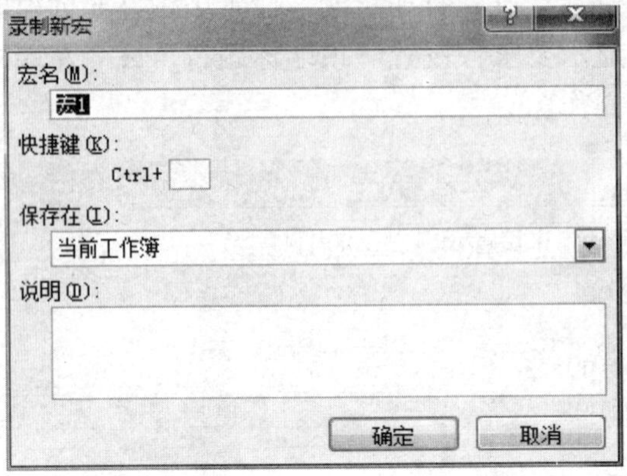

图 4.37 "录制新宏"对话框

（3）如果要通过键盘快捷键来运行宏，则需要在"快捷键"编辑框中键入，然后就可以用 CTRL+字母（小写字母）或 CTRL+SHIFT+字母（大写字母）的方式运行宏。

（4）单击"确定"按钮，此时，在 Excel 2010 状态栏旁边将有录制宏的停止按钮" "，单击停止录制。

（5）按需要对 Excel 2010 中的数据表内容、格式或者其他设置做出相应操作，在宏录制期间，用户所做的所有操作都将被记录下来，当以后需要重复此操作集合时，只需要运行录制的宏，即可重复执行刚才所做的操作。

（6）若操作已完成，则执行"工具"→"宏"→"停止录制"命令或单击宏录制工具栏上的"停止录制"按钮，即可完成本次宏的录制操作。

6. 文件加密与保护

对于有着私密信息的数据，我们可以通过 Excel 2010 的加密功能来对文档进行保护，操作方法如下：

执行"文件"→"信息"→"保护工作簿"→"用密码进行加密"命令，在弹出的对话框中输入 2 次密码后就对该文档成功加密，如图 4.38 所示。

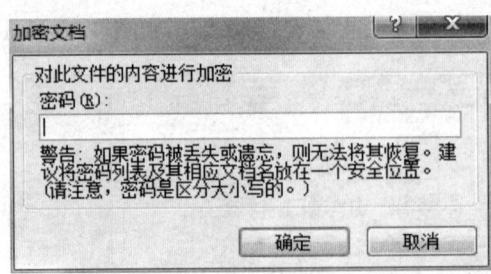

图 4.38 "加密文档"对话框

7. 条件格式

Excel 2010 "条件格式"功能可以根据单元格内容，将符合条件的内容自动应用格式，如我们可以在学生成绩列表中将没有及格（分数＜60分）的单元格突出显示浅红色，操作方法如下：

（1）打开"毕业生合格成绩表"，选择"成绩"列，点击"开始"选项卡→"条件格式"→"突出显示单元格规则"→"小于"。

（2）在弹出的小于对话框中，将数值改为60，设置为"浅红色填充"，如图4.39所示。

图4.39　"小于"对话框

（3）点击确定后，会发现成绩列中所有小于60的数值所在单元格都被标上了浅红色，如图4.40所示。

	A	B	C	D	E
1	姓名	课程名称	成绩	学分	学年
2	李宝清	电气控制系统安装与调试	85	2	2011-2012
3	李宝清	毕业综合能力考核	80	8	2012-2013
4	李宝清	安防系统安装与调试	良	2	2011-2012
5	李宝清	DDC控制系统设计与调试	86	2	2011-2012
6	李宝清	楼宇设备自动控制系统技术	55	6	2011-2012
7	李宝清	综合布线系统安装与测试	优	2	2012-2013
8	李宝清	职业指导2	良	1	2011-2012
9	李宝清	建筑安装工程造价	65	4	2012-2013
10	李宝清	建筑智能广播及会议系统技术	75	4	2012-2013
11	李宝清	建筑电气设备电机技术	65	6	2011-2012
12	李宝清	建筑供电与照明技术	49.9	4	2011-2012
13	李宝清	楼宇智能化系统的维护与改造	70	4	2012-2013

图4.40　应用"条件格式"后的成绩表

8．数据有效性

Excel 2010强大的制表功能，给我们的工作带来了方便，但是在表格数据录入过程中难免会出错，一不小心就会录入一些错误的数据，比如重复的身份证号码，超出范围的无效数据等。其实，只要合理设置数据有效性规则，就可以避免错误。

例如我们在录入学生信息时通常会有"学号"和"性别"，为了防止人为录入错误，我们需要将"学号"的范围限定为"20140001～20149999"，而"性别"只能有"男"和"女"两个选项，这时我们可以通过Excel 2010的"数据有效性"功能轻松实现，操作方法如下：

（1）对"学号"列的设置。

选择"学号"列→"数据"→"数据有效性"→按图4.41所示进行设置。

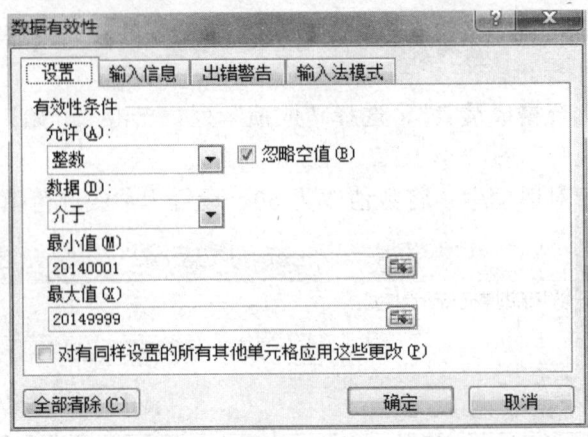

图 4.41 应用"数据有效性"对"学号"列设置

设置完毕后,当我们输入错误的格式如 20130001,会出现图 4.42 所示的错误提示。

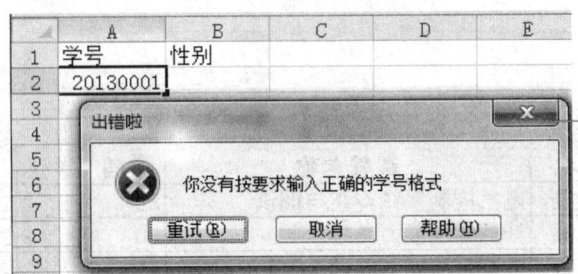

图 4.42 输入错误格式后的"出错"对话框

(2)对"性别"列的设置。

选择"学号"列→"数据"→"数据有效性"→按图 4.43 所示进行设置(来源里的选项用英文状态的逗号分隔)。

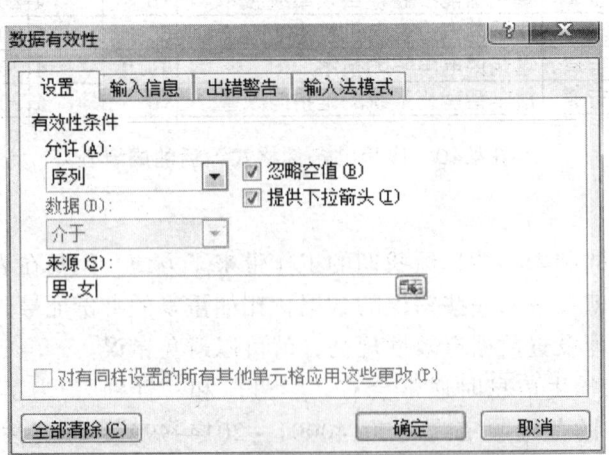

图 4.43 应用"数据有效性"对"性别"列设置

点击确定后,"性别"列会出现图 4.44 所示的两个选项,而当我们输入了"男""女"以外的数据时,又会出现如图 4.42 所示的错误提示。

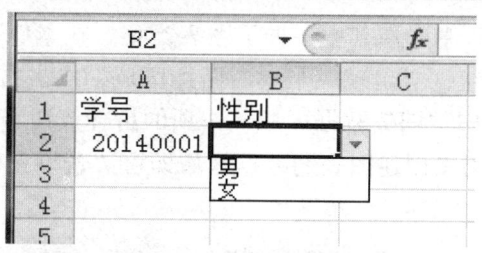

图 4.44 "性别"列设置效果

4.3 Excel 2010 的图表操作

4.3.1 图表的创建

【知识点】

Excel 2010 中图表的创建

【相关知识介绍】

图表能使数据更直观、易懂。当工作表中的数据源发生变化时，图表中对应项的数据也自动更新。如折线图表达趋势走向，柱形图强调数量的差异等。Excel 2010 提供了许多种图表类型，常见的图表类型有饼图、柱形图、折线图等，用户可以依据个别需要选择使用。

【任务】

为更直观的了解每季度各种空调的销售情况统计数据，需要将"空调销售情况统计表"中的销售情况生成按季度统计的簇状柱形图，本任务就带领大家一起解决这个问题。

【解决方案】

可以利用 Excel 2010 中的图标功能键快速完成。操作步骤如下：

（1）选定需要创建图表的数据区域。

（2）执行"插入"→"柱形图"→"所有图标类型"命令。

（3）在"插入图表"列表框中选择图表类型，本例为"柱形图"，如图 4.45 所示。

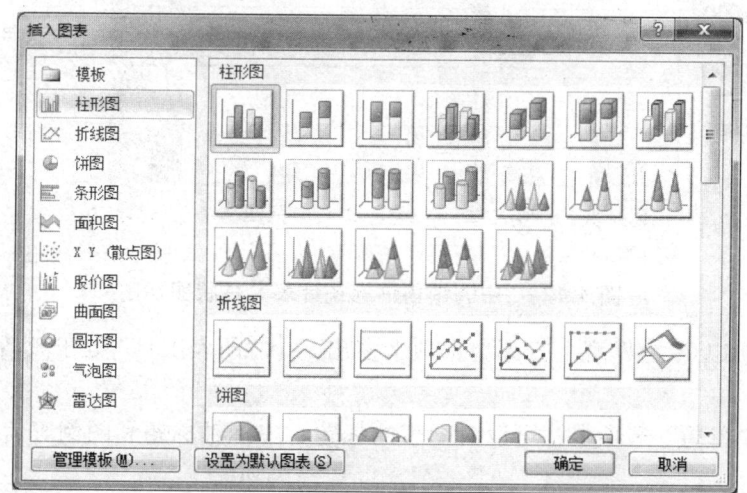

图 4.45 "插入图表"对话框

（4）在"子图表类型"中选择其中一种子图表类型，在本例中选择"簇状柱形图"。

（5）单击"确定"按钮，会出现一个空白图标区域，点击右键选择"选择数据"，如图 4.46 所示，单击该对话框中"图标数据区域"一项的折叠按钮" "将当前对话框折叠起来，在相应数据表中选择用来创建图表的数据区域即可。若事先已选择了数据源，就将直接出现对应的图表。

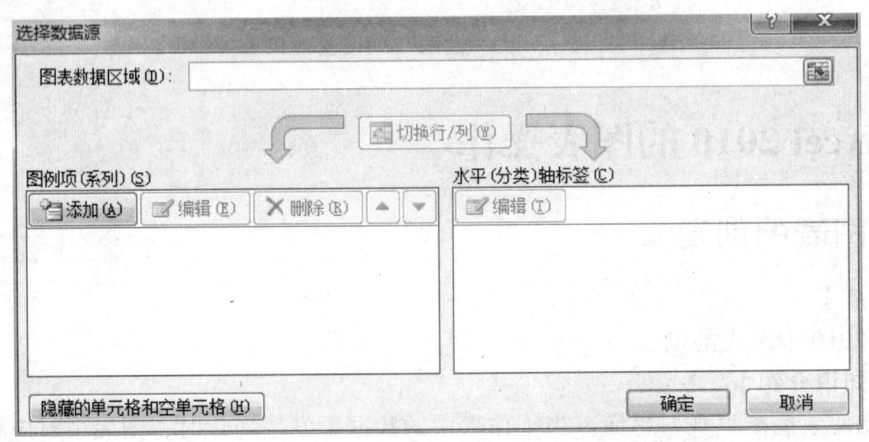

图 4.46 "选择数据源"对话框

（6）选择好图表数据区域，单击 按钮后，返回"选择数据源"对话框，点击"确定"出现图 4.47 所示的柱状图。

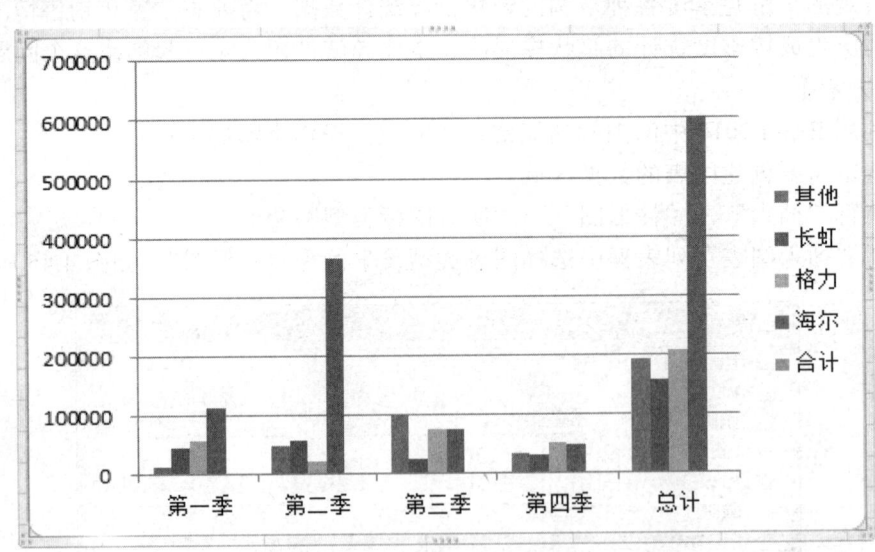

图 4.47 "空调销售情况统计表"柱状图初图

（7）点击图表区，会发现上方菜单选项卡多出一个"图表工具"处于激活状态，如图 4.48 所示。

（8）点击"布局"选项卡，可以对图表的标题、坐标轴标题和图例等信息进行修改，如图 4.49 所示。

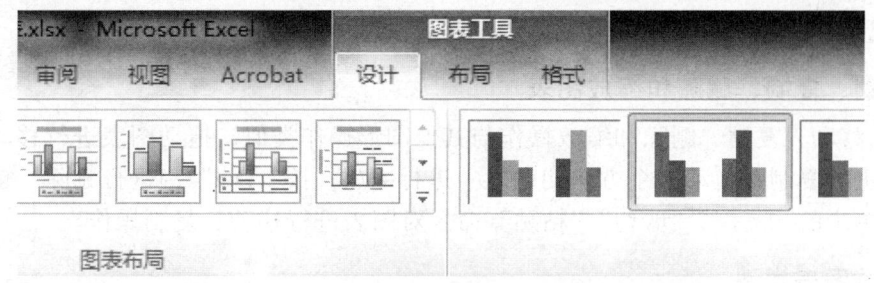

图 4.48 "图表工具"选项卡

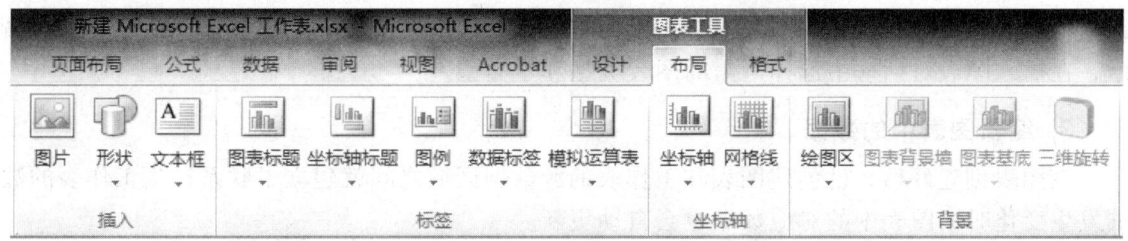

图 4.49 "布局"选项卡

（9）点击"图表标题"菜单，选择"图表上方"，再为图表创建一个标题，其结果如图 4.50 所示。

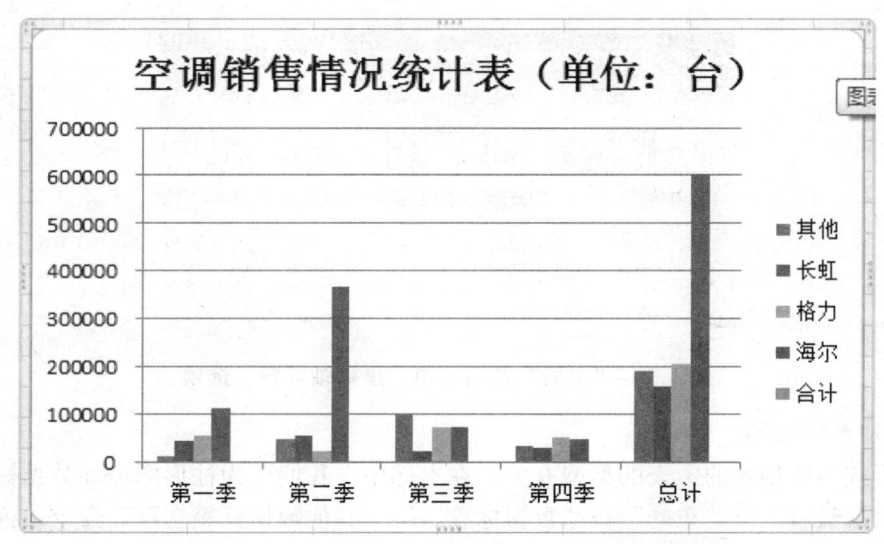

图 4.50 "空调销售情况统计表"柱状图最终效果

4.3.2 图表的编辑

【知识点】

Excel 2010 中图表的编辑

【相关知识介绍】

编辑图表是指对图表及图表中各个对象进行编辑，如数据的增加、删除、图表类型的更改、格式化数据等。在 Excel 2010 中，选中图表后即可对其进行相关编辑操作。

1. 移动、复制、删除和缩放图表

图表的移动、复制、删除和缩放操作与其他图形操作类似，拖动图表进行移动；拖动图表按 Ctrl 进行复制；拖动 8 个方向句柄之一进行缩放；按"Del"键进行删除。也可以通过"编辑"菜单中的"复制""剪切""粘贴"命令对图表进行移动、复制操作。

2. 更改图表类型

若对已插入的图表类型不满意，可以通过更改图表类型的方式来重新改变图表的类型，首先将图表选中，在选中的图表上单击鼠标右键，在弹出的快捷菜单中选择"图表类型"命令，在插入图表对话框中选择所需的图表类型和子类型。

3. 编辑图表中的数据

在图表创建好后，已创建图表和工作表的源数据区域之间就建立了联系，当工作表的数据发生变化时，图表中的对应数据也会自动更新。

（1）编辑图表中的文字。

① 增加坐标轴标题。

首先选中图表，然后执行"布局"→"坐标轴标题"命令，分别增加横竖坐标的标题，如图 4.51 所示。

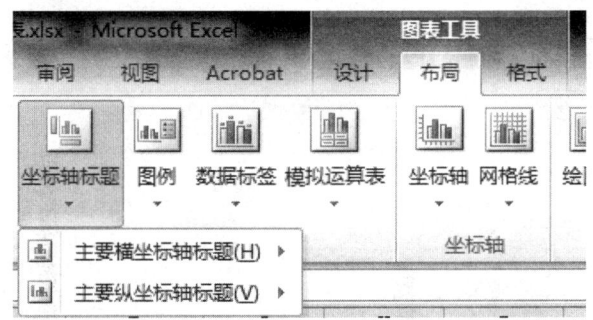

图 4.51 "布局"选项卡中"坐标轴标题"选项

② 增加数据标签。

标签形式与所创建的图表的类型有关，在本例中，我们要为柱形图增加数据标志，首先应选中图表，然后执行"布局"→"数据标签"→"其他数据标签选项"命令，弹出"设置数据标签格式"对话框，在"标签选项"中选择所需的标签即可，比如可在"值"前面打勾，如图 4.52 所示。

（2）设置显示效果。

显示效果的设置是指对图表中的对象根据需要进行设置，包括图例、网格线等的设置。

① 图例。

图例是用来解释图表中的数据，创建图表时，图例出现在图表的右边，用户可根据需要对图例进行增加、删除和移动等操作。在"图表选项"对话框中选择"图例"选项卡，在此可以确定图例是否显示，还可以对图例的位置进行设置，如图 4.53 所示。

第 4 章　Excel 2010 电子表格

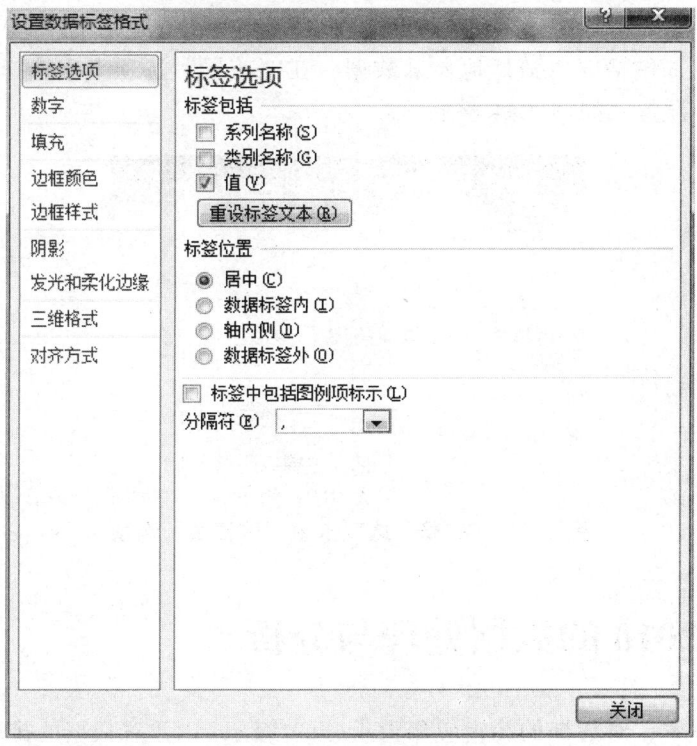

图 4.52　"布局"选项卡中"数据标签"选项

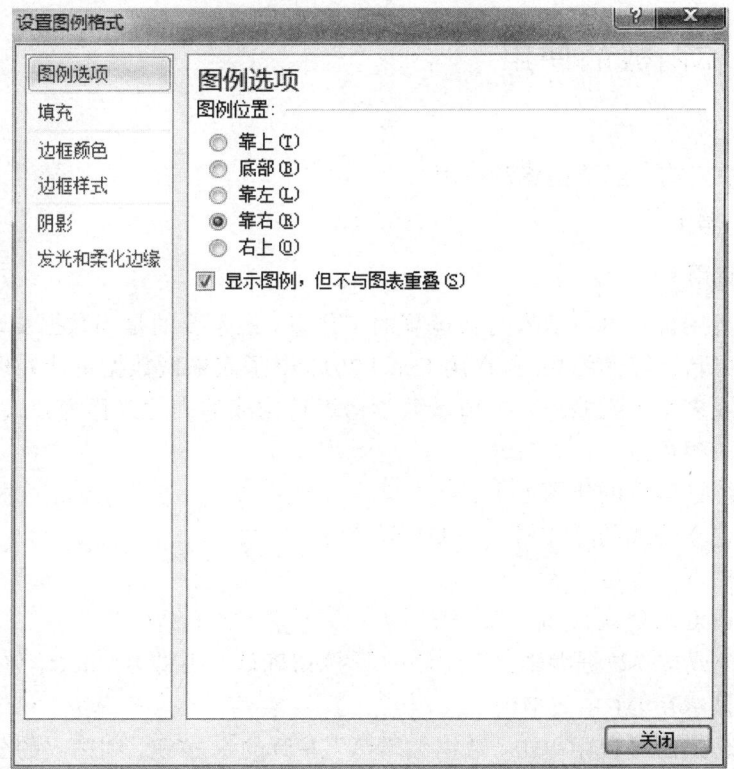

图 4.53　"布局"选项卡中"图例选项"选项

② 网格线。

可以在图表上加网格线以清楚地显示数据。在"布局"选项卡中选择"网格线",可以对横纵网格线进行设置,如图 4.54 所示。

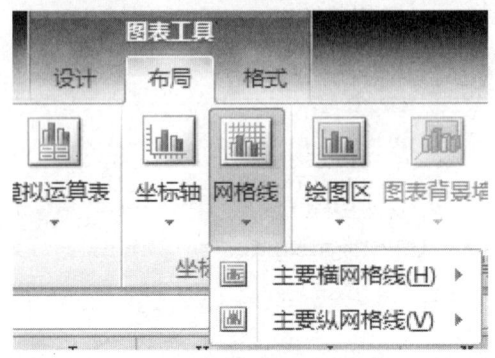

图 4.54 "布局"选项卡中"网格线"选项

4.4 Excel 2010 的数据处理与分析

在 Excel 2010 中,对数据的编辑应用得十分的广泛,比如对数据的排序,数据的筛选、分类汇总等操作。在本节中将对这些操作进行详细介绍。

4.4.1 公式和函数的使用

【知识点】

Excel 2010 中公式、函数创建及使用

【相关知识介绍】

1. 公式的使用

在工作表中运用公式可以节省自行运算的工作量,最重要的是当数据变动时,Excel 2010 会根据公式立即更新计算的结果。这在用 Excel 2010 电子表格做数据统计处理时经常使用到。

我们把一个或多个单元格地址、值、数学运算符构成的表达式称为公式,它的写法和一般数学公式的写法相类似。

使用公式做统计运算的步骤如下:

(1)单击要建立公式的单元格,如 D1 单元格。

(2)在编辑栏键入等号"="。

(3)在等号后键入公式,如:"B1+C1"。

(4)敲回车键或按"数据编辑区"左侧的 ✓ 按钮确认,则将 B1 和 C1 单元格的值进行相加运算,结果将显示在 D1 单元格中。

如果在输入公式的过程中单击"数据编辑区"左侧的 ✗ 按钮,则输入的公式全部被删除。

如果我们输入公式后要修改,可以单击公式所占的单元格,然后在"数据编辑区"中修改。

【任务】

运用公式,将前面所设计的"空调销售情况统计"工作表中的"总计"一项进行求和操作,统计这一年各种类别空调的销售总数,如图 4.55 所示。

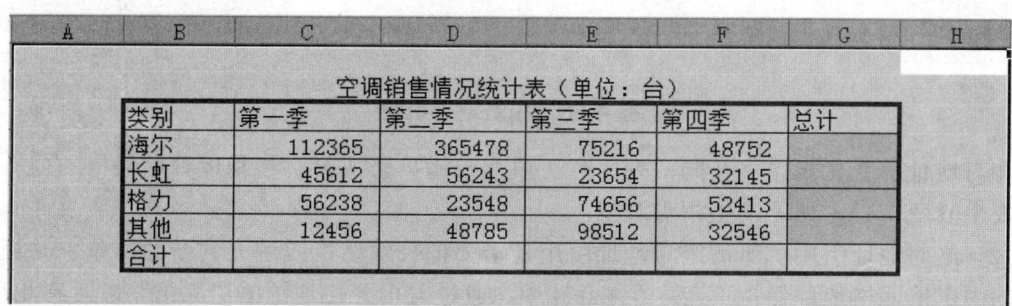

图 4.55　公式的应用

【解决方案】

(1)选中要求和的单元格 G4,在该单元格先输入"="。

(2)在编辑栏中写出相应的求和公式,如图 4.56 所示。

图 4.56　在编辑框中输入公式

(3)按回车键,会发现计算结果显示在 G4 单元格中。

(4)运用自动填充功能完成其余数据的统计操作,选中 G4 单元格,当鼠标移向该单元格的右下角,鼠标指针变成"+"时,按住鼠标左键,向下拖动至 G7 单元格后松开鼠标,即可求出其他空调的销售总和,其结果如图 4.57 所示。

空调销售情况统计表(单位:台)					
类别	第一季	第二季	第三季	第四季	总计
海尔	112365	365478	75216	48752	601811
长虹	45612	56243	23654	32145	157654
格力	56238	23548	74656	52413	206855
其他	12456	48785	98512	32546	192299
合计					

图 4.57　运用公式计算所得的结果

当公式中引用到单元格时,还可以利用鼠标输入,即以鼠标来点选公式中的单元格。

2. 单元格的引用

单元格引用是指通过引用单元格的名称、引用单元格中的数值,分为以下几种类型:

(1)相对地址引用。所谓相对地址是指当把一个含有单元格地址的公式拷贝到一个新的位置或者用一个公式填入一个范围时,公式中的单元格地址会随时改变。如图 4.58 所示,输入的公式实际上代表了如下的含义:将单元格 A1 中的数字与 B2 单元格中数字相加返回到 C1 单元格中,并且在 C1 单元格右下角进行引用填充,可以看到 C2 得出数字是引用 C1 单元格的公式进行计算。

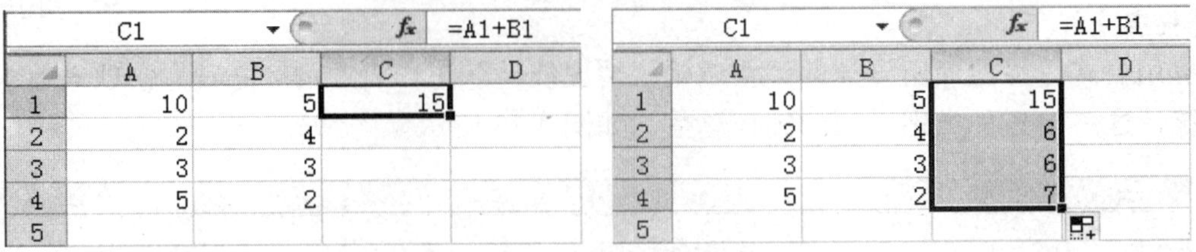

图 4.58　相对地址引用

相对地址的变化规律：在同一列（行）填充或拷贝公式时，参与运算单元格的列（行）不会发生改变，行（列）发生相对改变。

（2）绝对地址引用。所谓绝对地址引用是指要把公式拷贝或填入到新的位置，并且使公式中的固定单元格地址保持不变。在 Excel 中，通过对单元格地址的"冻结"来达到此目的，也就是在列号和行号前面添加美元符号$。

下面以图 4.59 中的 C2 单元格来说明绝对地址引用。例如，C1 单元格的值应为 A1 单元格与 B1 单元格的值相加，并且要求 A1 单元格的值是不能改变的，所以 C1 的公式应该为 =$A$1+B1。由于 A1 单元格变成了绝对地址引用，当将公式拷贝时就不会被当作相对地址引用了，C2 的公式就应该改变为=$A$1+B2，如图 4.59 所示。

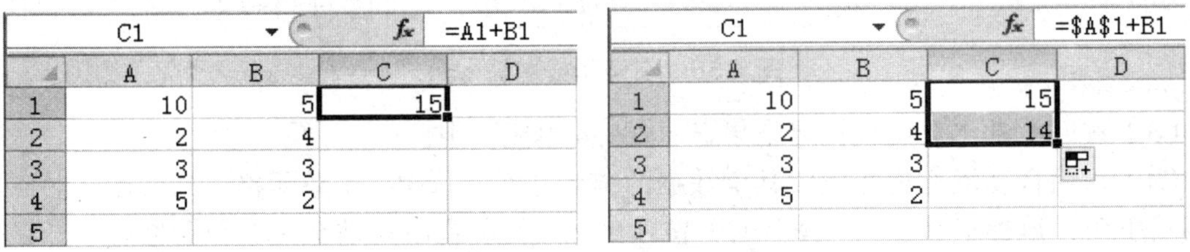

图 4.59　绝对地址引用

（3）混合地址引用。所谓混合地址引用是指在一个单元格地址引用中，既有绝对地址引用，同时也包含有相对单元格地址引用。例如，单元格地址$A5 就表明保持"列"不发生变化，但"行"会随着新的拷贝位置发生变化；同理，单元格地址 A$5 表明保持"行"不发生变化，但"列"会随着新的拷贝位置发生变化。

但在实际使用中，我们需要参照相对地址的变化规律，注意它的实用性。如图 4.60 中，当我们在 C1 中编写公式=$A1+B1，并用填充柄对其引用时，C2 中公式会变为=$A2+B2，这与我们在 C1 中编写公式=A1+B1 无区别，混合引用就失去了意义；但当我们在 C1 中编写公式=A$1+B1 时，C2 中的公式则会变为=A$1+B2，在引用中 A$1 不会发生改变，这使我们的混合引用变得有意义。

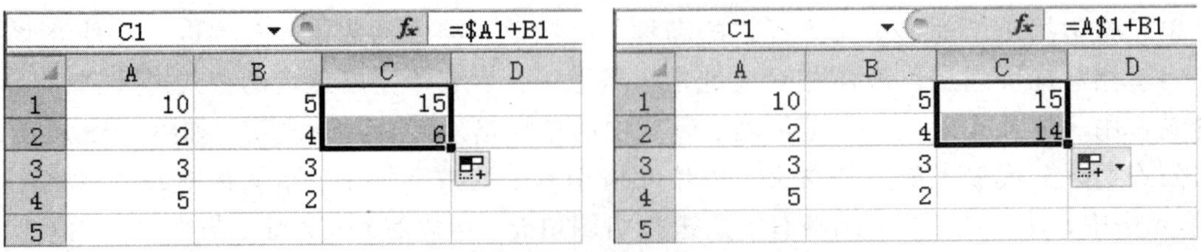

图 4.60　混合地址引用

（4）三维地址引用。所谓三维地址引用是指在一个工作簿中从不同的工作表引用单元格。

三维引用的一般格式为：工作表名!单元格地址，工作表名后的"!"是系统自动加上的。例如在第四张工作表的 D5 单元格输入公式=Sheet3! B1+B1，则表明要引用工作表 Sheet3 中的单元格 B1 和工作表 Sheet4 中的单元格 B2 相加，结果放到工作表 Sheet4 中的 D5 单元格。

利用三维地址引用，可以一次性将一个工作簿中指定的工作表的特定单元格进行汇总，如图 4.61 所示。

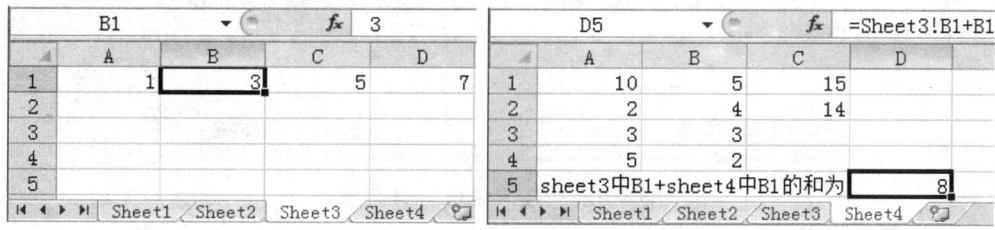

图 4.61　三维地址引用

3. 使用函数

在工程或一般性的计算中，常会用到许多特定的计算式，因此，Excel 2010 提供了一些函数，供用户直接引用。

（1）函数的格式。

由于函数是事先制作好的，所以其功能、格式都是固定的。以计算总和的函数 SUM（）为例说明函数的格式，Excel 2010 的函数是由两个部分组成：

① 函数名称：SUM（），表示将执行的操作，SUM 表示求和操作。

② 参数：括号中的数据，是供函数计算的数据。

③ 以函数 SUM（A1:A5）为例，所用的参数就是 A1:A5，SUM（）函数的功能就是将 A1 到 A5 这些单元格的值相加，计算出其总和。

（2）输入函数的方法。

① 用键盘输入函数：选定要输入函数的单元格，在单元格中直接输入公式"=AVERAGE（A2:A10）"后按回车键即可。

② 使用"函数向导"快速输入函数的方法：

首先选定要插入函数的单元格，单击"数据编辑区"左侧的插入函数按钮，在弹出的"插入函数"对话框中选择中函数"AVERAGE"，如图 4.62 所示。

单击"确定"按钮，打开"函数参数"对话框，如图 4.63 所示。

在"函数参数"对话框第一参数 Number1 内输入"A2:A10"，单击"确定"按钮；也可以单击切换按钮，然后在工作表上选定 A2:A10 区域，再次单击切换按钮，单击"确定"按钮。

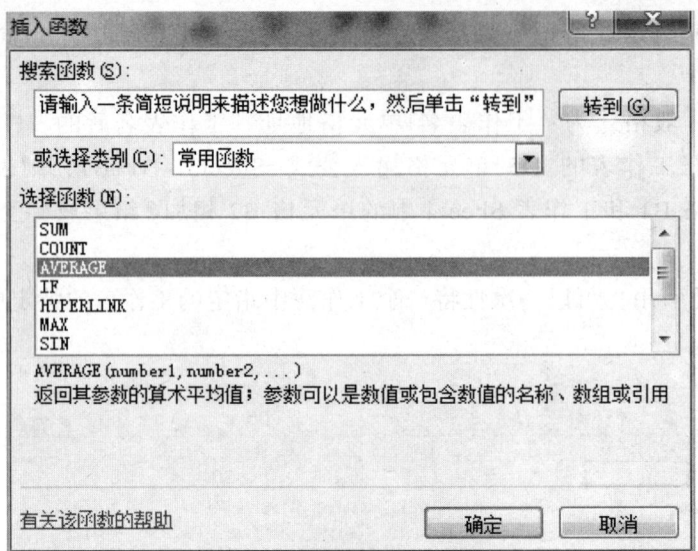

图 4.62 "插入函数"对话框

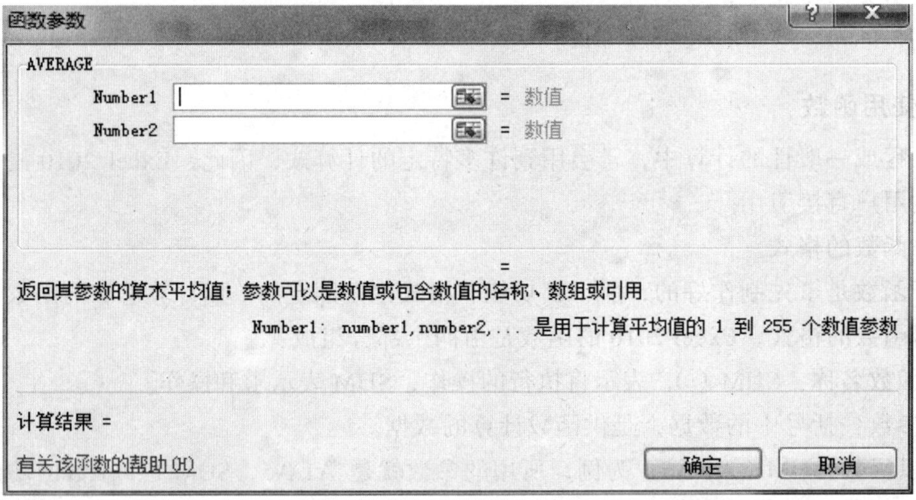

图 4.63 "函数参数"对话框

(3) 常用函数介绍。

① SUM 函数：SUM（number1，number2，…）计算单元格区块中所有数值的和，其中参数 number 可以为数字也可以为单元格名称。

示例：SUM（3，2）的值为 5，如图 4.64 所示，SUM（A1:B2）的值为 10。

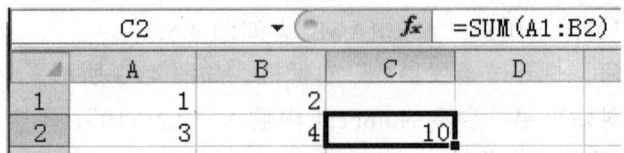

图 4.64 "SUM 函数"示例

② COUNT 函数：COUNT（value1，value2，…）计算区域中包含数字的单元格的个数，只有单元格里有数字（如"17""1986-12-12"）都能被计数。

示例：如图 4.65 所示，在 D2 中录入函数"=COUNT（A1:C2，"7"）"，它的值为 A1 到 C2 这个区域内单元格内所有数字个数的和（3）与数字 7（1），一共有多少个数字。

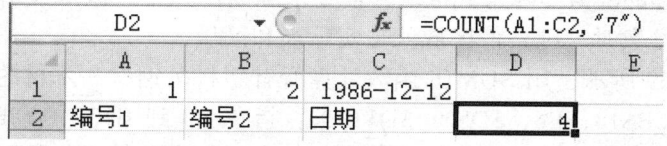

图 4.65 "COUNT 函数"示例

③ MAX/MIN 函数：MAX/MIN（number1，number2，…）返回一组数值中的最大/最小值，忽略逻辑值及文本。

示例：如图 4.66 所示，用 MAX 函数计算 A1 到 D1 单元格内的最大值为 82。

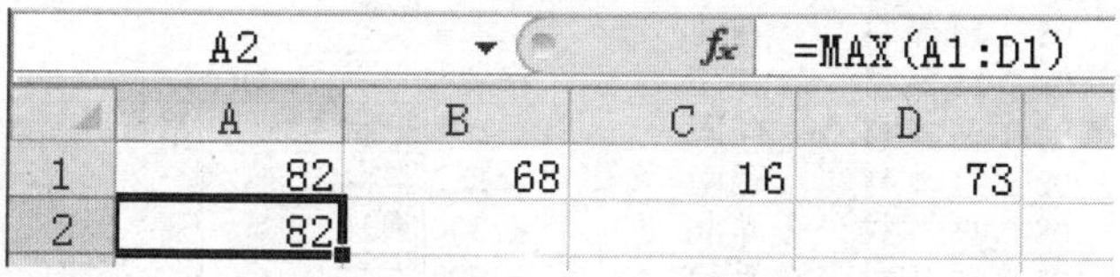

图 4.66 "COUNT 函数"示例

④ AVERAGE 函数：AVERAGE（number1，number2，…）返回其参数的算术平均值；参数可以是数值或包含数值的名称、数组或引用。

示例：如图 4.67 所示，用 AVERAGE 函数计算 A1 到 D1 单元格内的平均值为 59.75。

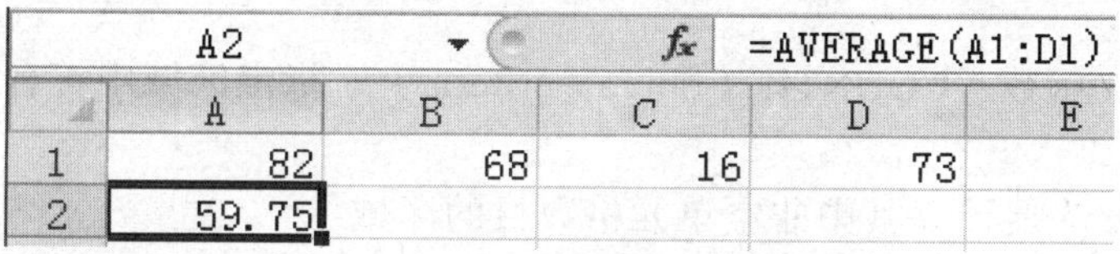

图 4.67 "AVERAGE 函数"示例

⑤ IF 函数：IF（logical_test，value_if_true，value_if_false）判断是否满足某个条件，如果满足返回一个值，如果不满足则返回另一个值。

示例：如图 4.68 所示，用 IF 函数判定 A2 到 A6 中成绩合格情况，成绩大于或等于 60 分，就输入"合格"；否则输入"不合格"。

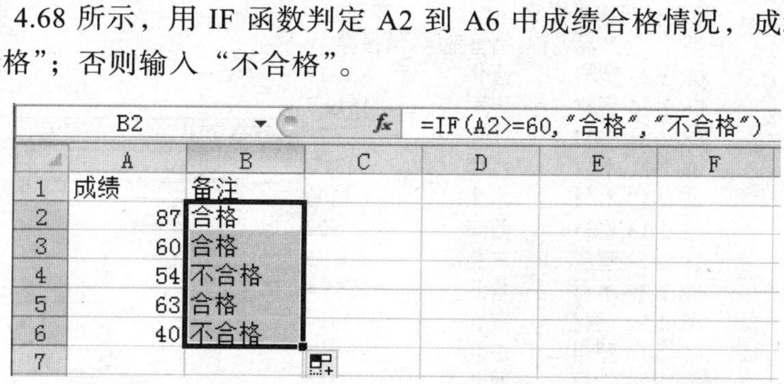

图 4.68 "IF 函数"示例

⑥ SUMIF 函数：SUMIF（range，criteria，sum_range）根据指定条件对若干单元格、区域或引用求和。

参数一：range 为条件区域，用于条件判断的单元格区域。

参数二：criteria 是求和条件，由数字、逻辑表达式等组成的判定条件。

参数三：sum_range 为实际求和区域，需要求和的单元格、区域或引用。

当省略第三个参数时，则条件区域就是实际求和区域。

示例：如图 4.69 所示，用 SUMIF 函数计算所有塑料、钢材和木材的销售额总数，函数“=SUMIF（$B$3：$B$13，E6，$D$3：$D$13）”，指在 B3 到 B13 中查找是否有“塑料”产品，如果有就将 D3 到 D13 中的销售额进行求和。由于每次条件查找的区域和参与计算区域都不变，因此我们把它们设置成绝对地址，便于引用时不发生改变。

F6 fx =SUMIF($B$3:$B$13,E6,$D$3:$D$13)

	A	B	C	D	E	F
1	建筑材料销售情况			万元		
2	日期	产品名称	销售地区	销售额		
3	08-2-23	塑料	西北	2324		
4	08-2-15	钢材	华南	1540.5		
5	08-2-24	木材	华南	678	产品名称	销售额合计
6	08-2-21	木材	西南	222.2	塑料	5942.05
7	08-2-17	木材	华北	1200	钢材	3901.5
8	08-2-18	钢材	西南	902	木材	3455.6
9	08-2-19	塑料	东北	2183.2		
10	08-2-20	木材	华北	1355.4		
11	08-2-22	钢材	东北	1324		
12	08-2-16	塑料	东北	1434.85		
13	08-2-12	钢材	西北	135		

图 4.69 “SUMIF 函数”示例

⑦ COUNTIF 函数：COUNTIF（range，criteria）对指定区域中符合指定条件的单元格计数。

参数一：range 为要计算其中非空单元格数目的区域。

参数二：criteria 为以数字、表达式或文本形式定义的条件。

示例：如图 4.70 所示，用 COUNTIF 函数计算所有销售额中突破 1 000 万的个数。

E6 fx =COUNTIF(D3:D13,">1000")

	A	B	C	D	E
1	建筑材料销售情况			万元	
2	日期	产品名称	销售地区	销售额	
3	08-2-23	塑料	西北	2324	
4	08-2-15	钢材	华南	1540.5	
5	08-2-24	木材	华南	678	销售额突破1000万的个数：
6	08-2-21	木材	西南	222.2	7
7	08-2-17	木材	华北	1200	
8	08-2-18	钢材	西南	902	
9	08-2-19	塑料	东北	2183.2	
10	08-2-20	木材	华北	1355.4	
11	08-2-22	钢材	东北	1324	
12	08-2-16	塑料	东北	1434.85	
13	08-2-12	钢材	西北	135	

图 4.70 “COUNTIF 函数”示例

4.4.2 数据排序

【知识点】
Excel 2010 工作表中数据的排序
【相关知识介绍】

1. 简单排序

我们在实际应用中，通常需要将数据按照一定的顺序进行排列显示，如在统计职工应交纳个人所得税时，希望按工资从高到低排列数据。这种只按单列数据排序，可以使用数据工具栏上的按钮"↓ ↓"实现。

需要注意的是，当有多组数据我们只选择了其中一组进行排序时，会弹出如图 4.71 的对话框，其中"扩展选定区域"指其他组数据会与这组数据关联，顺序发生相应改变；而"以当前选定区域排序"则只是这组数据的顺序发生改变。

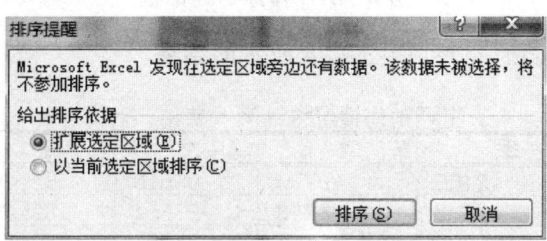

图 4.71 "排序提醒"对话框

2. 复杂排序

当要求按照两个以上的字段进行排序，如对"空调销售情况统计表"进行排序时，当遇到销售量相同时，可再根据产品名称来进行排序，这就是多列排序，也叫复杂排序。像这种排序不再局限于单列，应该使用"↓ ↓"旁边的 选项完成排序操作。

Excel 2010 的复杂排序除了能以传统的数值为依据排序，还能以单元格颜色、字体颜色和单元格图标为依据进行排序。

【任务】
为便于查阅各种型号空调的销售情况，对"空调销售情况统计表"中的第一季度进行由低到高的顺序排列。

【解决方案】
（1）选择要进行排序的数据，如图 4.72 所示。

空调销售情况统计表（单位：台）					
类别	第一季	第二季	第三季	第四季	总计
海尔	112365	365478	75216	48752	601811
长虹	45612	56243	23654	23654	149163
格力	56238	23548	74656	74656	229098
其他	12456	48785	98512	98521	258274

图 4.72 空调销售情况统计表

（2）点击"排序"命令，弹出"排序"对话框，在"主要关键字"栏选择"第一季"，并选择"升序"方式，如图 4.73 所示。

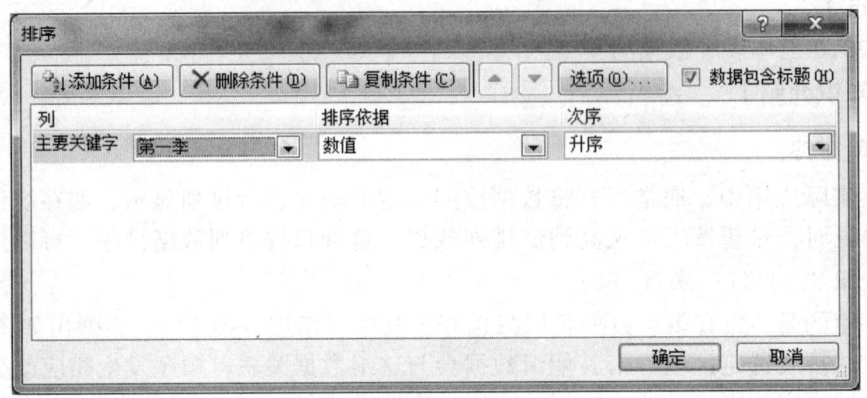

图 4.73 "排序"对话框

（3）单击"确定"按钮，得到如图 4.74 所示的结果。

空调销售情况统计表（单位：台）					
类别	第一季	第二季	第三季	第四季	总计
其他	12456	48785	98512	32546	192299
长虹	45612	56243	23654	32145	157654
格力	56238	23548	74656	52413	206855
海尔	112365	365478	75216	48752	601811
合计					

图 4.74 排序结果显示

4.4.3 数据筛选

【知识点】
Excel 2010 工作表中数据的筛选操作

【任务】
在实际应用的时候，我们只对数据表中的部分数据感兴趣，这时可以使用数据筛选功能隐藏不必要的数据，只显示需要的数据。比如我们要找出"空调销售情况统计表"中第一季度销量大于 50 000 台的产品名称，该任务解决如何在数据表中筛选出感兴趣的数据，隐藏不必要的数据。

【解决方案】
（1）选择数据列表中任一单元格。
（2）点击数据选项卡中的"筛选"命令，将发现每个字段后都出现一下拉箭头按钮，如图 4.75 所示。
（3）单击"第一季"下拉列表框，选择"数字筛选"中的"大于"选项，将出现如图 4.76 所示的对话框。

空调销售情况统计表（单位：台）					
类别	第一季	第二季	第三季	第四季	总计
其他	12456	48785	98512	32546	192299
长虹	45612	56243	23654	32145	157654
格力	56238	23548	74656	52413	206855
海尔	112365	365478	75216	48752	601811
合计					

图 4.75 数据筛选

图 4.76 "自定义自动筛选方式"对话框

（4）选择"大于"，输入"50000"，按下"确定"按钮即可将不符合筛选条件的记录暂时隐藏，使工作表中仅显示需要的记录，筛选结果如图 4.77 所示。

空调销售情况统计表（单位：台）					
类别	第一季	第二季	第三季	第四季	总计
格力	56238	23548	74656	52413	206855
海尔	112365	365478	75216	48752	601811

图 4.77 数据筛选后的数据显示

当我们不需要筛选功能时，可以取消自动筛选功能。取消自动筛选功能的方法与开启一样：点击数据选项卡中的"筛选"命令，则所有列标题旁的筛选箭头消失，全部数据恢复显示。

4.4.4 分类汇总

【知识点】

Excel 2010 工作表中数据的分类汇总

【相关知识介绍】

在实际应用中常常需要做这样的操作：统计单位发工资时各科室职工的工资总和，各系的成绩，等等，它们共同的特点是先要进行分类，将相同类别数据放在一起，然后再进行数量求和运算，我们将这种操作称为分类汇总。Excel 的分类汇总功能包括求和、计数、求平均值等运算。

【任务】

表 4.2 是某建筑产品公司分布在各区域的 2008 年 5 月份销售情况统计表，为方便总公司查阅各地区分公司各种产品的销售情况统计，比如总公司销售经理需要了解各种产品在 5 月

份的销售总额,我们该选择什么样的数据分析方法来分析该数据表呢?

表 4.2 某建筑产品公司分布在各区域的 2008 年 5 月份销售情况统计表

建筑产品销售情况			万元
日期	产品名称	销售地区	销售额
08-5-23	塑料	西北	2 324
08-5-15	钢材	华南	1 540.5
08-5-24	木材	华南	678
08-5-21	木材	西南	222.2
08-5-17	木材	华北	1 200
08-5-18	钢材	西南	902
08-5-19	塑料	东北	2 183.2
08-5-20	木材	华北	1 355.4
08-5-22	钢材	东北	1 324
08-5-16	塑料	东北	1 434.85
08-5-12	钢材	西北	135

【解决方案】

(1)由于该任务的分类字段只有一个,即按产品进行销售额的统计,所以可以选择分类汇总的方式来对这些数据进行统计分析。

(2)首先对分类字段"产品名称"字段进行排序操作,升序降序都可以。

(3)选中这个表格(标题不选),执行"数据"→"分类汇总"命令,弹出如图 4.78 所示的分类汇总对话框。

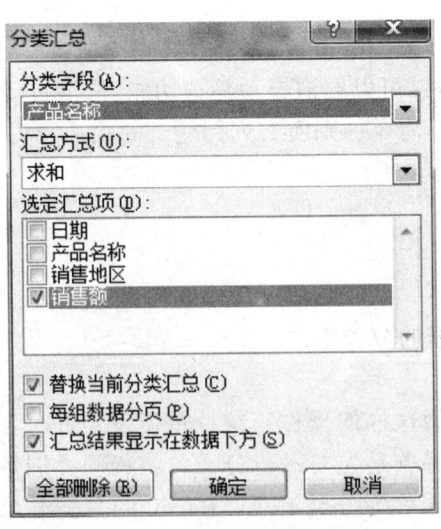

图 4.78 "分类汇总"对话框

在分类汇总对话框中设置如下。

① 分类字段:表示按该字段进行分类,本例在列表框中选择"产品名称"。

② 汇总方式：表示要进行汇总的函数，如求和、求平均值等，本例中选择"求和"。
③ 选定汇总项：表示用选定的汇总函数进行汇总的数据列。本例选择"销售额"，并清除其他汇总数据列，也可以根据需要对多个汇总字段进行汇总。

（4）单击"确定"按钮，将出现如图 4.79 所示的分类汇总结果，可以很清晰地查阅各种产品在各地区分公司的销售额及各种产品的总销售额统计情况。

日期	产品名称	销售地区	销售额
	建筑产品销售情况		万元
2008-5-15	钢材	华南	1540.5
2008-5-18	钢材	西南	902
2008-5-22	钢材	东北	1324
2008-5-12	钢材	西北	135
	钢材 汇总		3901.5
2008-5-24	木材	华南	678
2008-5-21	木材	西南	222.2
2008-5-17	木材	华北	1200
2008-5-20	木材	华北	1355.4
	木材 汇总		3455.6
2008-5-23	塑料	西北	2324
2008-5-19	塑料	东北	2183.2
2008-5-16	塑料	东北	1434.85
	塑料 汇总		5942.05
	总计		13299.2

图 4.79　分类汇总结果

一般情况下，数据分三级显示，我们单击分级显示区上方的"1"按钮，只显示列表中的列标题和总计结果；单击"2"按钮显示各个分类汇总结果和总计结果；单击"3"按钮显示所有的详细数据。

4.4.5　合并计算

【知识点】
Excel 2010 工作表中数据的合并计算
【相关知识介绍】
在实际应用中，有时计算的数据可能来源于多个数据区域。为此，Excel 2010 提供了合并计算功能，通过合并计算可以组合几个数据区域中的数据。
【任务】
某公司在成都和上海设有两个销售点，在图 4.80 所示的数据表中，表 1 为成都分公司各产品的销售额统计表，表 2 为上海分公司的产品销售额统计表，总公司为了统计总的销售额，需要对成都和上海分公司的销售额进行合并计算。

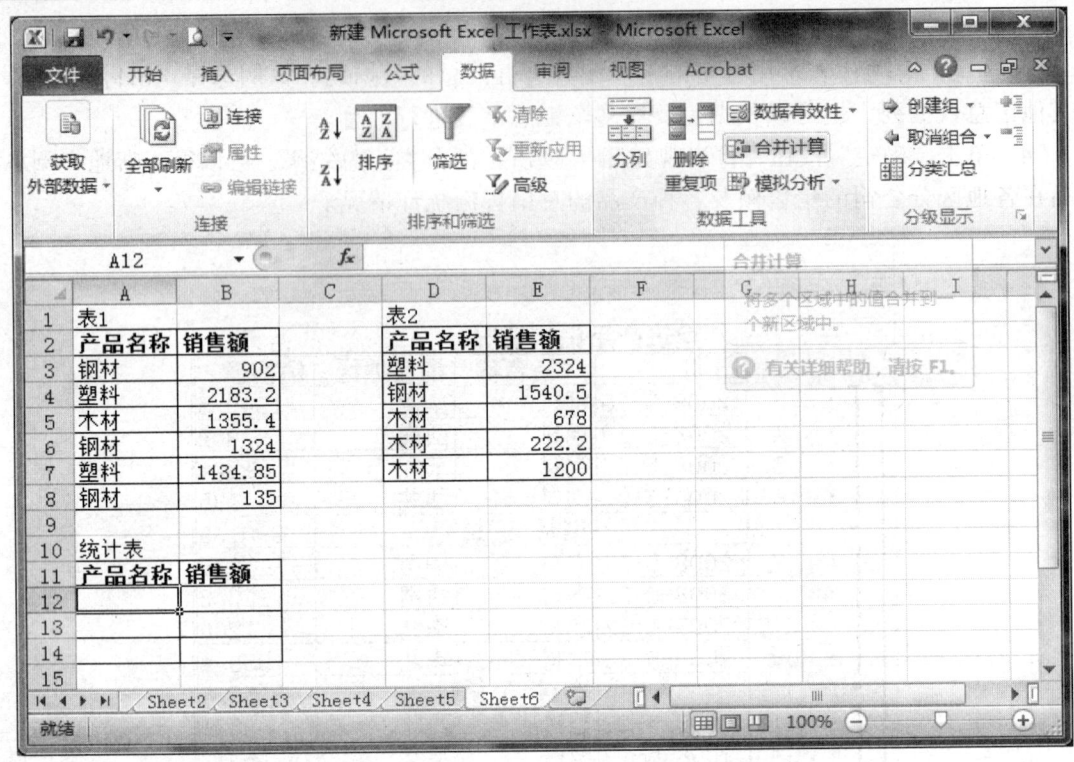

图 4.80 "合并计算"界面

【解决方案】
（1）首先选中存放结果的单元格，在图 4.79 中为 A12 单元格。
（2）执行"数据"→"合并计算"命令。
（3）弹出如图 4.81 所示的"合并计算"对话框，在"函数"项中选择相应的函数，本例设置为求和方式。

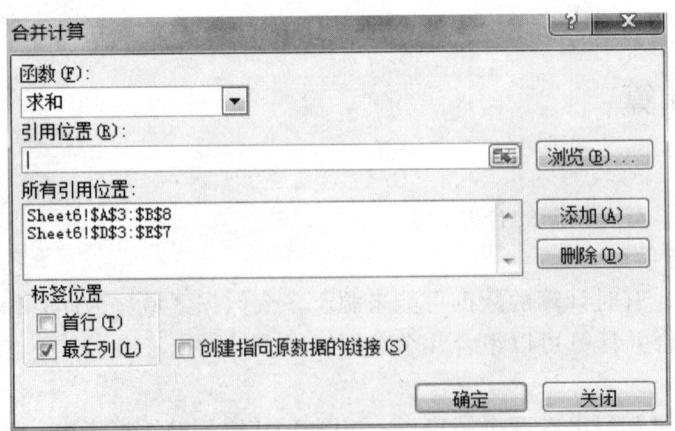

图 4.81 "合并计算"对话框

（4）单击"引用位置"项右侧的切换按钮，回到数据表中，选中表中的数据区域，再次单击切换按钮，返回"合计计算"对话框，单击"添加"按钮，将成都分公司的销售数据（表1）中（A3:B8）数据区域中的数据添加到"所有引用位置"一栏，接着再次返回选择上海分公司的销售数据（表2）中（D3:E7）数据区域中的数据，并添加到"所有引用位置"一栏。同时选中"标签位置"的最左列，如图4.81所示。

（5）单击"确定"按钮，即可完成合并计算工作，将看到图4.82所示的合并计算结果。

	A	B	C	D	E	F
1	表1			表2		
2	产品名称	销售额		产品名称	销售额	
3	钢材	902		塑料	2324	
4	塑料	2183.2		钢材	1540.5	
5	木材	1355.4		木材	678	
6	钢材	1324		木材	222.2	
7	塑料	1434.85		木材	1200	
8	钢材	135				
9						
10	统计表					
11	产品名称	销售额				
12	钢材	3901.5				
13	塑料	5942.05				
14	木材	3455.6				
15						

图 4.82　合并计算结果

4.4.6　数据透视表

【知识点】

Excel 2010工作表中数据透视表的创建及使用

【相关知识介绍】

数据透视表能够对多字段数据进行分析和处理，将筛选、排序和分类汇总等操作依次完成，并生成汇总表格，是Excel 2010强大数据处理能力的具体体现。数据透视表中的数据是只读的，不能进行修改。建立数据透视表的方法很多，我们常用的是利用"插入"选项卡下的"数据透视表和数据透视图"向导来建立数据透视表。

建立数据透视表的步骤：

（1）选择"插入"→ 数据透视表 →"数据透视表"命令，弹出向导窗口。

（2）在"表/区域"中选择需要分析处理的数据区域。

（3）选择放置数据透视表的位置后点击"确定"。

（4）设置"报表筛选"、"行标签"、"列标签"和"数值"。

【任务】

实行学分制的学校每年在毕业生毕业前，都需要对每位学生的学分进行审核。通常情况下，每位学生的学分由必修课程、选修课程及限选课程组成，在对学生进行学分审核时，一方面要统计其已合格总学分数，另一方面要统计其3种课程类别的已修学分数，此项工作工作量非常大，如果采用人工统计操作的方式是不可行的，那么如何运用已有的工具及知识来解决这一问题呢？

【解决方案】

通过对数据透视表相关知识的介绍，知道数据透视表可以对多字段、对内容进行分项统计，由于学分审核工作既要统计总学分数，又要分班级、分学生进行分课程的已修学分统计，所涉及的统计项目多，采用数据透视表来解决是最佳办法。

（1）首先打开需要进行数据透视表操作的工作表——“毕业生合格成绩表.xlsx”，选中“合格成绩表”工作表标签，如图 4.83 所示。

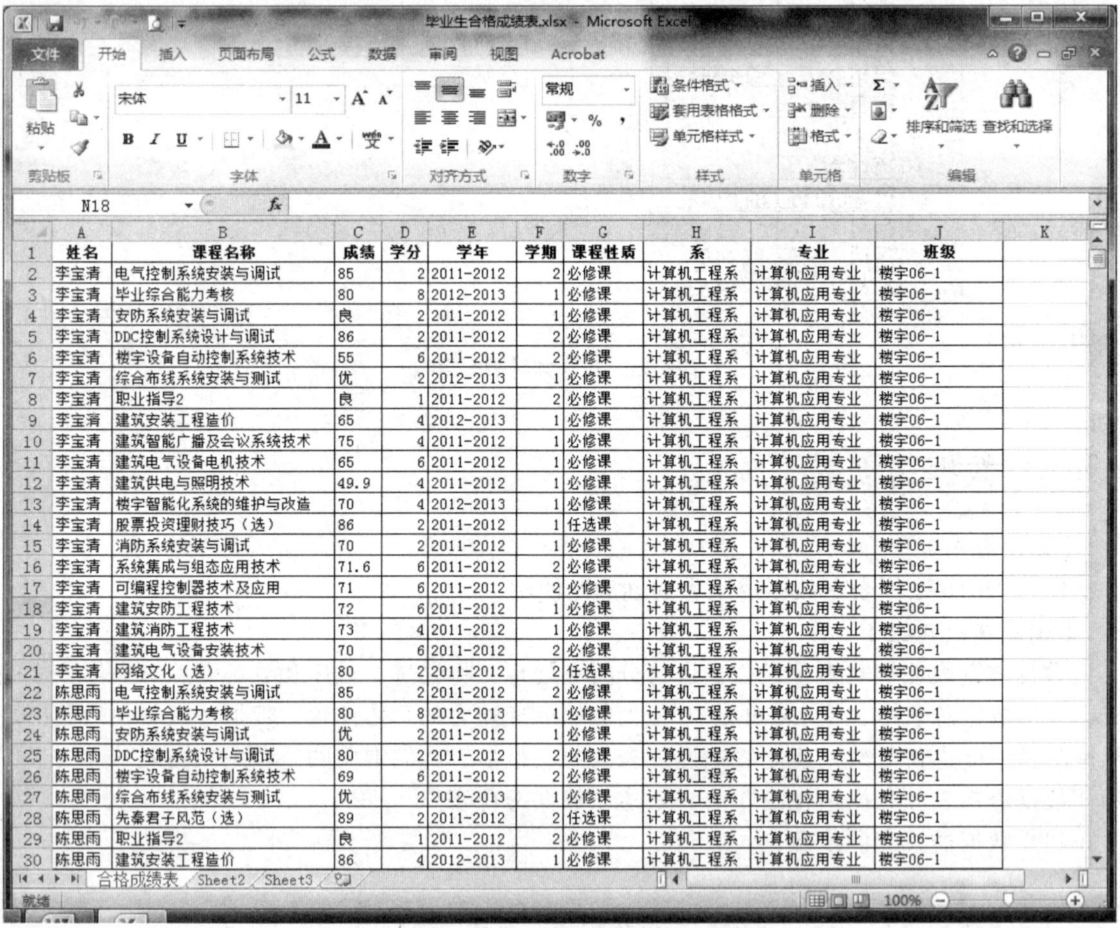

	A	B	C	D	E	F	G	H	I	J
1	姓名	课程名称	成绩	学分	学年	学期	课程性质	系	专业	班级
2	李宝清	电气控制系统安装与调试	85	2	2011-2012	2	必修课	计算机工程系	计算机应用专业	楼宇06-1
3	李宝清	毕业综合能力考核	80	8	2012-2013	1	必修课	计算机工程系	计算机应用专业	楼宇06-1
4	李宝清	安防系统安装与调试	良	2	2011-2012	1	必修课	计算机工程系	计算机应用专业	楼宇06-1
5	李宝清	DDC控制系统设计与调试	86	2	2011-2012	2	必修课	计算机工程系	计算机应用专业	楼宇06-1
6	李宝清	楼宇设备自动控制系统技术	55	6	2011-2012	2	必修课	计算机工程系	计算机应用专业	楼宇06-1
7	李宝清	综合布线系统安装与测试	优	2	2012-2013	1	必修课	计算机工程系	计算机应用专业	楼宇06-1
8	李宝清	职业指导2	良	1	2011-2012	2	必修课	计算机工程系	计算机应用专业	楼宇06-1
9	李宝清	建筑安装工程造价	65	4	2012-2013	1	必修课	计算机工程系	计算机应用专业	楼宇06-1
10	李宝清	建筑智能广播及会议系统技术	75	4	2011-2012	1	必修课	计算机工程系	计算机应用专业	楼宇06-1
11	李宝清	建筑电气设备电机技术	65	6	2011-2012	1	必修课	计算机工程系	计算机应用专业	楼宇06-1
12	李宝清	建筑供电与照明技术	49.9	4	2011-2012	1	必修课	计算机工程系	计算机应用专业	楼宇06-1
13	李宝清	楼宇智能化系统的维护与改造	70	4	2012-2013	1	必修课	计算机工程系	计算机应用专业	楼宇06-1
14	李宝清	股票投资理财技巧（选）	86	2	2011-2012	1	任选课	计算机工程系	计算机应用专业	楼宇06-1
15	李宝清	消防系统安装与调试	70	2	2011-2012	1	必修课	计算机工程系	计算机应用专业	楼宇06-1
16	李宝清	系统集成与组态应用技术	71.6	6	2011-2012	2	必修课	计算机工程系	计算机应用专业	楼宇06-1
17	李宝清	可编程控制器技术及应用	71	6	2011-2012	2	必修课	计算机工程系	计算机应用专业	楼宇06-1
18	李宝清	建筑安防工程技术	72	6	2011-2012	1	必修课	计算机工程系	计算机应用专业	楼宇06-1
19	李宝清	建筑消防工程技术	73	4	2011-2012	1	必修课	计算机工程系	计算机应用专业	楼宇06-1
20	李宝清	建筑电气设备安装技术	70	6	2011-2012	2	必修课	计算机工程系	计算机应用专业	楼宇06-1
21	李宝清	网络文化（选）	80	2	2011-2012	2	任选课	计算机工程系	计算机应用专业	楼宇06-1
22	陈思雨	电气控制系统安装与调试	85	2	2011-2012	2	必修课	计算机工程系	计算机应用专业	楼宇06-1
23	陈思雨	毕业综合能力考核	80	8	2012-2013	1	必修课	计算机工程系	计算机应用专业	楼宇06-1
24	陈思雨	安防系统安装与调试	优	2	2011-2012	1	必修课	计算机工程系	计算机应用专业	楼宇06-1
25	陈思雨	DDC控制系统设计与调试	80	2	2011-2012	2	必修课	计算机工程系	计算机应用专业	楼宇06-1
26	陈思雨	楼宇设备自动控制系统技术	69	6	2011-2012	2	必修课	计算机工程系	计算机应用专业	楼宇06-1
27	陈思雨	综合布线系统安装与测试	优	2	2012-2013	1	必修课	计算机工程系	计算机应用专业	楼宇06-1
28	陈思雨	先秦君子风范（选）	89	2	2011-2012	2	任选课	计算机工程系	计算机应用专业	楼宇06-1
29	陈思雨	职业指导2	良	1	2011-2012	2	必修课	计算机工程系	计算机应用专业	楼宇06-1
30	陈思雨	建筑安装工程造价	86	4	2012-2013	1	必修课	计算机工程系	计算机应用专业	楼宇06-1

图 4.83　毕业生合格成绩表

（2）单击 Excel 2010 中的“插入”选项卡，在带形功能区中单击“数据透视表”，弹出创建数据透视表对话框。默认情况选择 Excel 2010 工作表中的所有数据创建数据透视表，由于数据较多，我们选择在新工作表中插入数据透视表。如图 4.84 所示。

（3）点击“确定”按钮后。Excel 2010 将自动创建一个新的工作表并创建新的空白数据透视表，如图 4.85 所示。

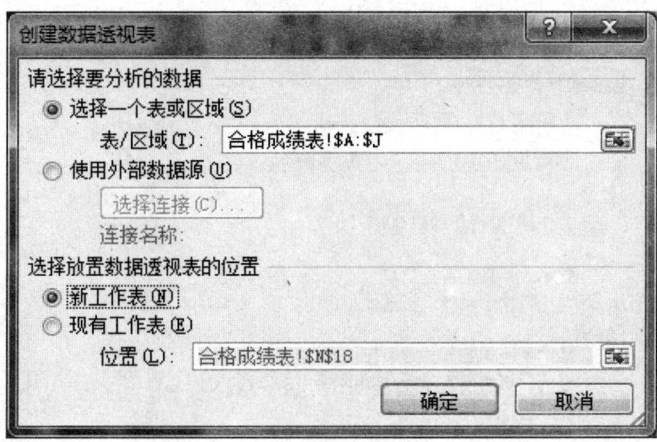

图 4.84 "创建数据透视表"对话框

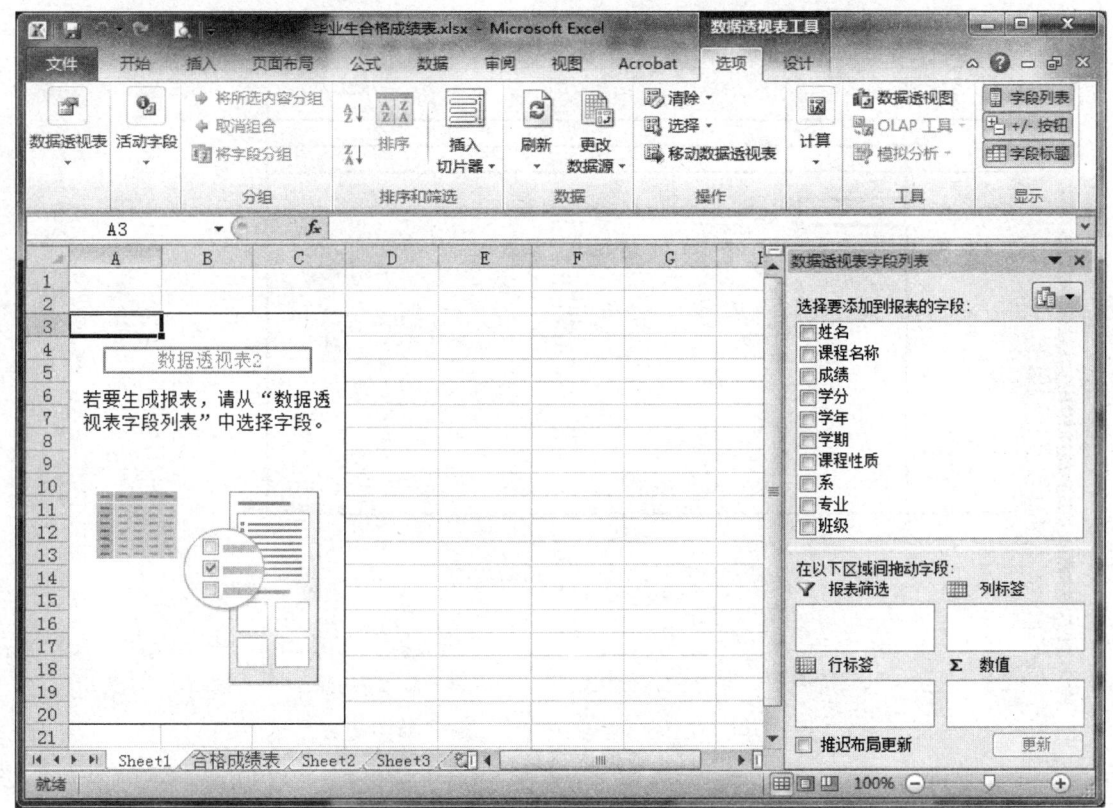

图 4.85 "数据透视表向导"数据源选择

（4）为了使数据透视表更加直观和便于操作，我们可以在数据透视表里点击右键选择"数据透视表选项"→"显示"→勾选"经典数据透视表布局"，如图 4.86 所示。设置后数据透视表变成如图 4.87 所示的经典布局模式。

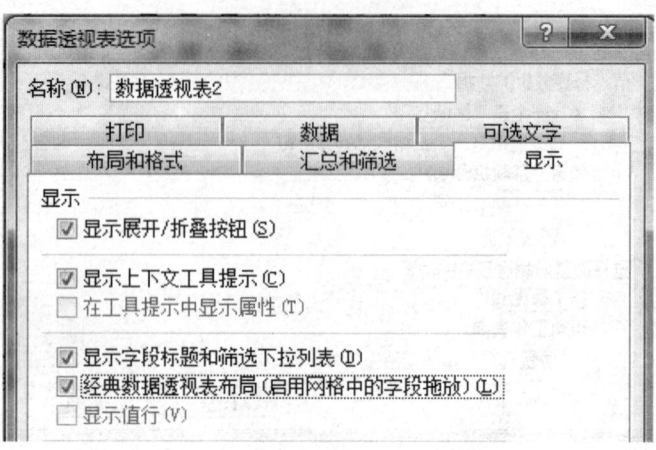

图 4.86 "数据透视表选项"对话框

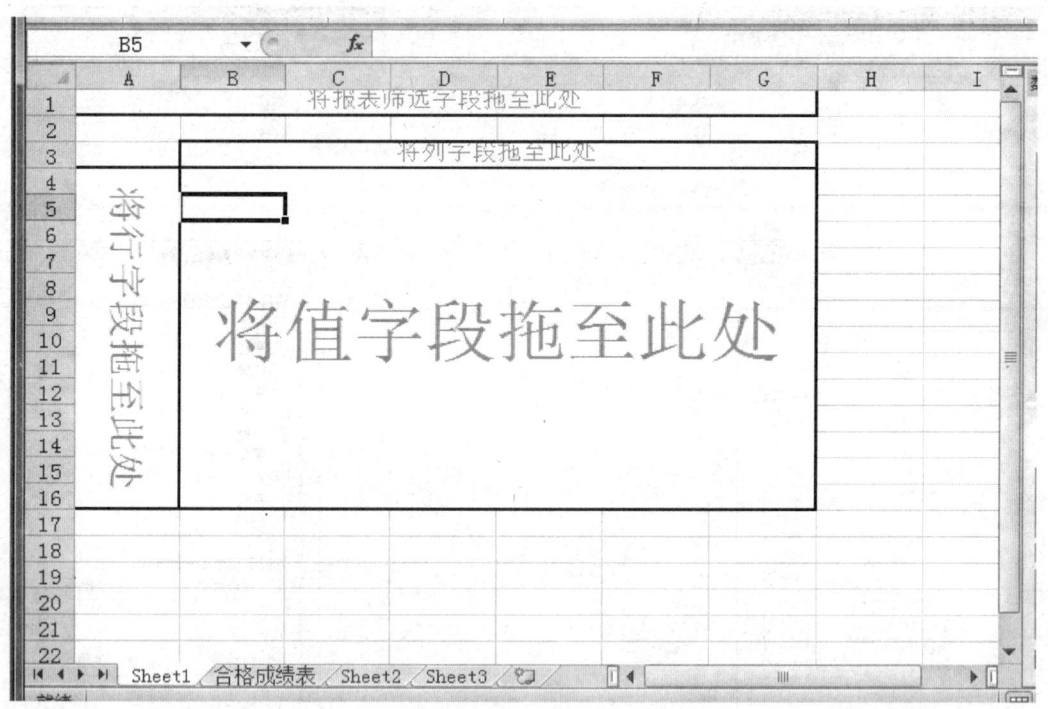

图 4.87 数据透视表经典布局模式

（5）将"数据透视表字段列表"中的"班级"拖到"报表筛选"区，"课程性质"和"课程名称"拖到"行标签"区，将"姓名"拖到"列标签"区，将"学分"拖动到"数值"区，默认统计方式为"计数"，点击"数值"菜单→值字段设置→计算类型处选择"求和"，点击确定后完成数据透视表的建立。显示效果如图 4.88 所示。

图 4.88　数据透视表布局设置

完成数据透视表后，我们可以筛选需要的班级字段、行标签的课程类别字段及列标签的姓名字段，查看各班所有学生的总合格学分汇总情况及分课程类别的合格学分汇总情况，这样就方便教学干事对毕业生的学分进行审核。

除此之外，还有很多数据统计显示格式，只要按自己的需求进行字段的拖放，即可得到不同数据统计报表。在实际工作中如果我们能多加应用、举一反三，就可以极大地提高工作效率。

本章小结

本章主要介绍了 Excel 2010 的主要功能和操作方法，包括：

Excel 2010 概述：主要介绍了 Excel 2010 的基本功能、Excel 2010 的启动和退出以及 Excel 2010 的工作界面和窗口组成等。

Excel 2010 的基本操作：主要介绍了如何在 Excel 2010 中实现数据的输入和复制、删除、移动操作；对行、列的插入操作；单元格的合并和拆分操作以及单元格中数据的格式化操作等。

Excel 2010 的图表操作：主要介绍了如何利用 Excel 2010 中的图表向导来建立数据的图表，并进行数据分析。

Excel 2010 的数据处理：主要介绍了在 Excel 2010 中如何使用公式和函数以及如何实现数据的排序、数据筛选、数据的分类汇总、建立数据透视表等。

第 5 章　PowerPoint 2010 演示文稿

　　PowerPoint 2010 和 Word 2010、Excel 2010 等应用软件一样，都是 Microsoft 公司推出的 Office 2010 系列产品之一。它是用于设计制作专家报告、教师授课、产品演示、广告宣传的电子版幻灯片，制作的演示文稿可以通过计算机屏幕或投影机播放。通常在产品发布会、演讲、新技术发布等场合运用。

　　PowerPoint 2010 是制作和演示幻灯片的软件，能够制作出集文字、图形、图像、声音及视频剪辑等多媒体元素于一体的演示文稿，把自己所要表达的信息组织在一组图文并茂的画面中，用于介绍公司的产品、展示自己的学术成果。用户不仅在投影仪或者计算机上进行演示，也可以将演示文稿打印出来，制作成胶片，以便应用到更广泛的领域中。

知识目标：
- ✧ 了解 PowerPoint 2010 的基本概念
- ✧ 理解模板、母版的作用及应用
- ✧ 了解 PowerPoint 2010 的视图方式
- ✧ 掌握演示文稿的内容输入与美化
- ✧ 掌握演示文稿的动画设置
- ✧ 掌握演示文稿的打印设置

技能目标：
- ✧ 能在幻灯片中使用模板与母版
- ✧ 能运用动画方式制作幻灯片
- ✧ 能根据放映者的需求设置幻灯片的切换方式

5.1　认识 PowerPoint 2010

5.1.1　PowerPoint 2010 概述

【知识点】
PowerPoint 2010、演示文稿

【相关知识介绍】
PowerPoint 2010 是制作和演示幻灯片的软件，利用 PowerPoint 2010 做出来的东西叫演示文稿，它是一个文件，其格式为.pptx。

演示文稿中的每一页就称为幻灯片，每张幻灯片都是演示文稿中既相互独立又相互联系的内容。

PowerPoint 2010 是这一软件的成熟版本，它在 PowerPoint 2003 的基础上添加了许多新功能，使用户操作起来更加得心应手。

全新的 PowerPoint 2010 中文版是一套既简单又容易学习的真正全中文化的简报。它提供了制作一份专业简报的所有功能，包括文字格式处理、大纲、绘图、图表、插入美工图案等等。它也对使用者提供了丰富的支援及工具，帮助使用者建立真正有成效的简报，完成的简报文件可以转成 Internet 网页用的 XML 格式。

5.1.2 PowerPoint 2010 功能介绍

【知识点】
智能标记支持、位图输出功能、信息权限管理
【相关知识介绍】

1. 功能介绍

PowerPoint 2010 可以轻松地将用户的想法变成极具专业风范和富有感染力的演示文稿，通过计算机屏幕或者投影机播放，主要用于设计制作广告宣传、产品演示等。利用 PowerPoint 2010，还可以在互联网上召开面对面会议、远程会议或在 Web 上给观众展示演示文稿。

PowerPoint 2010 作为一个组件集成在 Office 2010 的应用程序中，不仅可以利用自身的强大功能，还可以利用 Office 2010 中其他组件的功能，使整个演示文稿更加专业和简洁。

为了使用户制作的演示幻灯片更丰富多彩，PowerPoint 2010 播放器已进行改进，具有高保真输出效果，支持图形、动画和媒体。新的播放器无需安装。默认情况下，新增的"打包成 CD"功能可将演示文稿文件与播放器打包在一起，也可从网站下载新的播放器。此外，播放器支持查看和打印操作。

2. 新增功能介绍

（1）功能显性化。PowerPoint 2010 与 Excel 2010 一样统一采用了 Microsoft Office Fluent 用户界面，拥有简洁而整齐有序的工作区。传统的菜单和工具栏已被功能区所取代，功能区是一种将组织后的命令呈现在一组选项卡中的设计。功能区上的选项卡显示与应用程序中每个任务区最为相关的命令。这些选项卡将命令组织起来，使其直接对应人们在这些应用程序中执行的任务，从而简化了访问应用程序功能的过程。

（2）视频文件插入和提取。在 PPT 制作过程中，我们经常会引用一些时事新闻、纪录片中某个片段等，一般在传统的课堂中则是在课件文件夹中包含视频文件，在 PPT 2003 中插入视频，需要"控件"，受到格式的限制较大，主要是支持 Windows Media Player，更多的是使用超级链接，这样就会跳出新的对话窗口。而 PPT 2010 则较好地处理了这一问题，打开 PPT 2010，点击"插入"选项卡"媒体"中"视频"按钮，将会弹出相应对话框，选择视频文件即可将视频插入到 PPT 的页面中，并且可以对视频进行处理。

PPT 2010 相比 PPT 2003 的一个优点是，它能够将插入课件中的视频、音频文件嵌入课件中，复制、粘贴一个 PPT 文件就能打开其中嵌入的视频和音频文件。收获别人课件，如何将这个课

件中的一些视频、音频文件被自己所用呢？PPT 2010 也很便捷，只要把 PPT 2010 文件保存为网页格式（html），则它将会自动把视频、音频文件提取出来。另外一个优点是，可以用 PPT 制作视频，只需在保存时选择保存类型为视频格式，这样更加方便我们制作视频教学内容。

（3）几个快捷键有效提高效率。按一下"B"键——"Black"，此时屏幕黑屏，再按一下"B"键即可恢复正常。按"W"键也会产生类似的效果——"White"，此时屏幕白屏。PPT 2010 版本中，当在教学中按住"Ctrl"+鼠标左键，鼠标箭头则会变成激光红点，引起学生注意。让 PPT 从头开始放映，可以直接按 F5，如果选择中间某一张开始放映，则按 Shift+F5，这样可以大大节省时间。有时我们在演示过程中并不一定按照我们设定的路线思路走，有时会突然跳过一个知识到下一个知识，使得我们需要回到某一页幻灯片，这时我们按页码和 Enter 键就可以实现。例如在播放第 5 张幻灯片时，需要第 13 张幻灯片，只要依次按"1""3""Enter"键即可，要再回到第 5 张，则只要依次按"5""Enter"键即可。这也需要大家平时在做 PPT 时要有插入页码的习惯。

（4）保存格式的新突破。PPT 2010 可以将源文件保存为 pdf 和视频格式，保存视频格式中可以兼容内部的视频和音频但不包括 flash。

（5）多种 SMART 图形和 PPT 主题。Smartart 图形是体现内容良好的展现方式，PPT 2010 中新增加了很多种类和模式；同时，如果我们对颜色和字体搭配没有心得，也没关系，在 2010 版本中，还新增了许多漂亮的主题。

除此之外，PPT 2010 中还新增了诸如增加节功能、动画刷工具、图像处理等实用功能，合理使用这些功能就能轻松地制作出一个精美的演示文稿。

5.1.3　PowerPoint 2010 界面介绍

点击"开始"菜单，执行"程序"→"Microsoft Office"→"Microsoft PowerPoint 2010"命令，进入 PowerPoint 2010 的主界面，如图 5.1 所示。

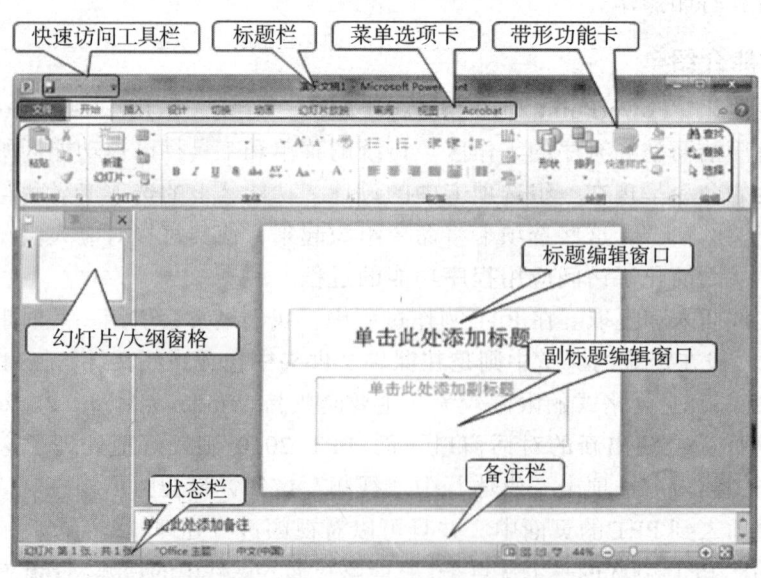

图 5.1　PowerPoint 2010 的主界面

和其他的微软产品一样，PowerPoint 2010 拥有典型的 Window 应用程序的窗口，PowerPoint 2010 就是在自己的应用程序窗口上运作的。其中，在主窗口中，还包括了其他的很多窗口，用户可以同时使用多个 PowerPoint 的窗口，操作非常方便，可以自由地切换。图 5.1 就是标准的 PowerPoint 2010 工作窗口。

在工作界面上，PowerPoint 2010 较 2003 版本改动较大，但是所有的改动都是服务于用户的需要。PowerPoint 2010 的界面简洁了很多，传统的菜单变成了选项卡，每个带型选项卡里集合了各种命令工具按钮。这种风格看上去很直观，感觉就像操作触摸屏一样，而且在浏览不同选项的同时，相关内容会同步变化，用户可根据预览的结果来决定选择，而不是像传统方式：选择好参数之后再确定看结果。

对于图 5.1 上的各项工具，以下做详细介绍。

（1）快速访问工具栏：该工具栏上提供了最常用的"保存"按钮、"撤销"按钮和"恢复"按钮，单击对应的按钮可执行相应的操作。如需在快速访问工具栏中添加其他按钮，可单击其后的按钮，在弹出的菜单中选择所需的命令即可。

（2）标题栏：处于窗口的最上方，在激活的时候透明的边缘会变成磨砂状。用鼠标左键点击这个区域拖动，可以移动整个窗口；双击标题栏，可以将窗口放大或将缩小的窗口恢复到它原来的大小。

（3）菜单选项卡（功能选项卡）：相当于菜单命令，它将 PowerPoint 2010 的所有命令集成在几个功能选项卡中，选择某个功能选项卡可切换到相应的功能区。

（4）带形功能区：在功能区中有许多自动适应窗口大小的工具栏，不同的工具栏中又放置了与此相关的命令按钮或列表框。

（5）"幻灯片/大纲"窗格：用于显示演示文稿的幻灯片数量及位置，通过它可更加方便地掌握整个演示文稿的结构。在"幻灯片"窗格下，将显示整个演示文稿中幻灯片的编号及缩略图；在"大纲"窗格下列出了当前演示文稿中各张幻灯片中的文本内容。

（6）幻灯片编辑区：是整个工作界面的核心区域，用于显示和编辑幻灯片，在其中可输入文字内容、插入图片和设置动画效果等，是使用 PowerPoint 制作演示文稿的操作平台。

（7）备注窗格：位于幻灯片编辑区下方，可供幻灯片制作者或幻灯片演讲者查阅该幻灯片信息或在播放演示文稿时对需要的幻灯片添加说明和注释。

（8）状态栏：位于工作界面最下方，用于显示演示文稿中所选的当前幻灯片以及幻灯片总张数、幻灯片采用的模板类型、视图切换按钮以及页面显示比例等滚动条：如果你操作的文稿大于屏幕，滚动条会自动显示出来的。滚动条有两个，位于窗口的右边和底边，拖动滚动栏上的滚动块或单击上下方的箭头可以翻转到另一部分。

5.2 PowerPoint 2010 使用基础

5.2.1 制作你的第一个演示文稿

【知识点】
演示文稿、视图、幻灯片

【相关知识介绍】

【任务一】

目前 4G 技术已逐步发展起来,为了让大家更好地了解与 4G 有关的内容,需要制作一个与 4G 技术有关的演示文稿,下面就以此为例介绍如何运用 PowerPoint 2010 制作演示文稿。

【解决方案一】

制作演示文稿可以通过 PowerPoint 2010 提供的样本模板或主题来完成,也可通过自己创建空白的演示文稿,从头开始。下文首先以"样本模板"来说明演示文稿的创建。

(1)准备好与 4G 有关的内容,保存到一个文本文档里。

(2)打开 PowerPoint 2010,执行"文件"→"新建"→"样本模板"命令,即可弹出如图 5.2 所示的窗口,PowerPoint 2010 默认提供了 9 种可用的模板和主题,每一个类别中都包含相关的图片、样式和文字提示等。

图 5.2 "新建演示文稿"界面

(3)我们选择"培训"模板后,点"创建"后会出现如图 5.3 所示的包含各种设计内容的演示文稿。

(4)这个通过样本模板建立的演示文稿的许多内容并不是我们所需要的,这时,我们可删除当前演示文稿当中某些页面或文本框的内容,并将事先找到的与 4G 技术有关的内容复制到合适的文本框中,操作完毕后,将演示文稿保存下来。

【解决方案二】

该方案解决如何通过空白演示文稿的操作来制作演示文稿。

(1)在默认情况下,我们在打开 PowerPoint 2010 的同时就创建了一个空白演示文稿,如果没有,可以直接用鼠标左键点击编辑区或执行"文件"→"新建",选择"空白演示文稿"点击"创建"命令,弹出如图 5.4 所示的界面。

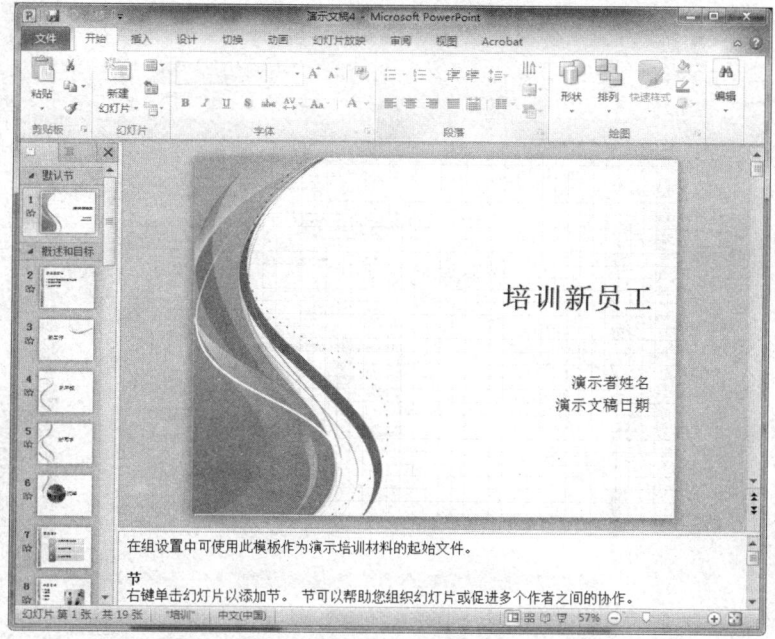

图 5.3 "培训"模板创建的演示文稿

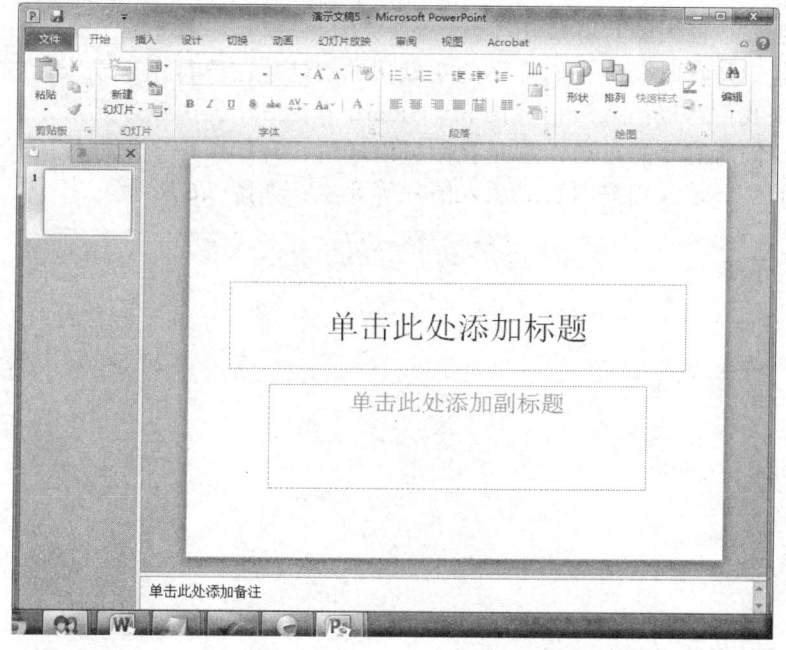

图 5.4 "空白演示文稿"创建界面

（2）创建幻灯片和幻灯片文本。首先添加标题和副标题，要继续添加其他幻灯片，可以采用以下方法：① 点击"开始"选项卡下的"新建幻灯片"选项创建新幻灯片；② 按下 Ctrl+M 组合键实现新幻灯片的插入；③ 选中第一页幻灯片直接按回车键（Enter）也可以创建新幻灯片，如图 5.5 所示。在新幻灯片中，将搜集到的与 4G 有关的文字信息输入到相应文本框中，即可完成演示文稿的制作，根据需要可插入多张新幻灯片。

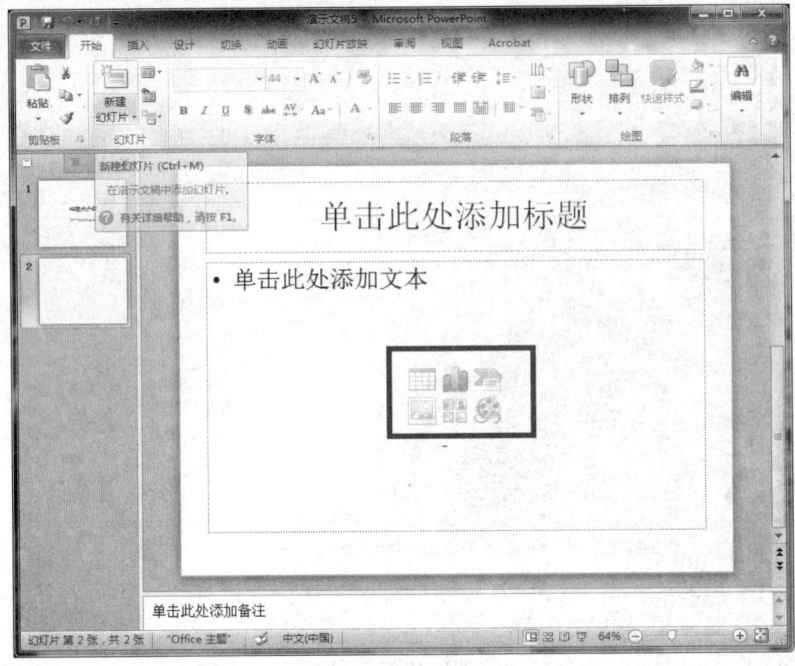

图 5.5　应用设计模板示例

（3）选择版式、插入图片并应用主题。

当我们新建幻灯片时会为我们提供两个默认的幻灯片占位符用来录入标题和文本，其中在文本占位符中我们可以插入表格、图表、SmartArt、图片、视频等元素，但这些占位符的格局往往不是我们所需要的布局，这时我们可以通过"开始"→"幻灯片版式"选择一个合理的占位符布局，并录入相关内容或插入图片等元素，如图 5.6 所示。

图 5.6　版式选择示例

同时，我们通过"设计"→"所有主题"选择一个合适的主题来作为我们幻灯片的整体"装潢"，如图 5.7 所示。

图 5.7　主题选择示例

（4）完成以上操作后，我们还需要添加更多幻灯片内容并使用格式设置，创建要在演示时使用的备注，通过不断调整确定最终效果。

至此，通过两种方式制作的演示文稿就完成了，可以通过演示文稿的放映来浏览自己的作品，具体放映方式的设置在随后章节会作详细介绍。

5.2.2　PowerPoint 2010 的视图方式

【知识点】

普通视图、幻灯片浏览视图、备注视图、幻灯片放映视图（包括演示者视图）、阅读视图、母版视图（幻灯片母版、讲义母版和备注母版）

【相关知识介绍】

通过对 Word 2010 的学习知道了视图的概念，对于 PowerPoint 来说，又分为哪些视图呢？在 PowerPoint 2010 中，建立用户与机器的交互工作环境是通过视图来实现的。在 PowerPoint 2010 提供的每个视图中，都包含有该视图下的特定的工作区、工具栏、相关的按钮以及其他的工具。在不同的视图中，PowerPoint 2010 显示文稿的方式是不同的，并可以对文稿进行不同的加工。

PowerPoint 2010 提供了演示文稿视图、母版视图和幻灯片放映视图，可通过"视图"和"幻灯片放映"选项卡下的工具按钮或右下角的视图按钮选择各种不同的视图。下面详细介绍一下以上几种视图。

1. 用于编辑演示文稿的视图

（1）普通视图。

普通视图包含3种窗格：大纲窗格、幻灯片窗格和备注窗格。这些窗格使得用户可以在同一位置使用演示文稿的各种特征。拖动窗格边框可调整不同窗格的大小。

（2）幻灯片浏览视图。

幻灯片浏览视图可用于查看缩略图形式的幻灯片。通过此视图，在创建演示文稿以及准备打印演示文稿时，将可以轻松地对演示文稿的顺序进行排列和组织。还可以在幻灯片浏览视图中添加节，并按不同的类别或节对幻灯片进行排序。

（3）备注页视图。

"备注"窗格位于"幻灯片"窗格下，可以在其中键入要应用于当前幻灯片的备注。以后，可以将备注打印出来并在放映演示文稿时进行参考。还可以将打印好的备注分发给受众，或者将备注包括在发送给受众或发布在网页上的演示文稿中。如果要以整页格式查看和使用备注，请在"视图"选项卡上的"演示文稿视图"组中单击"备注页"。

（4）母版视图。

母版视图包括幻灯片母版视图、讲义母版视图和备注母版视图。它们是存储有关演示文稿的信息的主要幻灯片，其中包括背景、颜色、字体、效果、占位符大小和位置。使用母版视图的一个主要优点在于，在幻灯片母版、备注母版或讲义母版上，可以对与演示文稿关联的每个幻灯片、备注页或讲义的样式进行全局更改。

2. 用于放映演示文稿的视图

（1）幻灯片放映视图。

幻灯片放映视图可用于向受众放映演示文稿。幻灯片放映视图会占据整个计算机屏幕，这与受众观看演示文稿时在大屏幕上显示的演示文稿完全一样，可以看到图形、计时、电影、动画效果和切换效果在实际演示中的具体效果。若要退出幻灯片放映视图，可按 Esc 键。

（2）演示者视图。

演示者视图是一种可在演示期间使用的基于幻灯片放映的关键视图。借助两台监视器，可以运行其他程序并查看演示者备注，而这些是受众所无法看到的。若要使用演示者视图，请确保计算机具有多监视器功能，同时也要打开多监视器支持和演示者视图。

（3）阅读视图。

阅读视图用于向用自己的计算机查看演示文稿的人员而非受众（例如，通过大屏幕）放映演示文稿。如果希望在一个设有简单控件以方便审阅的窗口中查看演示文稿，而不想使用全屏的幻灯片放映视图，则也可以在自己的计算机上使用阅读视图。如果要更改演示文稿，可随时从阅读视图切换至某个其他视图。

3. 用于准备和打印演示文稿的视图

为了节省纸张和油墨，在打印之前可能需要准备打印作业。PowerPoint 提供了一系列视图和设置，可指定要打印的内容（幻灯片、讲义或备注页）以及这些作业的打印方式（彩色打印、灰度打印、黑白打印、带有框架等）。

（1）幻灯片浏览视图。

幻灯片浏览视图可用于查看缩略图形式的幻灯片。通过此视图，可以在准备打印幻灯片时方便地对幻灯片的顺序进行排列和组织。

（2）打印预览。

打印预览可预览用户指定要打印的内容（讲义、备注页、大纲或幻灯片）。

默认情况下，打开 PowerPoint 2010 时会显示普通视图，其中列有缩略图、备注和幻灯片视图。但是，可以根据需要指定 PowerPoint 在打开时显示另一个视图，例如，幻灯片浏览视图、幻灯片放映视图、备注页视图以及普通视图的各种变体。

单击"文件"→"选项"→"高级"→在"显示"下的"用此视图打开全部文档"列表中，选择要设置为新默认视图的视图，然后单击"确定"。

【任务二】

在任务一中所制作的演示文稿可通过什么方式进行放映？

【解决方案】

（1）执行"幻灯片放映"→"从头开始"或"从当前幻灯片开始"命令，实现演示文稿的放映。

（2）按下键盘的 F5（从头）键或 Shift+F5（当前位置）也能实现演示文稿的放映。

（3）通过单击左下角的幻灯片放映视图按钮"豆"来放映演示文稿。

注意：以上 3 种放映方式，除第 3 种只能从第一张幻灯片开始放映外，其余两种均可以从当前幻灯片开始播放，在具体演示文稿的放映中，可根据实际情况选择采用哪种方法。

5.2.3 演示文稿的保存、关闭与打开

【知识点】

演示文稿保存、打开和关闭

【相关知识介绍】

1. 保存演示文稿

PowerPoint 2010 提供了多种方式来保存演示文稿。在需要保存时，可选择"保存"或通过"另存为"来保存为副本。PowerPoint 2010 提供的 Web 支持功能，能轻易地将演示文稿存为 Web 格式，这样演示文稿便可在 Internet 上传播。同时，演示文稿还可以存放为可以在不安装 PowerPoint 的机子上播放的自动放映格式。

（1）保存新演示文稿。保存演示文稿的方法有很多种，如下所述。

① 完成对新文稿的编辑后，执行"文件"→"保存"或"另存为"命令。

② 在工具栏里单击"保存"按钮。

③ 按 Ctrl+S 组合键。

这样便弹出"保存"或"另存为"对话框，在此对话框里为文稿选择要保存到的驱动器，在"文件名"的文本框中输入文件名称，单击"保存"按钮即可保存当前演示文稿，如图 5.8 所示。

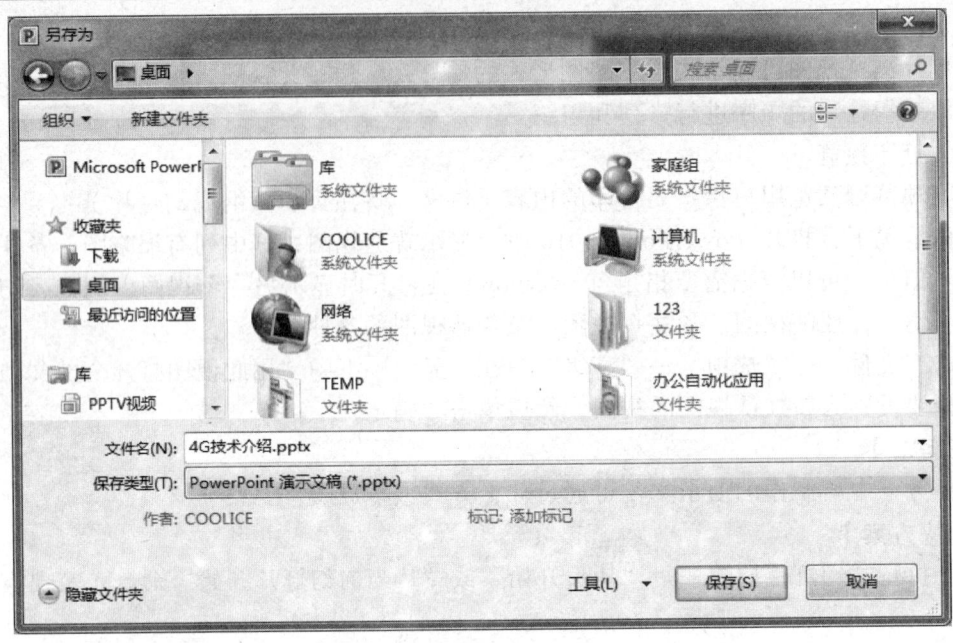

图 5.8 "另存为"对话框

(2) 保存已有演示文稿。当打开一个已存在的演示文稿进行编辑后,可以选择"保存",将所做的改动以原来的文件名保存,也可以通过"另存为"命令将该文稿以其他的文件名保存。保存已有演示文稿的方法如下:

① 执行"文件"→"另存为"命令。

② 在弹出的如图 5.8 所示的"另存为"对话框中,重新指定该演示文稿的保存路径及文件名,点击"保存"按钮即可存储当前演示文稿的副本。

(3) 将演示文稿保存为 wmv 格式视频。PowerPoint 2010 提供的强大的视频编辑和转换功能,可让完成的演示文稿转换成 wmv 格式的视频。同时,用户可以定制自己的演示文稿,比如在演示文稿中使用边框增加动画,选择转移到其他幻灯片式文档的方式以及选择不同的按钮样式。

(4) 自动保存。在操作中,自动保存功能往往起到很重要的作用。如果出现死机或是突然断电,选择了自动保存时,PowerPoint 2010 会自动保存演示文稿,这样便可以做到自动恢复。如果选择自动保存,在编辑文档时,系统会自动地定时保存在恢复文档中。当保存或是关闭演示文稿后,自动恢复文档会被删除。这样就不必担心产生垃圾文件。

【任务三】

将已制作好的关于 4G 技术介绍的演示文稿保存在指定位置。

【解决方案】

通过对演示文稿保存方式的了解,为了保存我们制作的第一个演示文稿,可以执行"文件"→"保存"命令,将任务一中制作的演示文稿以"4G 技术"的名字保存在指定位置上。

【任务四】

为避免在制作演示文稿的过程中因突然断电或其他意外发生没来得及保存演示文稿,需要将演示文稿设置为每隔 5 分钟自动保存一次。

【解决方案】

（1）执行"文件"→"选项"命令，在弹出的"选项"对话框中选择"保存"选项卡，如图 5.9 所示。

图 5.9 "选项"对话框

（2）在"保存自动恢复信息时间间隔，每隔 10 分钟"前打上勾。

（3）将自动保存时间调整为 5 分钟。

（4）点击"确定"按钮完成设置。

如果要避免工作中由于系统崩溃而死机或突然断电所造成的文件丢失，可以选择自动恢复信息功能，此功能会按一定时间给演示文稿保存一份临时副本，从而保护劳动成果。在此项功能的右边有"时钟"方框。在这里可以输入 PowerPoint 2010 自动保存演示文稿的时间间隔。PowerPoint 2010 默认的自动恢复信息的保存频率为 10 分钟，也可以将其设置低于 10 分钟。例如，当将此项设置为 4 分钟时，系统就会在此后每 4 分钟自动地将当前演示文稿保存一次。如果遭遇了意外（死机或断电），当重新启动 PowerPoint 2010 时，PowerPoint 2010 会自动打开最近一次保存文稿——也就是 4 分钟前保存的内容。如果选择自动恢复功能，在打开演示文稿时 PowerPoint 2010 停止回应，不须重新启动计算机，当重新启动 PowerPoint 时，这些自动恢复文档会自动打开，自动恢复最近一次所保存的内容。当保存或关闭演示文稿时，自动恢复文档会自动删除，所以不要使用它作为保存演示文稿的替代方式。

2. 关闭演示文稿

当不需要再使用某个演示文稿时，可将其关闭，通过单击右上角的"⊠"关闭按钮退出整个 PowerPoint 2010 应用程序来关闭当前演示文稿，也可单击左上角的"Ⓟ"选择关闭或用快捷键 Alt+F4 来达到同样的效果。

3. 打开已有演示文稿

若要编辑一个已经存在的演示文稿，首先要打开该文档，选择合适的视图方式后进行编辑操作。要打开一个已存在的演示文稿，其操作方式与打开 Word 2010 文档与 Excel 2010 工作簿的方式一样，在这里不再重复。

5.3 模板和母版的应用

5.3.1 模 板

【知识点】
设计模板、占位符、配色方案、母版
【相关知识介绍】
PowerPoint 2010 中的设计模板，简称模板，是包含演示文稿样式的文件。演示文稿的样式包括：项目符号样式、标题、正文和页脚文本的字体的类型和大小，文本和对象的占位符大小和位置，背景设计和填充，配色方案以及幻灯片母版和可选的标题母版，等等。

占位符指一种带有虚线或阴影线边缘的框，绝大部分幻灯片版式中都有这种框。在这些框内可以放置标题及正文，或者是图表、表格和图片等对象。

配色方案是一套 8 种的谐调色，这些颜色可应用于幻灯片、备注页或听众讲义。配色方案包含背景色、线条和文本颜色以及选择的其他 6 种使幻灯片更加鲜明易读的颜色。

母版是设计模板的一个元素，存储了部分设计模板信息，如字形、占位符大小和位置、背景设计和配色方案等，目的是方便我们对幻灯片进行全局更改（如替换字形），并使更改应用到演示文稿中的所有幻灯片上。

【任务一】
如果我们经常需要制作风格、版式相似的演示文稿，我们就可以先制作好其中一份演示文稿，然后将其保存为模板，以后直接调用修改就行了。如图 5.10 所示是我们常用的"e 时代"风格演示文稿，现在要将这个制作好的演示文稿保存为模板。

【解决方案】
（1）制作好演示文稿后，执行"文件"→"另存为"命令，弹出"另存为"对话框，如图 5.11 所示。

第 5 章　PowerPoint 2010 演示文稿

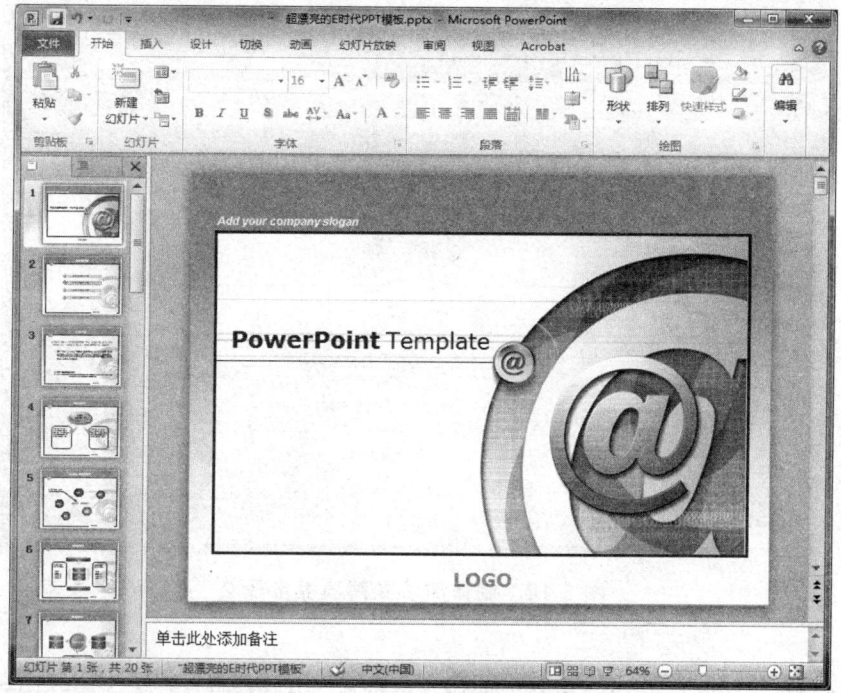

图 5.10　"e 时代"风格演示文稿

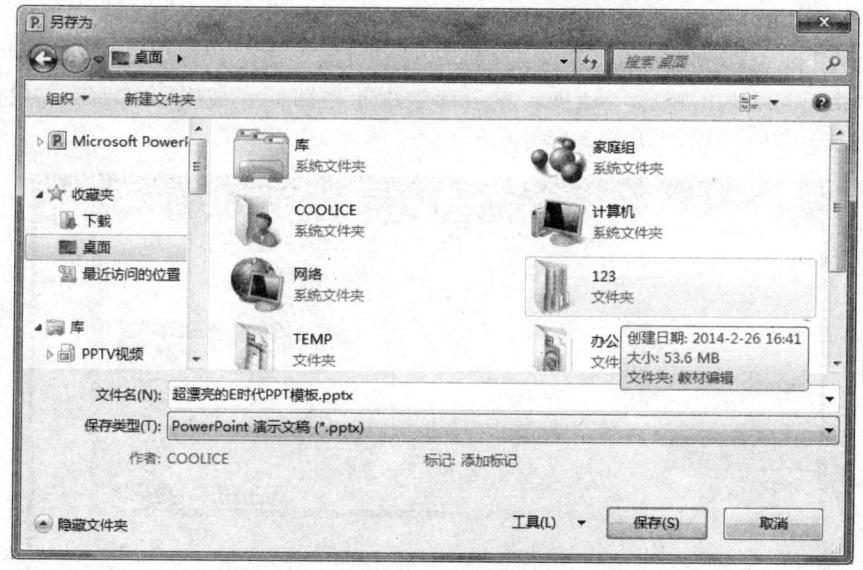

图 5.11　制作演示文稿模板步骤 1

（2）单击"保存类型"右侧的下拉按钮，在随后出现的下拉列表中，选择"演示文稿设计模板（*.potx）"选项，为模板取名（如"常用演示.potx"），然后单击"保存"按钮即可，如图 5.12 所示。

注意：如果需要重新安装系统，首先进入"C:\Users\Admin\AppData\Roaming\Microsoft\Templates"文件夹中（C 表示系统盘），将其中的模板文件（如"常用演示.potx"）复制到另外的地方，系统重装完成后，再复制到上述文件夹中，即可直接使用保存的模板。

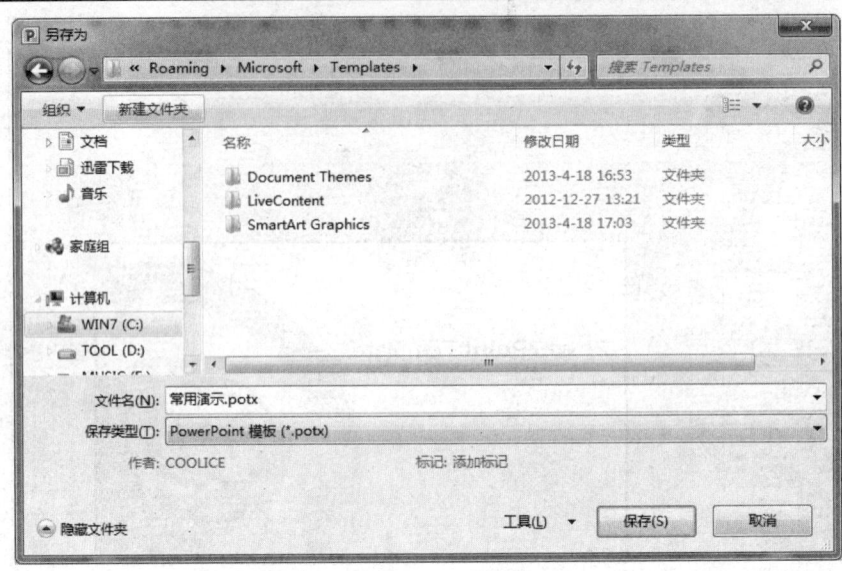

图 5.12　制作演示文稿模板步骤 2

【任务二】

我们新创建一个演示文稿，并要求使用"e 时代"风格制作，这就需要调用刚才存储的"常用演示.potx"模板。

【解决方案】

（1）启动 PowerPoint 2010，执行"文件"→"新建"命令，弹出"新建演示文稿"任务窗格，单击其中的"我的模板"选项，单击选中刚才存储的"常用演示.potx"设计模板，则该模板被应用于当前文档，如图 5.13 所示。

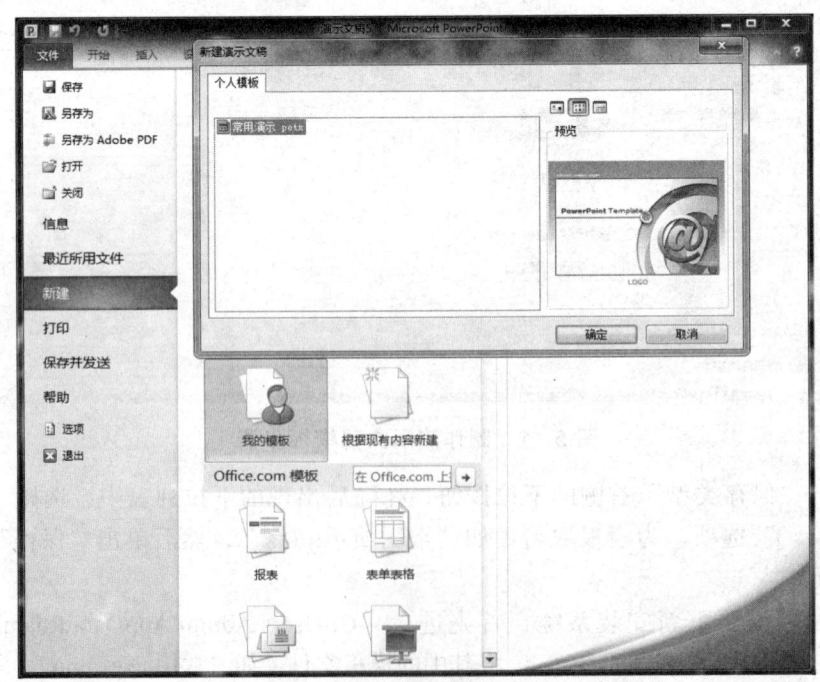

图 5.13　"新建演示文稿"任务窗格

（2）根据需要，对文档中相应的幻灯片进行修改设置后，保存一下，即可快速制作出与"常用演示.potx"模板风格相似的演示文稿了，如图 5.14 所示。

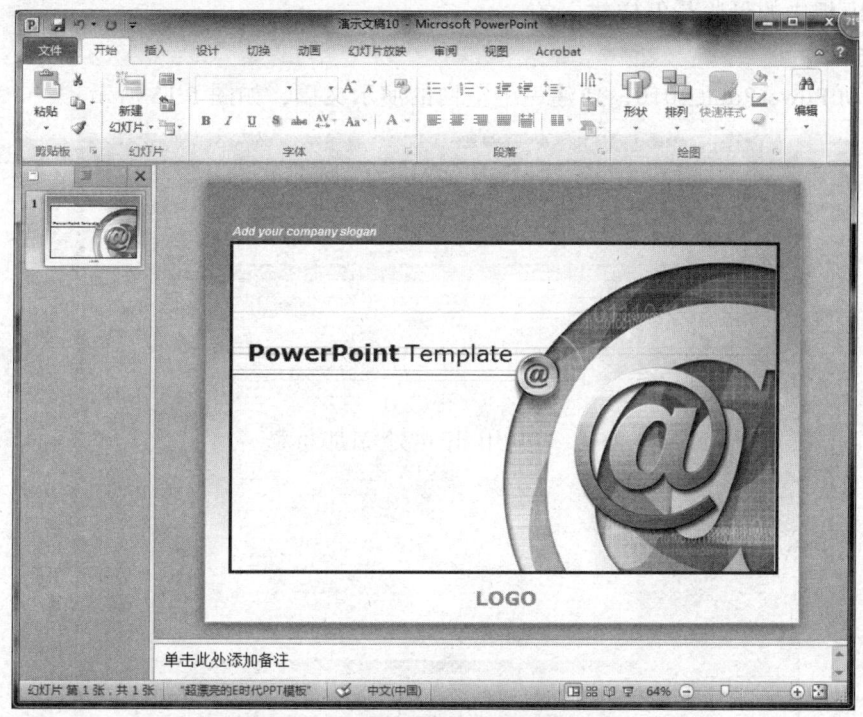

图 5.14　应用了指定模板的幻灯片

注意：如果选择"根据现有内容新建"，可以选用位于其他文件夹中的设计模板来制作演示文稿。

5.3.2　母版的使用

【知识点】

幻灯片母版、标题母版

【相关知识介绍】

前面提到，母版是设计模板的一个元素，使用母版的目的是方便我们对幻灯片进行全局更改（如替换字形），并使更改应用到演示文稿中的所有幻灯片上。

简单一点说，"母版"就是一种特殊的幻灯片，用来统一整个演示文稿的幻灯片格式，一旦修改了幻灯片母版，则所有采用这一母版建立的幻灯片格式也随之发生改变。

母版通常包括幻灯片母版、标题母版、讲义母版、备注母版 4 种形式，最基本的是幻灯片母版和标题母版。

通常可以对母版上的版式要素进行下列操作。

- 更改字体或项目符号。
- 插入要显示在多个幻灯片上的艺术图片（如徽标 LOGO）。
- 更改占位符的位置、大小和格式。

【任务三】

前面一节讲述了怎样保存和调用一个"e时代"风格的设计模板,下面就来看看这个漂亮的 e 时代模板中的母版是怎样建立的。

【解决方案】

(1)启动 PowerPoint 2010,新建一个空白的演示文稿,如图 5.15 所示。

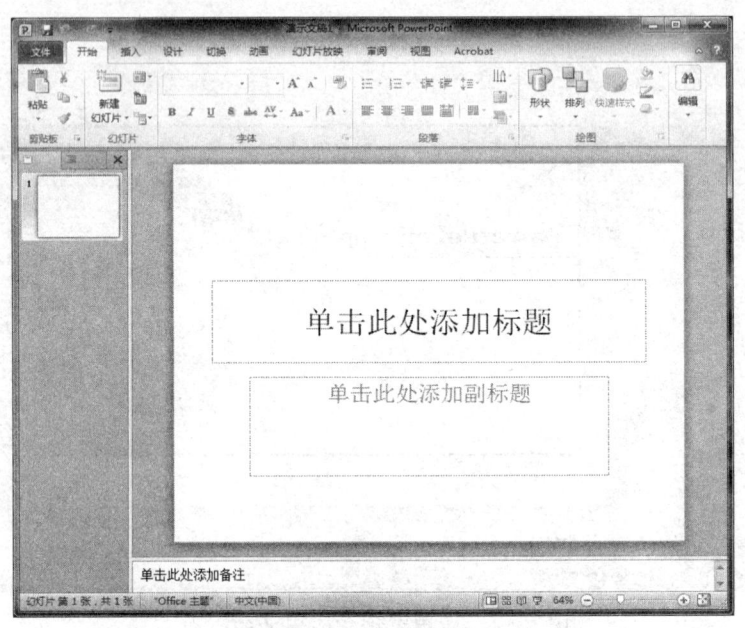

图 5.15　新建空白演示文稿

(2)执行"视图"→"幻灯片母版"命令,进入"幻灯片母版视图"状态,此时"幻灯片母版视图"工具条也随之被展开,如图 5.16 所示。

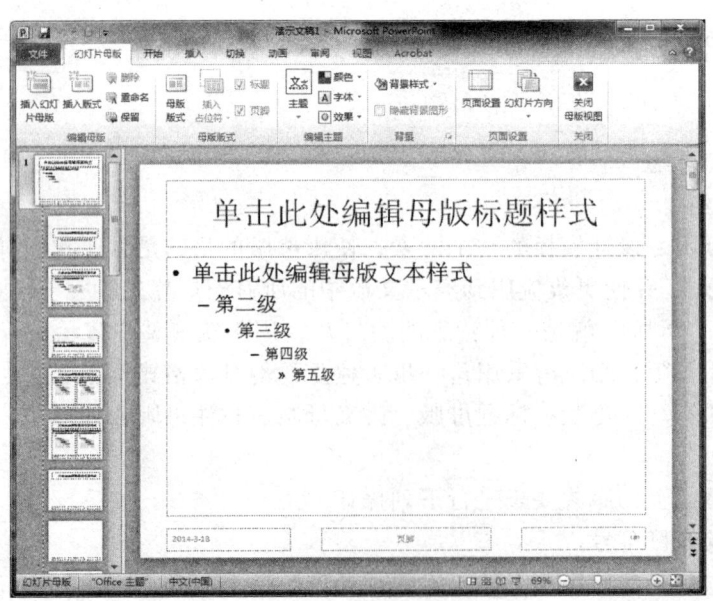

图 5.16　幻灯片母版视图

（3）执行"背景样式"→"设置背景格式"命令，打开设置背景窗口，选择渐变填充，如图 5.17 所示。

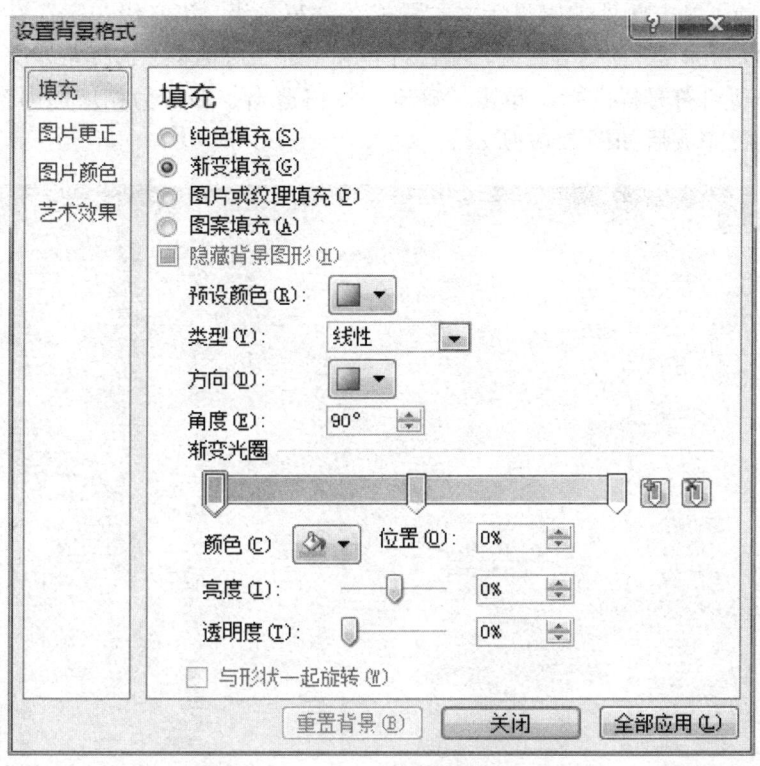

图 5.17 "设置背景格式"窗口

（4）右击"单击此处编辑母版标题样式"字符，在弹出的快捷菜单中，选"字体"命令，打开"字体"对话框，如图 5.18 所示。设置好相应的选项后，单击"确定"按钮返回。

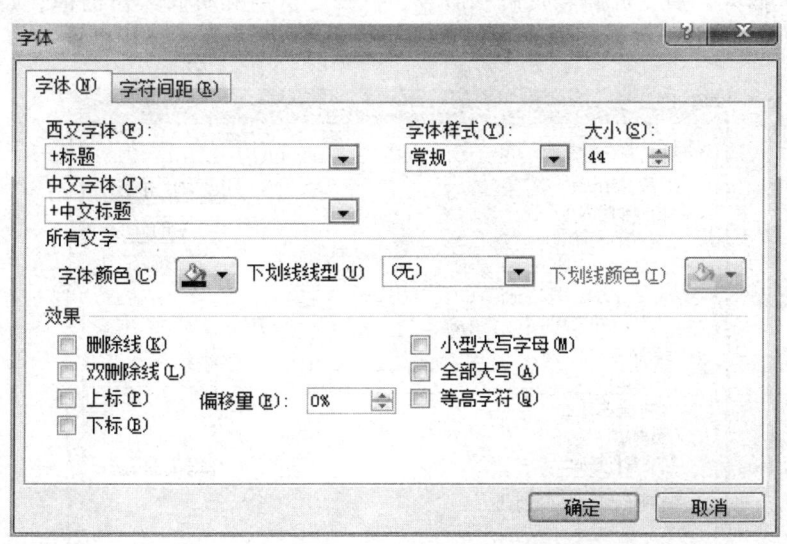

图 5.18 母版中打开的"字体"对话框

(5)然后分别右击"单击此处编辑母版文本样式"及下面的"第二级、第三级……"字符,仿照第(4)步的操作设置好相关格式。

(6)分别选中"单击此处编辑母版文本样式"、"第二级、第三级……"等字符,执行"开始"→"项目符号和编号"命令,打开"项目符号和编号"对话框,选择自定义,在Wingdings字体里设置一种项目符号样式后,单击"确定"按钮退出,即可为相应的内容设置不同的项目符号样式。设置完成后如图5.19所示。

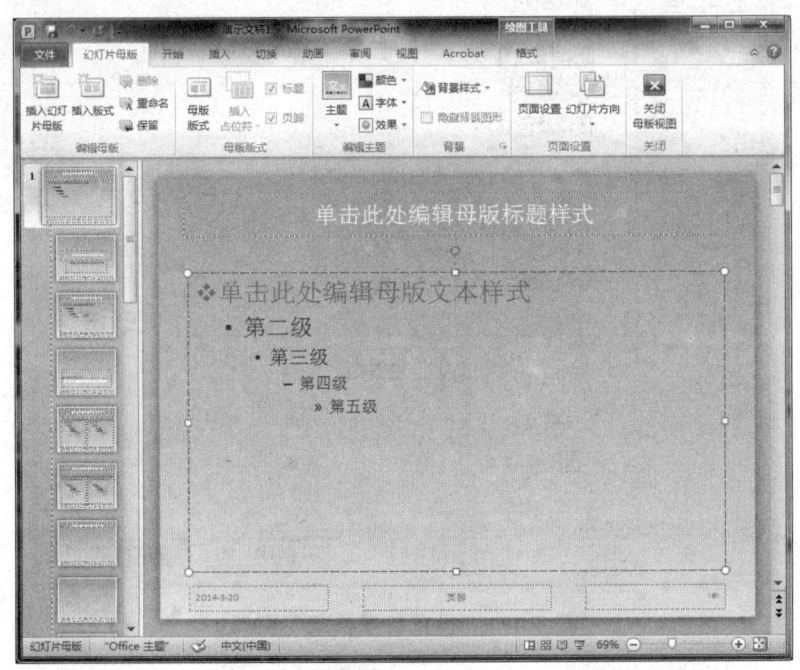

图5.19 在幻灯片母版中设置各级字体及项目符号样式

(7)执行"插入"→"页眉和页脚"命令,打开"页眉和页脚"对话框,如图5.20所示,单击"幻灯片"选项卡,即可对日期区、页脚区、数字区进行格式化设置。

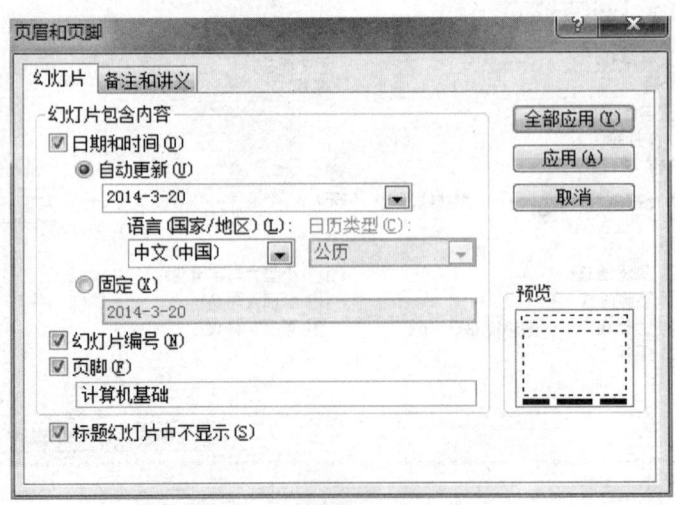

图5.20 "页眉和页脚"对话框

（8）执行"插入"→"图片"命令，弹出"插入图片"对话框，定位到事先准备好的图片所在的文件夹中，选中需要的图片将其插入到母版中，并定位到合适的位置上，将图片移至下层并添加边框，如图 5.21 所示。

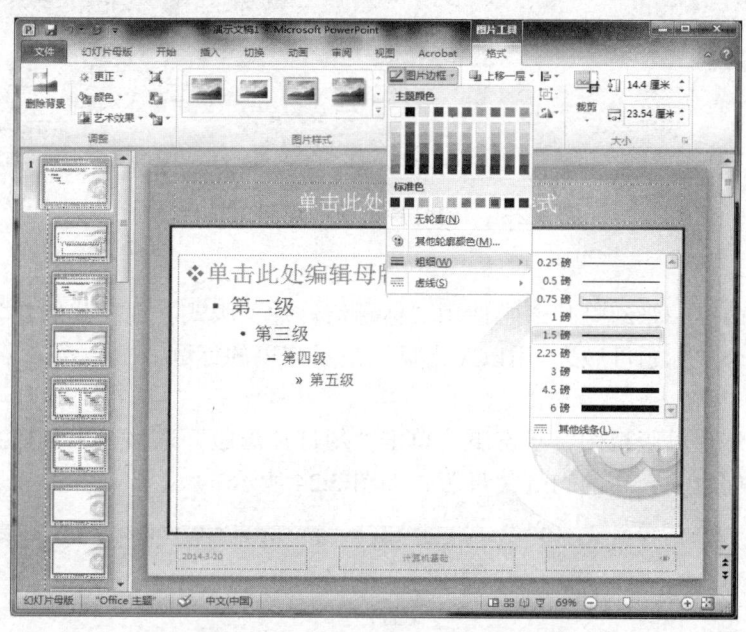

图 5.21　在幻灯片母版中插入背景图片

（9）全部修改完成后后，单击"幻灯片母版视图"工具条上的"重命名母版"按钮，打开"重命名母版"对话框，如图 5.22 所示，输入一个名称（如"演示母版"）后，单击"重命名"按钮返回。

图 5.22　"重命名母版"对话框

（10）单击"幻灯片母版"选项卡工具栏上的"关闭模板视图"按钮退出，"幻灯片母版"制作完成，如图 5.23 所示。

图 5.23 "幻灯片母版"视图工具栏

【任务四】

演示文稿中的第一张幻灯片通常使用"标题幻灯片"版式。现在我们就为这张相对独立的幻灯片建立一个"标题母版"，用以突出显示演示文稿的标题。

【解决方案】

（1）在"幻灯片母版视图"状态下，单击"幻灯片母版"选项卡工具栏上的"插入幻灯片母版"按钮，创建一套新的幻灯片母版，如图 5.24 所示。

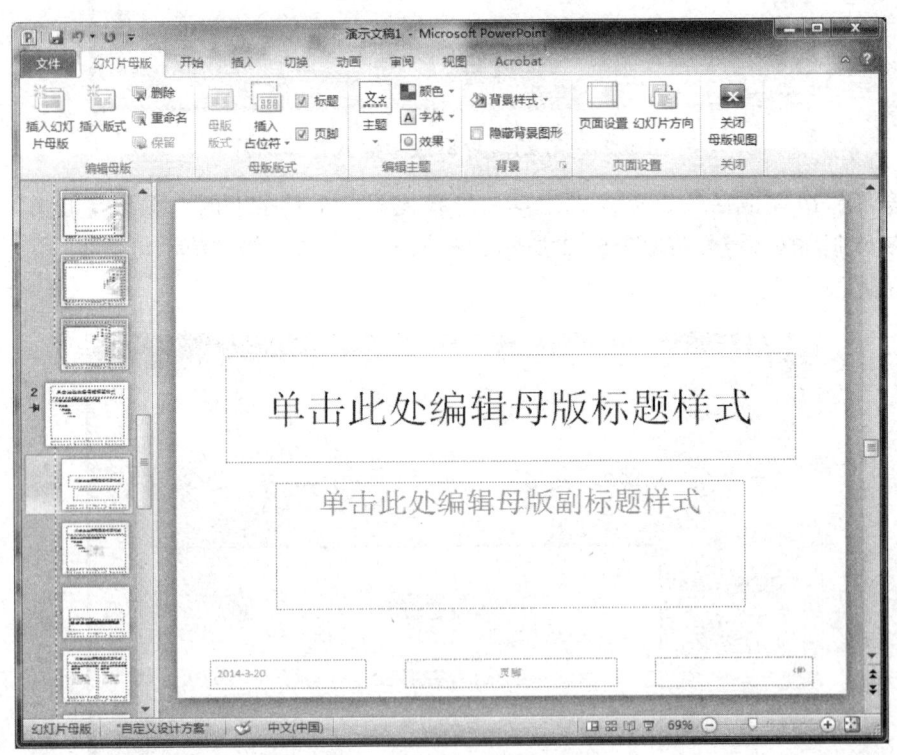

图 5.24 创建标题幻灯片母版

（2）选择母版标题和副标题版式，仿照上面"建立幻灯片母版"的相关操作，设置好"标题母版"的相关格式，如图 5.25 所示。

第5章 PowerPoint 2010 演示文稿

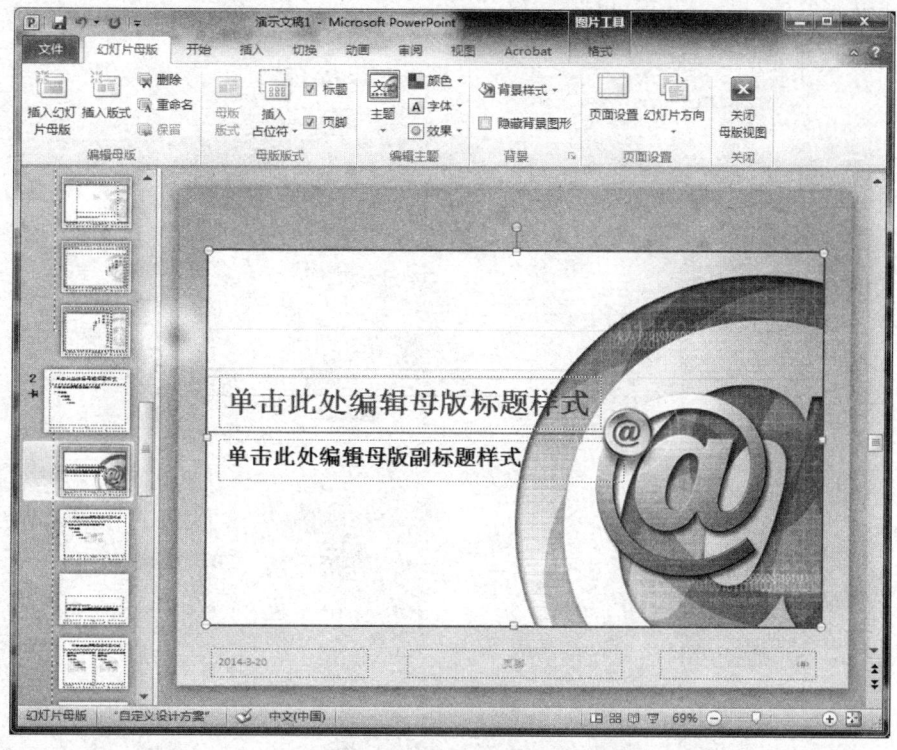

图 5.25 设置好后的标题幻灯片母版

（3）设置完成后，退出"幻灯片母版视图"，并将其保存为个人模板文件"常用演示.potx"。

如果想为某一个演示文稿使用多个不同的母版，可以在"幻灯片母版视图"状态下，点击"幻灯片母版"选项卡工具条上的"插入新幻灯片母版"按钮，新建一组母版，大纲区又增加了一对母版缩略图，如图 5.26 所示。对第一页修改时所有的页面都会自动拥有相同的格式，所以当我们需要有所区别时，可以挑选一张合适版式的母版，仿照上面的操作进行编辑修改，并"重命名"保存为模板文件，之后即可方便使用了。

【任务五】
母版建立好以后，我们要将其应用到其他一些演示文稿上。

【解决方案】
母版是设计模板中的元素，所以，应用母版其实就是在应用包含这个母版的设计模板。

（1）启动 PowerPoint 2010，新建或打开某个演示文稿。并执行"文件"→"新建"→"我的模板"命令，打开如图 5.27 所示的幻灯片设计任务窗格，选择"常用演示.potx"。

（2）系统会利用我们刚刚设计好的模板创建一个新的演示文稿，但我们发现在增加的时候背景都是一样的，并没有出现刚刚设计的标题背景。这时可以通过点击"开始"选项卡下的幻灯片版式按钮找到刚刚设计的标题背景版式，如图 5.28 所示。

（3）与此同时，还可以点击"设计"选项卡下，"主题"面板内的下拉菜单，选择系统自带或者来自电脑其他地方的主题，应用于我们的演示文稿，如图 5.29 所示。

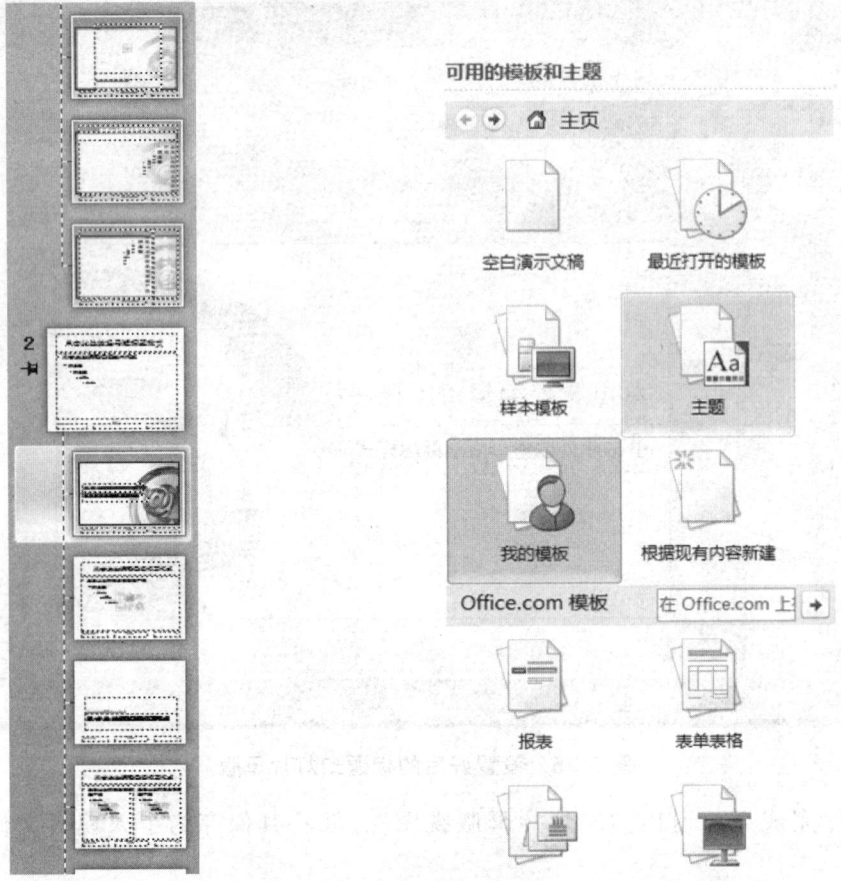

图 5.26　大纲区增加一对母版视图　　　　图 5.27　幻灯片设计任务窗格

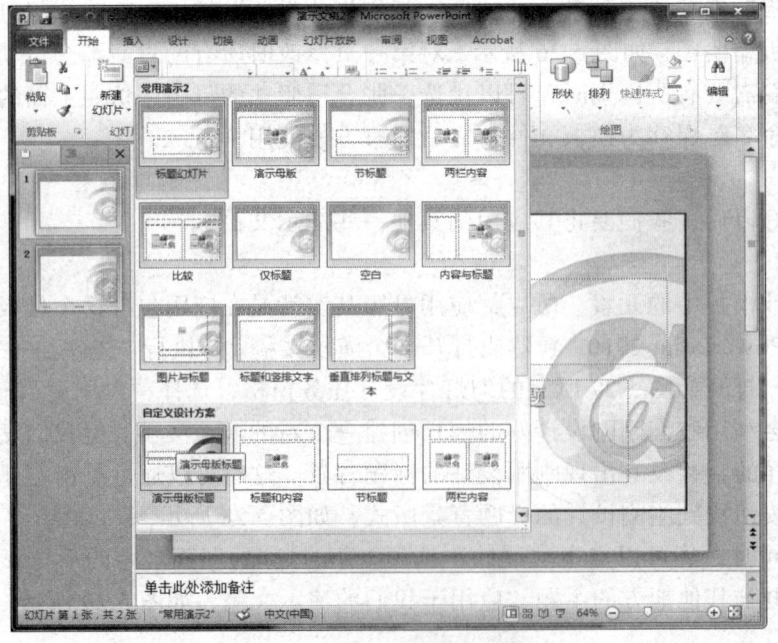

图 5.28　选择"标题背景版式"

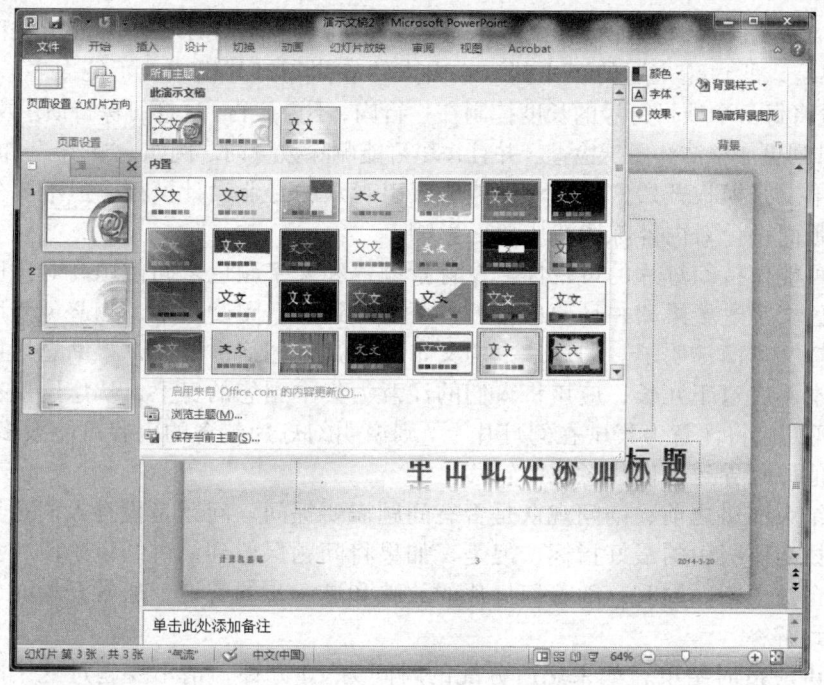

图 5.29 选择"主题"界面

（4）当任务窗格中出现了新增的常用演示设计模板后，单击该模板将其应用到整个演示文稿，或者在该模板上单击右键，在弹出菜单中选择"应用于选定幻灯片"，如图 5.30 所示。

在实际应用母版过程中应注意以下几点：

（1）母版中第一张为基础页，一变全变；第二张一般用于封面，与其他页一样，可以单独设置。

（2）如果发现某个母版不能应用到相应的幻灯片上，说明该幻灯片没有使用母版对应的版式，请修改版式后重新应用。

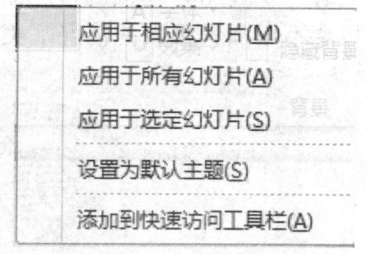

图 5.30 "应用于选定幻灯片"界面

（3）如果对应用的母版的格式不满意，可以仿照上面建立母版的操作，对母版进行修改，或者直接手动修改相应的幻灯片来美化和修饰你的演示文稿。

5.4 美化演示文稿

【知识点】

插入图片、绘制图形

【相关知识介绍】

演示文稿服务于演讲者，对于具有专业背景的人员或者在某些正式场合进行教育培训的人，专家建议遵循以下方法来美化演示文稿，以达到较好的宣讲效果。

（1）将幻灯片数量控制在 6 张左右。分别用来陈述问题、说明解决方案、讨论已被排除的可选方案、列举调查资料以支持解决方案、介绍成本投入（预算/资源）和制定实施细则。

还可以在修饰演示文稿时添加"标题"幻灯片和"问题"幻灯片（作为演示文稿的最后一张幻灯片），但是，所讨论主题的正文部分应由大约 6 张幻灯片组成，不能太多。

（2）尽量将每一个项目符号的长度控制在一行内，不要换行。这样可保持演示文稿的可读性，使项目符号排列更加整洁并便于检查。并且，尽可能删除数量词，例如，"一个"和"一台"等。

（3）从第二张模板开始，选择一种能够吸引观众的专业设计模板，但不要分散观众的注意力，以免版面设计对内容陈述造成负面影响。

（4）尽可能保持幻灯片的可视性。在背景颜色和文字颜色之间使用高对比度。例如，紫红色背景灰色文字过于柔和并且颜色相近，可能导致人们阅读困难，应避免使用。

（5）保持文本简洁明了。幻灯片上的文本主要是一些演讲要点，帮助您切换话题。高效的幻灯片文本不应过于冗长，应该将人们的注意力集中到您的身上，从您这里获取更多的信息。如果发现人们将注意力集中在幻灯片上，则说明幻灯片包含的内容可能太多或过于冗长，或者由于其他原因导致人们注意力的转移。

（6）在结束演讲之前，询问观众是否有问题需要提问。问题是检查人们是否被您的演讲主题和演讲技巧所吸引的最好指标。但是，如果将问题保留到演讲结束阶段，您将能够保证演讲过程不会被中断。同时，随着幻灯片的放映和进一步的解说，通常开始时的问题会在演讲过程中得到解答。

（7）演讲应按时结束，如果您所分配的时间为 10 分钟，请不要超过这个时间。如果没有时间限制，采用较短的时间会比采用较长的时间更能吸引人们的注意力。

【任务】

有一个介绍计算机流行产品的演示文稿，如图 5.31 所示，使用了 9 页幻灯片，现在要求在尽量不增加其页数的情况下美化演示文稿，使其对用户更有吸引力。

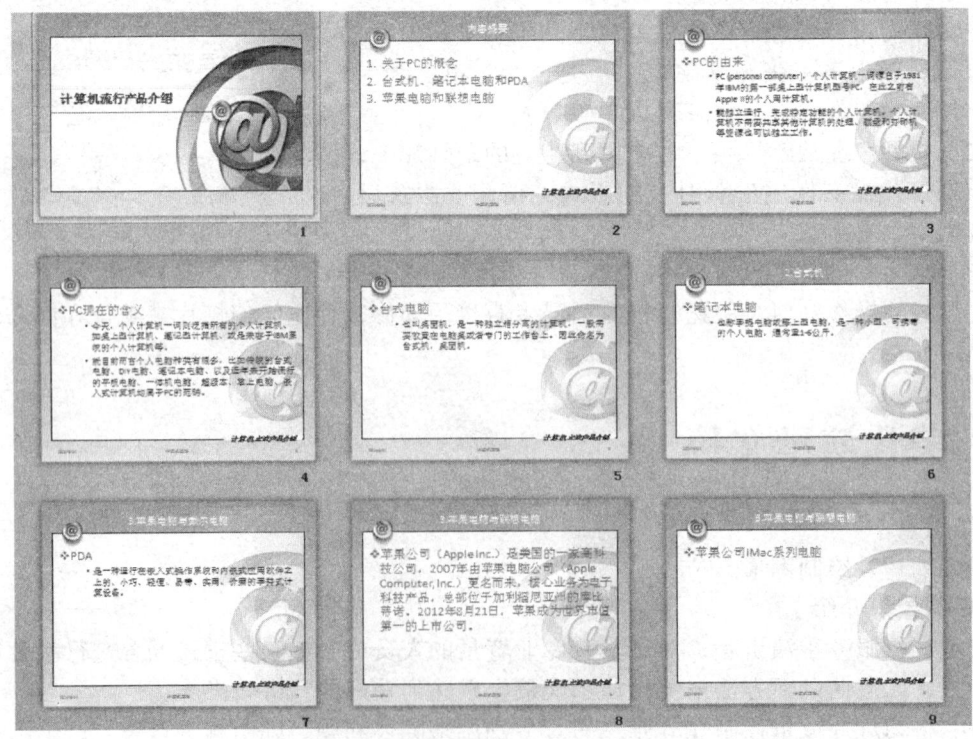

图 5.31　计算机流行产品介绍演示文稿

【解决方案】

原演示文稿内容长度适中，并运用了统一的模板，故而风格一致，但文本占的比例偏大，整个版式工整但缺乏活力，所以要美化文稿，就需要增加图形图像等媒体元素。插入图片、绘制图形能增加内容生动性，并使得图文混排的形式多样化。

（1）标题幻灯片的美化——插入剪贴画。

① 执行"插入"→"剪贴画"命令，弹出"剪贴画"任务窗格，如图 5.32 所示。

② 在"搜索文字"文本框中输入"计算机"，得到很多关于计算机的剪贴画，选择一个合适的剪贴画单击，在标题幻灯片中调整其大小和位置，如图 5.33 所示。

图 5.32　"剪贴画"任务窗格　　　　图 5.33　在幻灯片中插入剪贴画

（2）内容提要的美化——图形的绘制。

内容提要是提纲性地呈现将要讲述的内容，文本并不多，绘制简单的图形可以帮助我们更为清晰地表现各部分内容之间的关系，如图 5.34 所示。

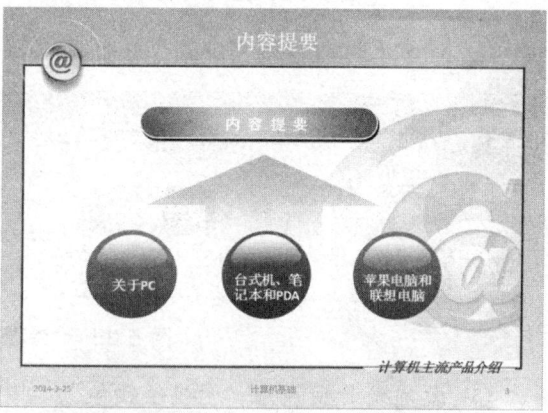

图 5.34　绘制图形美化幻灯片

① 执行"插入"→"形状"命令,弹出"绘图"工具栏,如图5.35所示。

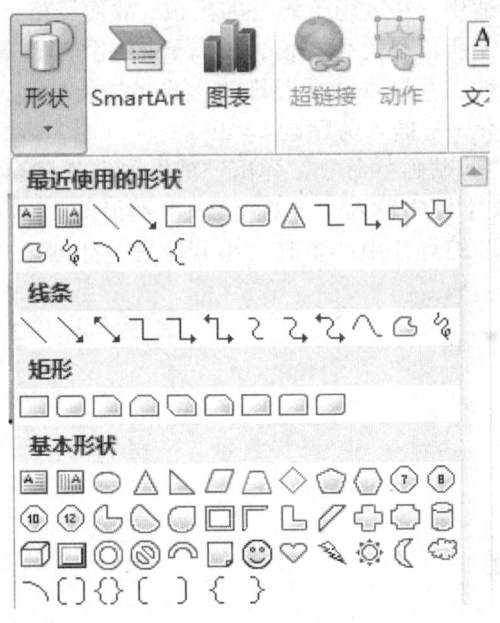

图5.35 "绘图"工具栏

② 下面我们绘制内容提要中用以呈现板块内容的立体小球,如图5.36所示。

③ 选择"绘图"工具栏上的椭圆工具,在幻灯片上按住Shift建,拖动画出一个正圆,如图5.37所示。

图5.36 将绘制的立体小球　　　　图5.37 绘制正圆

④ 双击正圆,弹出"绘图工具格式"选项卡,如图5.38所示。

图5.38 "绘图工具格式"选项卡

⑤ 设置线条颜色为"无线条颜色",如图5.39所示。

⑥ 在填充颜色下拉列表中选择"填充效果"命令,弹出"填充效果"对话框,设置"渐

变"选项卡中的参数,如图 5.40 所示。

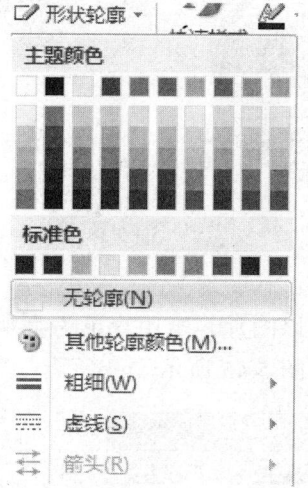

图 5.39 设置线条颜色为"无线条颜色"

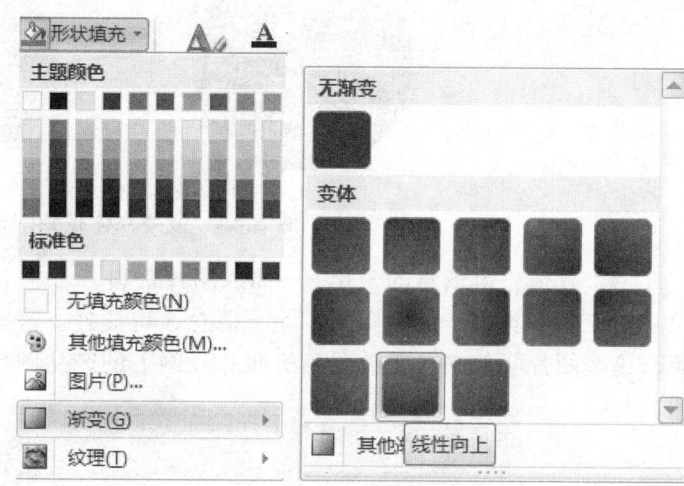

图 5.40 设置填充效果

⑦ 单击"确定"按钮,效果如图 5.41 所示。

⑧ 用上面的方法绘制一个椭圆,鼠标双击,在绘图工具格式选项卡中选择"编辑顶点",如图 5.42 所示。

图 5.41 设置渐变填充效果后的圆

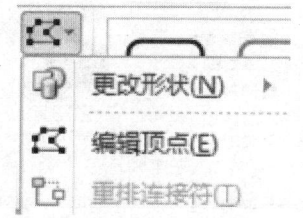

图 5.42 选择"编辑顶点"

⑨ 点击椭圆边缘添加顶点,调整顶点位置并添加渐变效果,产生立体效果,如图 5.43 所示。

图 5.43 增加高光图形的球体效果

⑩ 最后插入横排文本框,输入文本并调整字体格式,得到最终立体按钮的效果,如图 5.44 所示。

图 5.44　最终立体按钮的效果

（3）具体宣讲信息的美化——插入图片资料。

对于某一类型产品的介绍，除了概念、特征外，还需要辅以图片，给用户更为直观的印象，这些图片一般来自于数码相机照片或网上的产品图片，如图 5.45 所示。

图 5.45　图片资料

执行"插入"→"图片"，弹出"插入图片"对话框，在文件夹中选中相应的图片，单击"插入"按钮，就能够将文件夹中的图片插入当前幻灯片了，如图 5.46 所示。

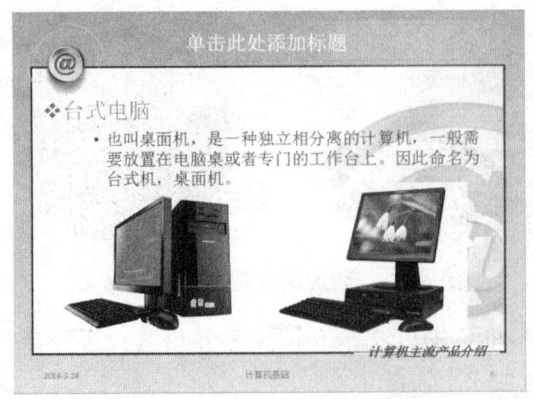

图 5.46　在幻灯片中插入图片

（4）美化后演示文稿的视觉效果得到改善，内容更为充实，为用户提供的信息也更多样化，如图 5.47 所示。

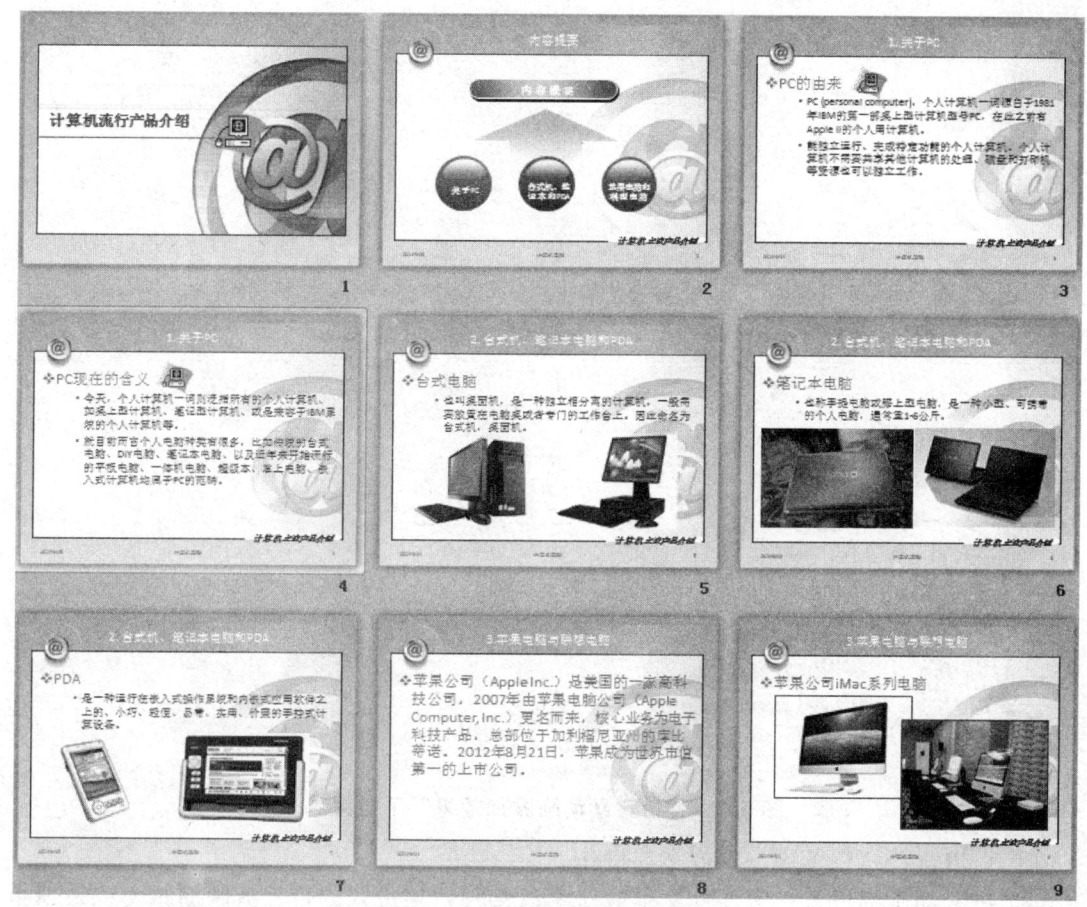

图 5.47 美化后的演示文稿

5.5 动画制作

5.5.1 PowerPoint 2010 中的动画概念

【知识点】

自定义动画、进入动画、强调动画、退出动画、动作路径、动画列表

【相关知识介绍】

在 PowerPoint 2010 中动画指给文本或对象添加特殊视觉或声音效果。例如，您可以使文本项目符号点逐字从左侧飞入，或在显示图片时播放掌声。

在普通视图中，显示包含要动画显示的文本或对象的幻灯片。选择要动画显示的对象，执行"动画"→"添加动画"命令，在弹出的下拉菜单中选择相应的动画，即可实现相应的效果，如图 5.48 所示。

图 5.48 "自定义动画添加效果"下拉菜单

在此可以选择执行下列一项或多项操作。

（1）进入动画的设置：若要使文本或对象以某种效果进入幻灯片放映演示文稿，请指向"进入"命令，再选择一种效果。

（2）强调动画的设置：若要为幻灯片上的文本或对象添加某种效果，请指向"强调"，再选择一种效果。

（3）退出动画的设置：若要为文本或对象添加某种效果以使其在某一时刻离开幻灯片，请指向"退出"命令，再选择一种效果。

（4）动作路径动画的设置：若要为对象添加某种效果以使其按照指定的模式移动，请指向"动作路径"命令，再选择一种效果。

动画效果在自定义动画列表中按应用顺序从上到下显示。自定义动画列表指幻灯片动画序列的列表。项目按添加的顺序列出，并包含指示相对于其他动画事件计时的图标。播放动画的项目会在幻灯片上标注非打印编号标记，该标记对应于列表中的效果。在幻灯片放映视图中不显示该标记。

5.5.2 动画的设置

【任务一】
对 5.4 节中的计算机流行产品介绍演示文稿设置进入动画。

【解决方案】

（1）选中需要设置动画的对象（如一张图片），执行"动画"→"添加动画"命令，弹出几种默认的动画效果菜单，如图 5.49 所示。

图 5.49 "自定义动画"任务窗格

（2）如果没有我们喜欢的动画效果，可以单击下面的"更多进入效果"选项，弹出"添加进入效果"对话框，如图 5.50 所示，选择合适的动画方案，单击"确定"按钮返回即可。同时，在幻灯片工作区中，可以预览动画的效果。

图 5.50 "添加进入效果"对话框

（3）需要对另一张图片进行相同的动画效果设置时，我们可以通过 PowerPoint 2010 中提供的 动画刷 工具来做。选中已经添加好的动画效果的对象，点击 动画刷 ，再点击需要应用此动画效果的对象即可完成动画效果的复制，如图 5.51 所示。

图 5.51　"动画刷"应用

（4）动画效果在自定义动画列表中按应用顺序从上到下显示，有两项。项目按添加的顺序列出，如图 5.52 所示。设置了播放动画的项目，幻灯片上有标注的非打印编号标记，该标记对应于列表中的效果。同时，点击工具栏上的 动画窗格 可以打开动画窗格，更加方便地查看动画播放顺序。

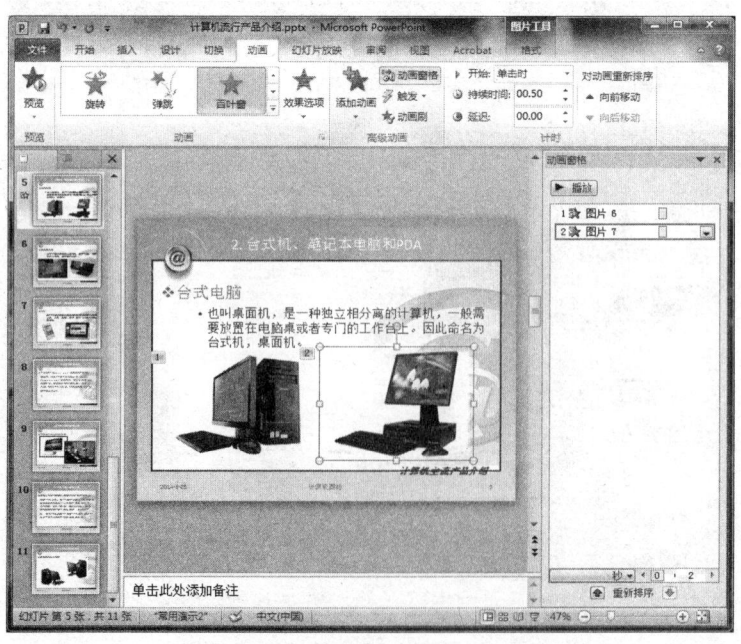

图 5.52　查看动画列表与幻灯片中的编号标记

第 5 章 PowerPoint 2010 演示文稿

【任务二】
如果对系统内置的动画路径不满意，可以自定义动画路径。现在我们要对最后一张幻灯片设置自定义路径的动画。

【解决方案】
（1）选中需要设置动画的对象（如一张图片），执行"动画"→"添加动画"→"其他动作路径"命令，在弹出的添加动作路窗口中，选中"S 形曲线 1"命令，如图 5.53 所示。

（2）此时，鼠标变成细十字线状，根据需要在工作区中描绘，在需要变换方向的地方单击一下鼠标左键。全部路径描绘完成后，双击鼠标左键即可，生成如图 5.54 所示的 S 形路径。

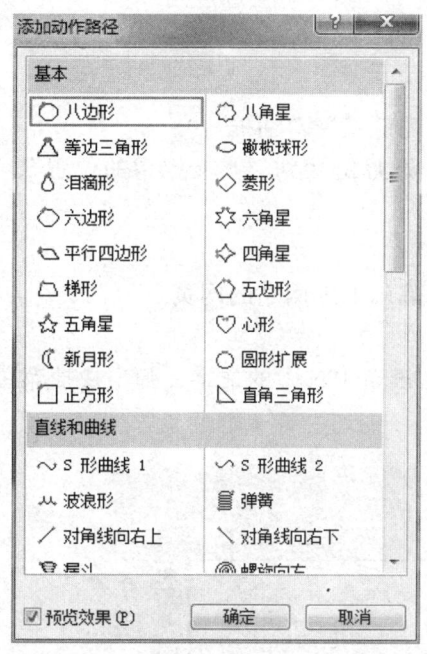

图 5.53 绘制自定义路径级联菜单

图 5.54 在幻灯片中绘制自定义路径

【任务三】
如果我们希望某个对象在演示过程中退出幻灯片，就可以通过设置"退出动画"效果来实现。

【解决方案】
选中需要设置动画的对象，仿照上面"进入动画"的设置操作，为对象设置退出动画。

注意：如果对设置的动画方案不满意，可以在动画窗格中选中不满意的动画方案，然后单击一下其中的"删除"按钮即可。

5.5.3 超链接设置

【知识点】
超链接

【相关知识介绍】
超链接是控制演示文稿播放的一种重要手段，可以在播放时实时地以顺序或定位方式

"自由跳转"。

用户在制作演示文稿时预先为幻灯片对象创建超链接,并将链接的目的位置指向其他地方——演示文稿内指定的幻灯片、另一个演示文稿或某个应用程序,甚至是某个网络资源地址。

超链接本身可能是文本或其他对象,例如图片、图形、结构图、艺术字、动作按钮等。

使用超链接可以制作出具有交互功能的演示文稿。在播放演示文稿时使用者可以根据自己的需要单击某个超链接,进行相应内容的跳转。

PowerPoint 2010 提供了两种方式的超链接:文字或图片形式包含的超链接和以动作按钮表示的超链接。

1. 文字或图片形式包含的超链接

(1)选择要插入超链接的文字或图片元素。

(2)执行"插入"→"超链接"命令,弹出"插入超链接"对话框。

(3)在"链接到"选项组中设置链接目标。例如,选择链接到"本文档中的位置",就可以在当前演示文稿中选择需要链接的幻灯片。

【任务四】

现在需要为联想电脑设置超链接,单击时可以打开戴尔电脑网站的网页。

【解决方案】

(1)选择要插入超链接的文字——"联想公司",右键单击选中的文字,弹出快捷菜单,如图 5.55 所示。

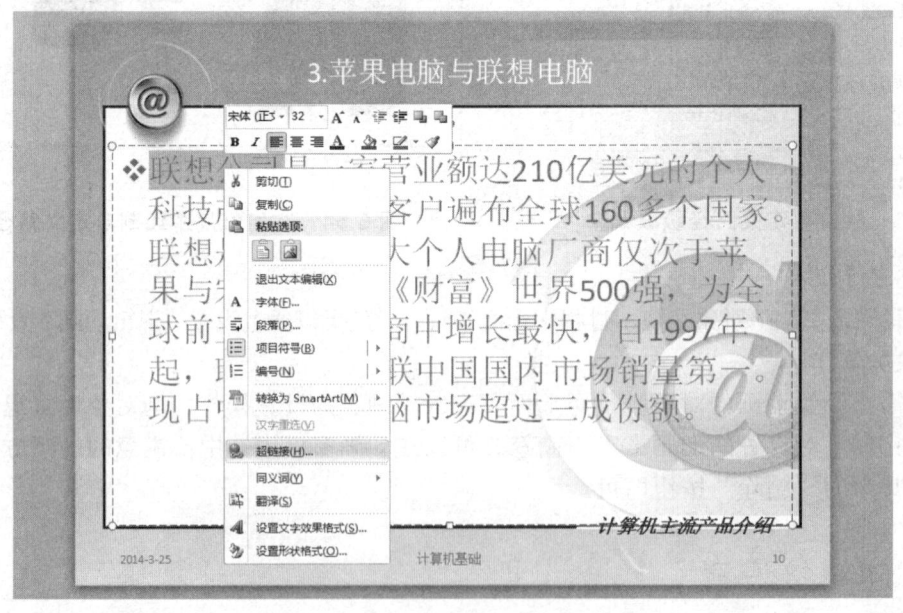

图 5.55　幻灯片中右键快捷菜单

(2)选择菜单上的"超链接"命令,弹出"插入超链接"对话框,如图 5.56 所示,在"地址"文本框中输入戴尔电脑网站地址"http://www.lenovo.com.cn"。

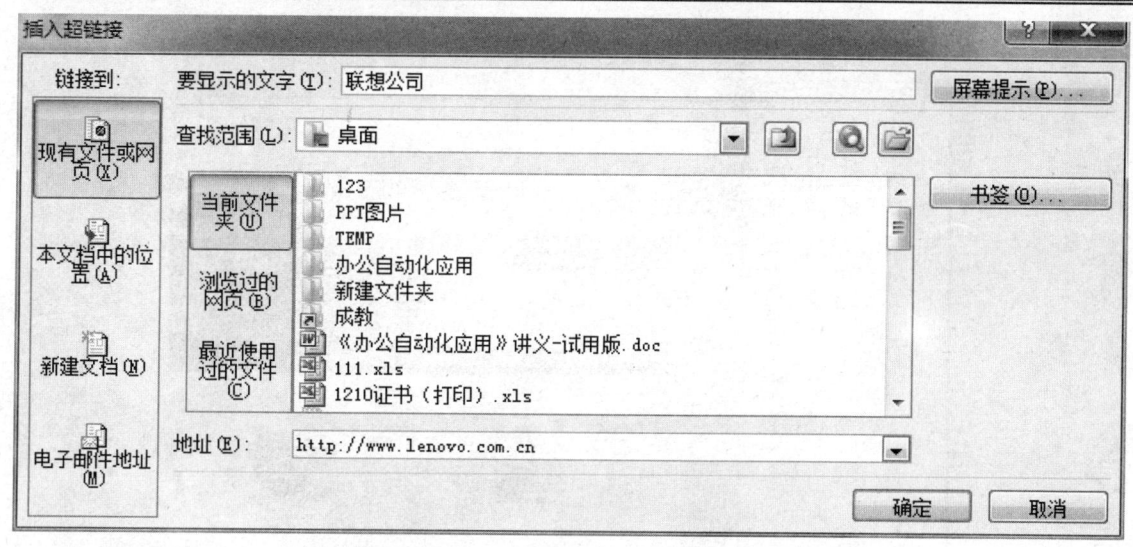

图 5.56 "插入超链接"对话框

注意：在该对话框中，可以在"链接到"选项组中设置链接目标。例如，选择链接到"本文档中的位置"，就可以在当前演示文稿中选择需要链接的幻灯片。

（3）单击"确定"按钮后返回，然后放映该幻灯片，将鼠标移动到"联想电脑"几个字上方时，鼠标将呈现手形，并提示链接网址是"http://www.lenovo.com.cn/"，如图 5.57 所示。

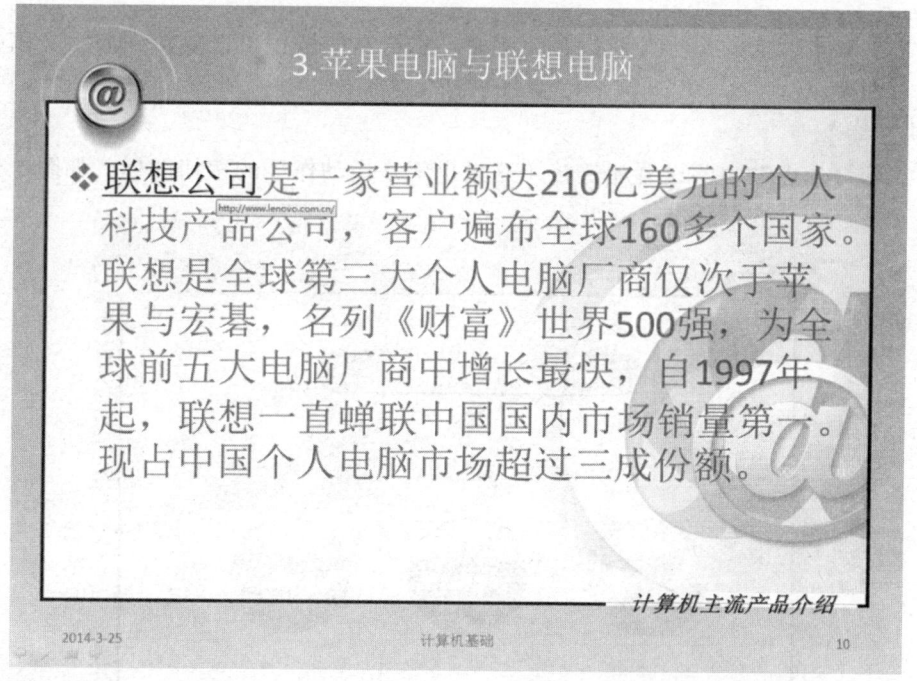

图 5.57 放映幻灯片时的超链接文本显示效果

（4）单击该链接，将在 IE 浏览器中打开戴尔中国的网页页面，如图 5.58 所示。

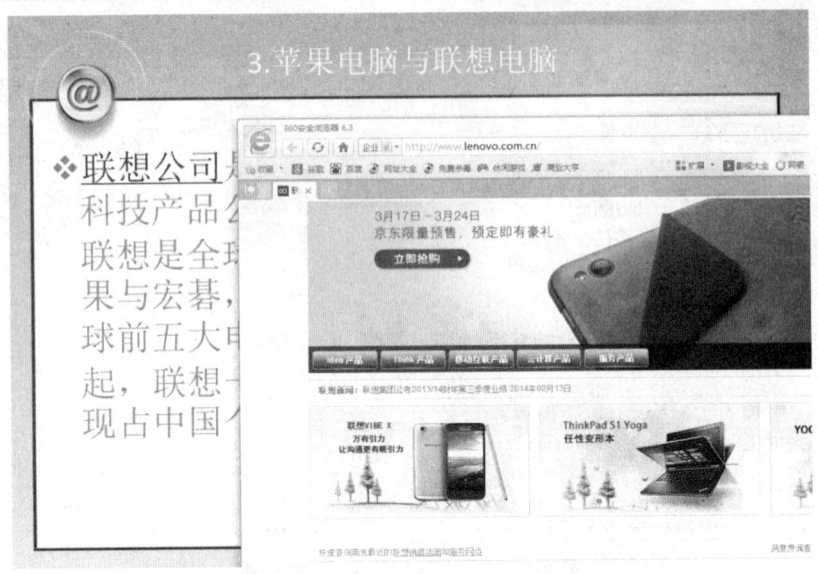

图 5.58　在幻灯片放映过程中打开超链接网页

2. 以动作按钮表示的超链接

动作按钮是 PowerPoint 2010 提供的一种特定形式的图形对象，可以插入演示文稿并为其定义超链接。动作按钮是超链接的一种应用形式。我们可以插入 PowerPoint 2010 自带的动作按钮，通过执行"插入"→"形状"→"动作按钮"命令来实现，也可插入外部图片作为动作按钮。

【任务五】

为内容提要页面上的几个按钮设置超链接，单击这些按钮可以跳转到演示文稿中对应的内容讲解页面上。

【解决方案】

（1）在幻灯片上选中要设置超链接（这里也就是指动作）的按钮图标，如图 5.59 所示。

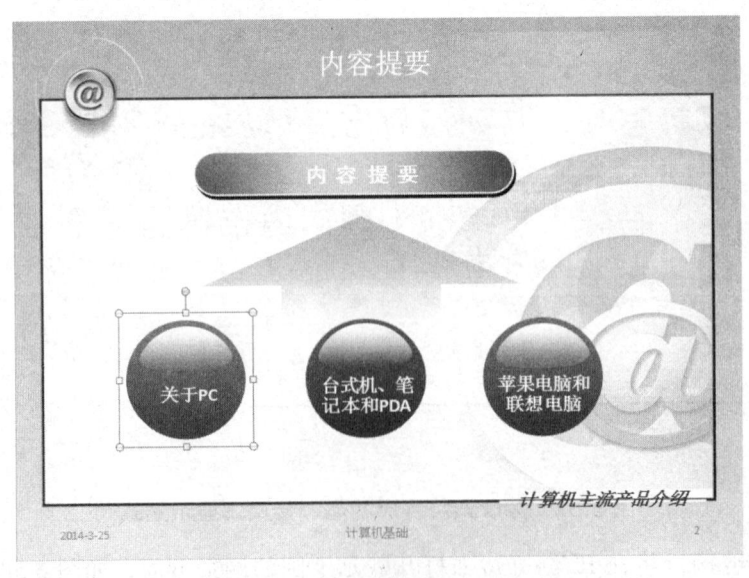

图 5.59　选中要设置动作的按钮

（2）选中图标，执行"插入"→"动作"命令，打开"动作设置"对话框，如图 5.60 所示。在"单击鼠标"选项卡中选择"超链接到"选项，在下拉列表中选择"幻灯片…"，弹出如图 5.61 所示对话框。

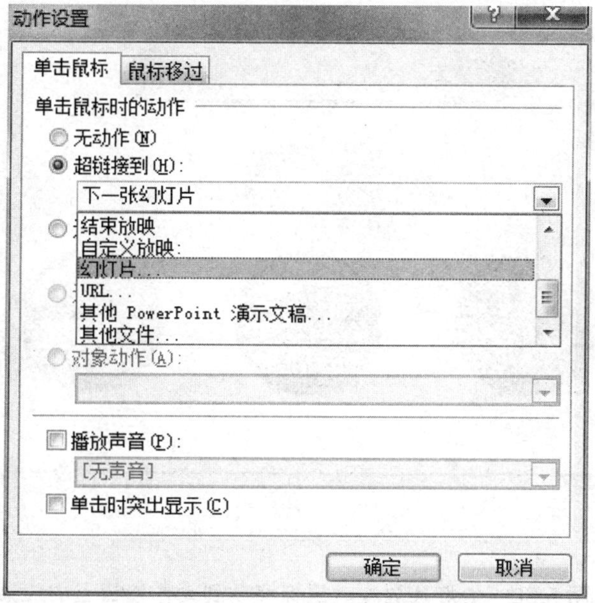

图 5.60 "动作设置"对话框

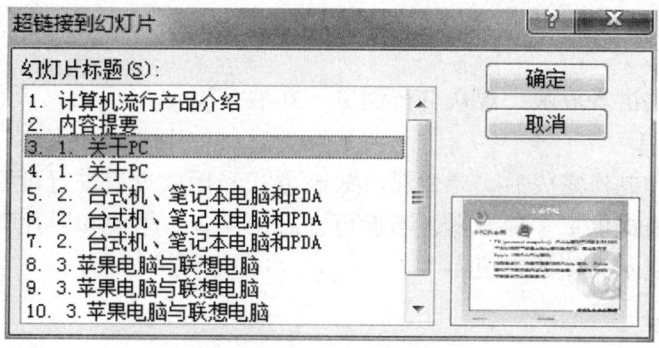

图 5.61 "超链接到幻灯片"对话框

（3）选择要链接的幻灯片——"3．1． 关于 PC"，单击"确定"按钮完成。

注意： PowerPoint 提供了两种激活交互动作的选项——单击鼠标和鼠标移过。前者适用于超链接方式，后者适用于提示、播放声音。

（4）放映当前幻灯片，可以查看链接效果，当鼠标移动到该按钮上时，变为手形，如图 5.62 所示，单击则跳转到刚才所设置的页面。对后面两个按钮也进行动作设置，这样就可以方便地跳转了。

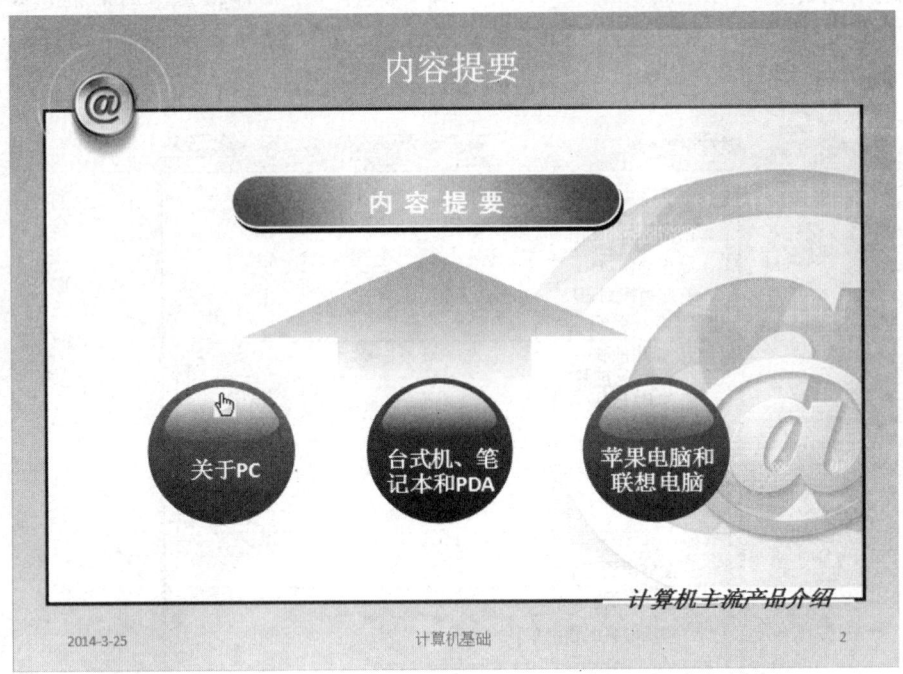

图 5.62 幻灯片放映时鼠标移动到动作按钮上的效果

5.5.4 幻灯片放映

【知识点】
幻灯片切换、演讲者放映、观众自行浏览、在展台浏览
【相关知识介绍】
演示文稿设计和制作完成后,还要对其放映方式和播放过程进行设置。PowerPoint 对演示文稿的放映、切换提供了多种方案,不仅可以添加声音、乐曲和影片等,还可以添加切换效果,可大大提高演示文稿的表现力。

1. 幻灯片切换

幻灯片切换方式指定当用户由一个幻灯片移动到另一幻灯片时屏幕显示的变化情况,例如渐隐于黑色中。PowerPoint 2010 可以在幻灯片放映的演示文稿中向所有幻灯片添加同一切换效果,也可以在幻灯片之间添加不同的切换效果。选择"切换"选项卡,点击"切换到此幻灯片"上的下拉菜单,弹出"幻灯片切换效果"菜单,如图 5.63 所示。

2. 设置幻灯片切换的方法

(1) 在幻灯片放映的演示文稿中向所有幻灯片添加同一切换。
① 执行"切换"→打开"切换到此幻灯片"上的下拉菜单。
② 在弹出的"幻灯片切换效果"菜单中,选择需要的切换效果。
③ 单击"应用全部"按钮,完成设置。

图 5.63 "幻灯片切换效果"菜单

（2）在幻灯片之间添加不同的切换，对要添加不同切换的每张幻灯片重复执行以下步骤：
① 选中要添加切换的幻灯片。
② 执行"切换"→打开"切换到此幻灯片"上的下拉菜单。
③ 在弹出的"幻灯片切换效果"菜单中，选择需要的切换效果，即可完成设置。

【任务六】
现在需要在计算机流行产品演示文稿的标题幻灯片和内容提要幻灯片之间设置幻灯片切换样式。

【解决方案】
（1）在普通视图的"幻灯片"选项卡中，选取要添加切换的幻灯片，这里选择第二页——内容提要。
（2）执行"切换"→打开"切换到此幻灯片"上的下拉菜单。
（3）在弹出的"幻灯片切换效果"菜单中，选择需要的切换效果，这里选择"溶解"效果，如图 5.64 所示。

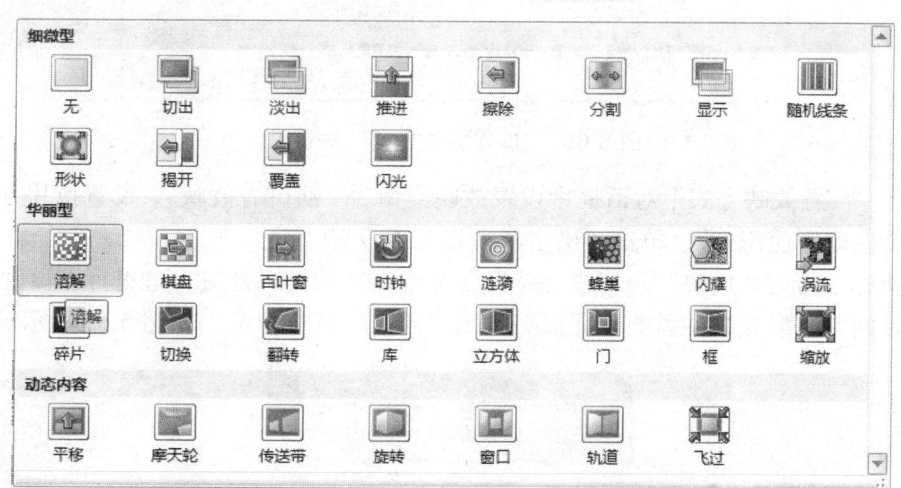

图 5.64 对第二页幻灯片设置切换效果

（4）现在回到第一页——标题幻灯片，单击"幻灯片放映"按钮，查看效果。

3. 幻灯片的放映

PowerPoint 提供了 3 种幻灯片的放映方式：演讲者放映、观众自行浏览、在展台浏览。关于这 3 种放映方式的区别，可参考前面讲的 PowerPoint 2010 视图显示方式。

（1）"演讲者放映（全屏幕）"：可运行全屏显示的演示文稿，这是最常用的幻灯片播放方式，也是系统默认的选项。演讲者具有完整的控制权，可以将演示文稿暂停，添加说明细节，还可以在播放中录制旁白。

（2）"观众自行浏览（窗口）"：适用于小规模演示，这种方式提供演示文稿播放时移动、编辑、复制等命令，便于观众自己浏览演示文稿。

（3）"在展台浏览（全屏幕）"：适用于展览会场或会议。观众可以更换幻灯片或者单击超链接对象，但不能更改演示文稿。

【任务七】

现在需要为计算机流行产品演示文稿设置"演讲者放映方式"，为配合演讲，演示文稿播放总时间为 15 分钟。

【解决方案】

（1）执行"幻灯片放映"→"设置放映方式"命令，弹出"设置放映方式"对话框，如图 5.65 所示。

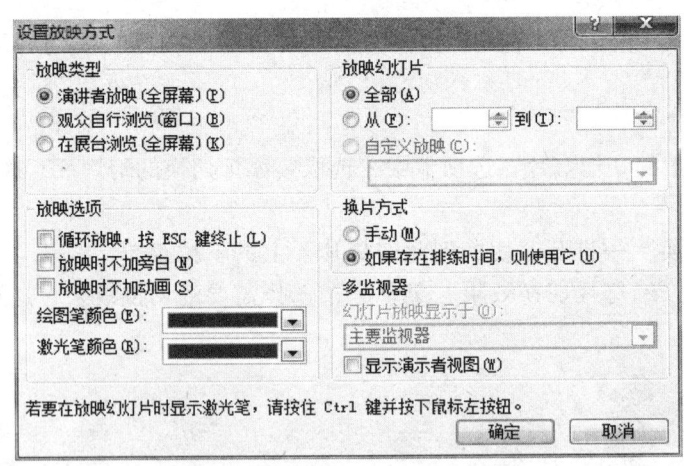

图 5.65 "设置放映方式"对话框

（2）在"设置放映方式"对话框中设置放映类型为"演讲者放映"，设置换片方式为"如果存在排练时间则使用它"，单击"确定"按钮完成设置。

（3）执行"幻灯片放映"→"排练计时"命令，开始排练计时，这里可以设置每张幻灯片呈现的时间，以配合演讲需要。完成后关闭"预演"窗口即可，如图 5.66 所示。

图 5.66 "排练计时"窗口

（3）设置完成后，单击"幻灯片放映"按钮 从当前幻灯片开始放映，查看效果。在演示文稿放映过程中，单击鼠标右键，将打开演示快捷菜单，如图 5.67 所示。

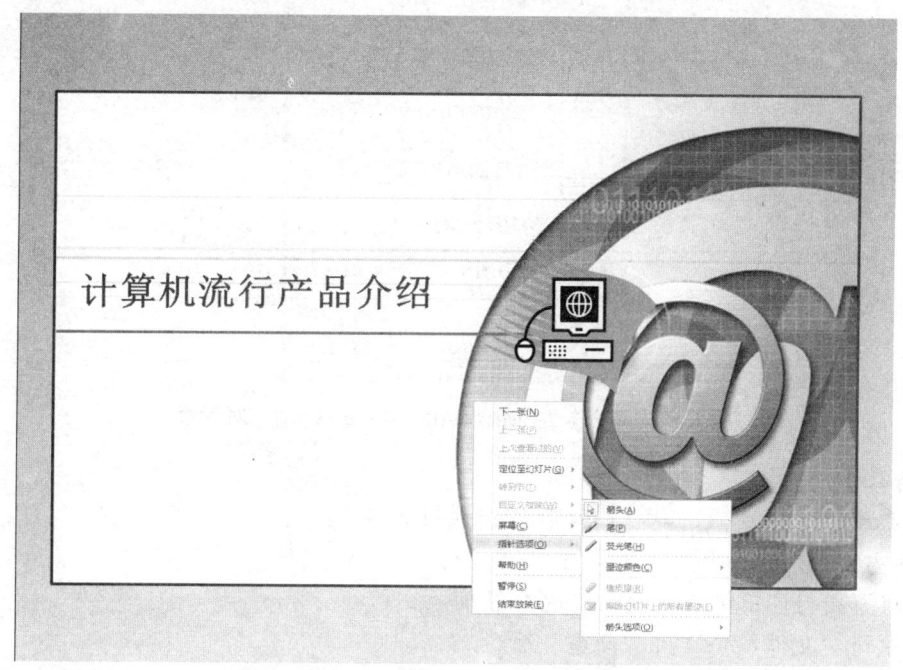

图 5.67　放映过程中的演示快捷菜单

注意：可以使用"定位至幻灯片"命令直接跳转到指定的幻灯片；使用"指针选项"中的"绘图笔"命令将鼠标指针变为一支笔，在播放过程中使用这支笔在幻灯片上做适当的批注。

5.6　演示文稿的打印

5.6.1　打印讲义

【知识点】

打印讲义

【相关知识介绍】

我们可使用 PowerPoint 自带的默认讲义版式选项打印讲义，也可以将演示文稿的内容发送到 Microsoft Office Word 以进行其他格式设置，进一步自定义讲义的外观。

【任务一】

发送讲义到 Microsoft Office Word 打印。

【解决方案】

执行"文件"→"保存并发送"→"创建讲义"命令，弹出"发送到 Microsoft Office Word"对话框，如图 5.68 所示。

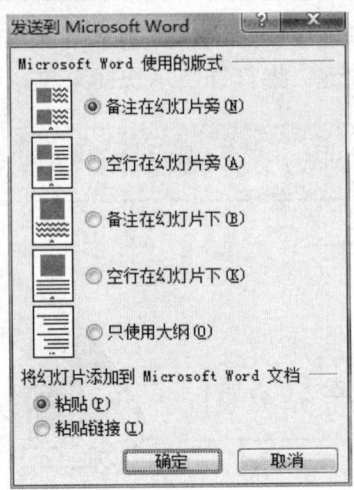

图 5.68 "发送到 Microsoft Office Word"对话框

【任务二】
使用 PowerPoint 自带的默认讲义版式选项打印讲义。

【解决方案】
（1）打开要打印的计算机流行产品介绍演示文稿。
（2）执行"文件"→"打印预览"命令。
（3）在右边的"幻灯片"设置命令组里设置幻灯片的排列方式和打印方式，预览效果如图 5.69 所示。

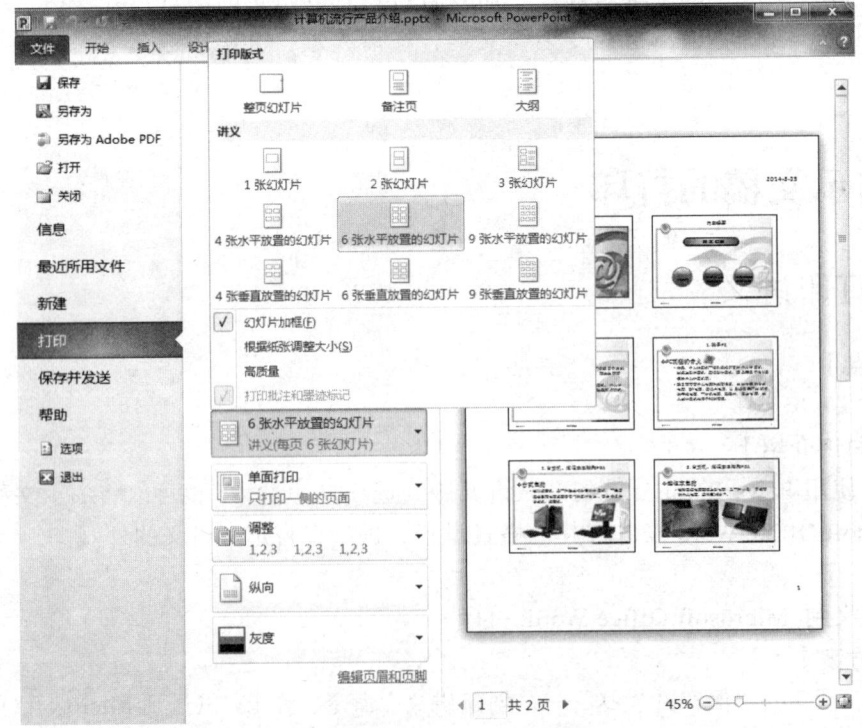

图 5.69 每页打印 6 张幻灯片讲义的预览效果

（4）在"打印预览"工具栏上，单击"打印"按钮。这样就可以在每页纸上打印 6 张幻灯片的内容了。

如果要打印黑白讲义，则在"打印预览"状态下，单击"灰度"按钮右侧的箭头，选择"灰度"，如图 5.70 所示。

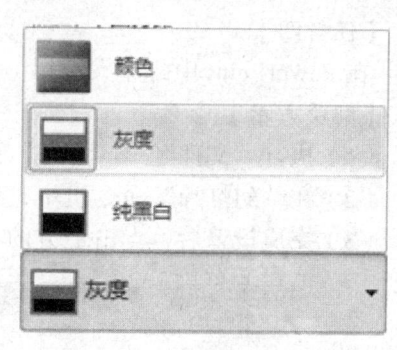

图 5.70　打印无彩色讲义选项

5.6.2　打印大纲

【知识点】

打印大纲

【相关知识介绍】

打开要打印的演示文稿，在普通视图中，单击左侧窗格的"大纲"选项卡，在"常用"工具栏上，单击"全部展开"，从而只放映幻灯片标题或文本的所有级别。打印大纲的方法与打印讲义类似，也有发送到 Word 打印和在 PowerPoint 中打印两种方式。

【任务三】

发送大纲到 Microsoft Office Word 打印。

【解决方案】

（1）执行"文件"→"保存并发送"→"创建讲义"命令，弹出"发送到 Microsoft Office Word"对话框，如图 5.71 所示。

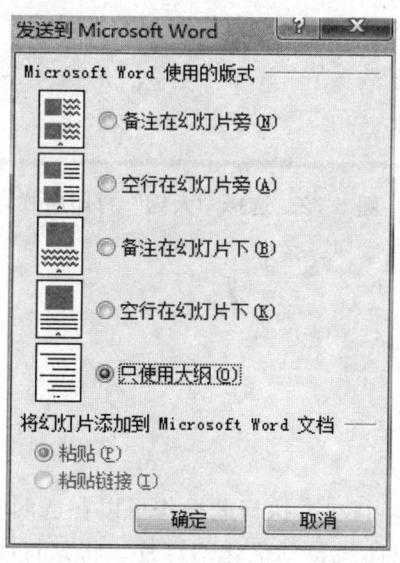

图 5.71　"发送到 Microsoft Office Word"对话框

（2）在"Microsoft Word 使用的版式"中选择"只使用大纲"选项。

（3）单击"确定"按钮后打开一个新的 Word 文档，里面包含演示文稿大纲内容，调整格式后打印即可。

【任务四】

在 PowerPoint 中打印大纲。

【解决方案】

(1) 执行"文件"→"打印"命令。

(2) 在"幻灯片"命令组中,选择"大纲"打印版式,如图 5.72 所示。

(3) 完成设置后,点击上方的"打印"按钮,即可打印出大纲文档。

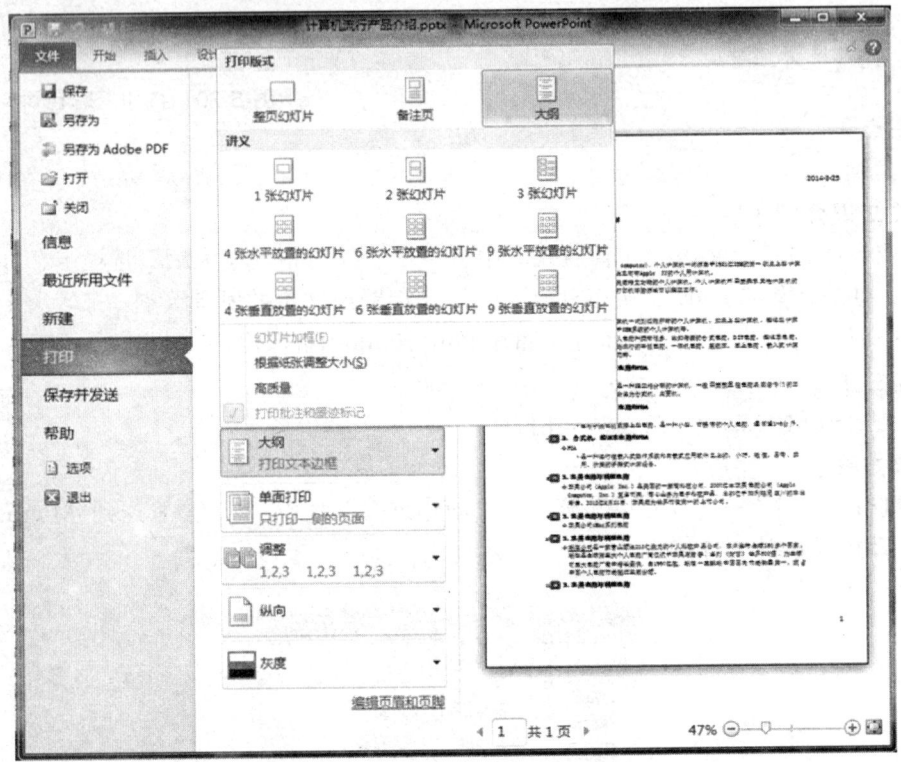

图 5.72 选择"大纲"打印版式

5.6.3 打印幻灯片

【知识点】

打印幻灯片

【相关知识介绍】

如果正在创建投影机的透明胶片,执行此操作可以在透明胶片上打印演示文稿。Microsoft PowerPoint 2010 对于选定的打印机自动优化幻灯片,将其打印为黑白或彩色。

【任务五】

设置要打印的幻灯片大小。

【解决方案】

(1) 执行"设计"→"页面设置"命令,弹出"页面设置"对话框,如图 5.73 所示。

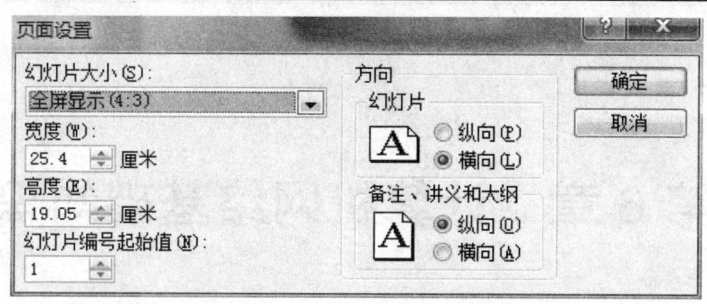

图 5.73 "页面设置"对话框

（2）在"幻灯片大小"框中，选择所需的选项。如果选择"自定义"，则在"宽度"和"高度"框中输入所需的尺寸。

（3）设置完成后，单击"确定"按钮。

【任务六】

查看幻灯片的打印效果。

【解决方案】

（1）执行"文件"→"打印"命令，在窗口右边即可预览打印效果。

（2）在中间的工具栏里罗列了一系列打印设置命令。若要打印彩色幻灯片，则单击"灰度"按钮右侧的箭头，选择"颜色"选项。在这之前必须先选择彩色打印机作为默认打印机，才能够预览彩色幻灯片。

（3）单击上方的"打印"按钮即可完成打印。

本章小结

本章主要介绍了 PowerPoint 2010 演示文稿的主要功能和操作方法，包括：

认识 PowerPoint 2010：主要介绍了 PowerPoint 2010 的基本功能、演示文稿的基本概念。

PowerPoint 2010 的使用基础：主要介绍了 PowerPoint 2010 的工作界面和窗口组成；内容提示向导的使用；视图方式；演示文稿的保存、关闭和打开等。

PowerPoint 2010 的模板和母版：主要介绍了设计模板、占位符、配色方案、母版的概念；保存和调用模板的方法；编辑、调用和应用母版的方法。

美化演示文稿：主要介绍美化演示文稿的原则；应用剪贴画、绘制图形、插入图片等方法美化文稿的方法。

动画制作：主要介绍 PowerPoint 2010 中的动画概念；动画的设置方法；幻灯片切换效果设置与演示文稿放映方法。

演示文稿的打印：主要介绍演示文稿的讲义、大纲以及幻灯片的打印方法。

第 6 章　计算机网络基础知识

随着计算机信息技术的高速发展，计算机的应用遍及社会的各个领域。计算机网络技术则是计算机信息技术中一个极具代表性的发展方向，计算机网络技术涉及通信与计算机两个领域，它的出现使整个计算机体系结构发生了巨大变化，在当今的信息社会中起着非常重要的作用，尤其以 Internet 为核心的信息高速公路已经成为人们信息交流的重要途径。计算机网络的发展水平不仅反映了一个国家的计算机科学和通信技术水平，而且已经成为衡量其国力及现代化程度的重要标志之一。

知识目标：
- 掌握计算机网络的定义、分类以及网络拓扑结构的相关知识
- 掌握网络的系统结构组成
- 理解网络 IP 地址以及域名的含义
- 了解 Internet 的产生和发展过程
- 了解 Internet 的接入技术及其特点

技能目标：
- 能根据实际情况确定局域网采用什么拓扑结构
- 能设置计算机的 IP 地址
- 能在 Internet 上遨游

6.1　网络的产生和发展

6.1.1　网络的产生

计算机网络的概念是随着人们认识的深入和网络技术的发展而不断完善的。起初网络就是人们连接了计算机、外设和终端设备并使之进行通信的系统。世界上第一台电子数字计算机 ENIAC 于 1946 年 2 月 14 日在美国宾夕法尼亚大学的莫尔电机学宣告诞生，在其诞生的时候计算机技术与通信技术并没有直接的联系。直到 20 世纪 50 年代初，由于美国军方的需要，美国半自动地面防空系统 SAGE 进行了计算机技术与通信技术相结合的尝试。它将远程雷达与其他测控仪器所探测到的信息通过通信线路与一台计算机连接，进行集中的防空信息处理与控制。这种将终端设备雷达、测控设备、通信线路及计算机连接起来形成的系统可以说是计算机网络的雏形。在这项研究的基础上，人们完全可以将地理位置分散的多个终端设备通过通信线路连到一台中心计算机上。用户可以在自己的办公室内的终端输入程序，通过

通信线路传送到中心计算机，分时访问和使用其资源进行信息处理，处理结果再通过通信线路回送到用户终端。人们把这种以单个主机为中心的联机系统称作面向终端的远程联机系统，它是计算机通信网络的一种。对于计算机网络其最大特点在于资源共享。

6.1.2 网络的发展

【知识点】
网络的发展阶段
【相关知识介绍】
从计算机网络技术的诞生到现在飞速发展，计算机网络的发展大致可划分为4个阶段。

1. 第一代计算机网络（面向终端）

早期的计算机系统是高度集中的，所有的设备安装在单独的机房中，以单个计算机为中心的联机系统，随着技术的发展后来出现了批处理和分时系统，分时系统所连接的多个终端连接着主计算机。到了20世纪50年代中后期，为了适应需求，人们通过技术将地理上分散的多个终端通过通信线路连接到一台中心计算机上，于是出现了第一代计算机网络。典型应用是美国航空公司与IBM在20世纪50年代初开始联合研究，20世纪60年代投入使用的飞机订票系统SABRE-I，它由一台计算机和全美范围内2 000个终端组成（这里的终端是指由一台计算机外部设备组成的简单计算机，有点类似现在所说的"瘦客户机"，仅包括CRT控制器、键盘，没有CPU、内存和硬盘）。

2. 第二代计算机网络（计算机-计算机）

到了20世纪60年代出现了大型主机，因而也提出了对大型主机资源远程共享的要求，以程控交换为特征的电信技术的发展为这种远程通信需求提供了强有力的保障。第二代网络是由多台计算机通过通信线路互相连接起来的，与第一代相比，这一代的多台计算机都具备自主的处理能力，没有主从的关系，可以完成计算机与计算机间的通信，兴起于20世纪60年代后期。这种网络中主机之间不是直接用线路相连，而是由接口报文处理机（IMP）转接后互联。IMP和它们之际互联的通信线路一起负责主机间的通信任务，构成通信子网。通信子网互联的主机负责运行程序，提供资源共享，组成了资源子网。第二代计算机网络才是真正的计算机网络，ARPAnet是其典型的代表。

3. 第三代计算机网络（计算机网络标准化阶段）

随着计算机网络技术的成熟，网络应用越来越广泛以及网络规模增大，同时为了共享更多的网络资源，便需要把不同的网络连接起来，各大计算机公司纷纷制定了自己的网络技术标准。IBM于1974年推出了系统网络结构（System Network Architecture），为用户提供能够互联的成套通信产品；1975年DEC公司宣布了自己的数字网络体系结构DNA（Digital Network Architecture），这些网络技术标准只是在一个公司范围内有效，遵从某种标准的、能够互联的网络通信产品，只是同一公司生产的同构型设备。网络通信市场这种各自为政的状况使得用户在使用和投资方向上无所适从，也不利于多厂商之间的公平竞争。网络的开放性和标准化被提上日程，为了适应网络技术的发展，国际标准化组织（International Organization for Standardization，ISO）于1984年发布了开放式系统互联基本参考模型OSI/RM的国际标准，为协调开发现有的与未来的系统互联标准建立起一个框架，其目的是让异构型计算机系统的互联能达到应用进程之间的有效通信。

4. 第四代计算机网络（网络互联时代）

20世纪90年代末至今的第四代计算机网络，由于局域网技术发展成熟，出现光纤及高速网络技术、多媒体网络、智能网络，整个网络就像一个对用户透明的大的计算机系统，发展为以Internet为代表的互联网。20世纪末各国政府都将计算机网络的发展列入国家发展计划之中，例如，美国在1993年提出"国家信息基础结构（NII）行动计划"（即信息高速公路），1996年其又提出"下一代Internet计划"（即NGI计划）。在我国也提出了相应的国家信息技术发展计划，随之也提出了"信息带动工业化"的发展方针，这势必为我国的计算机网络技术的发展带来新的契机。

6.2 网络的定义和功能

6.2.1 计算机网络的定义、组成

【知识点】
网络的定义、网络的组成、网络中的数据通信
【相关知识介绍】

1. 什么是计算机网络

所谓计算机网络是指在不同地理位置上，具有独立功能的多个计算机及其外部设备通过通信设备和线路相互连接，在功能完备的网络软件支持下实现资源共享和数据传输的系统。

在这个系统中可以有很多节点，一个节点可以是一台计算机、打印机或是任何能够发送或接收由网络上其他节点产生数据的设备。设备之间的链路常被称为通信信道。对于计算机网络的定义涉及以下几个要点：

（1）计算机网络中包含两台或更多的地理位置不同的"独立"的计算机。这些计算机也就是主机（Host）。

（2）网络中各节点之间的必须有信道的连接，信道可以是双绞线、同轴电缆或光纤等"有线"传输介质；也可以是激光、微波或卫星等"无线"传输介质。

（3）网络中各结点之间的通信必须有协议的支持。

（4）网络的目的是实现资源共享，因此必须有充分的软件支持。

2. 计算机网络的组成

从系统功能的角度来看，计算机网络主要由资源子网和通信子网两部分组成。

（1）资源子网。主要任务是收集、存储和处理信息，为用户提供资源共享和各种网络服务等。资源子网主要包括：联网的计算机、终端、外部设备、网络协议及网络软件等。

（2）通信子网。主要任务是连接网上的各种计算机，完成数据的传输与交换。通信子网

主要包括：通信线路、网络连接设备、网络协议和通信控制软件等。

6.2.2 计算机网络中的数据通信

【知识点】
数据通信
【相关知识介绍】

1. 信　号

信号是指数据的电子或电磁编码形式。数据在传输介质或通信路径上以信号的形式传送。信号可分为模拟信号与数字信号。

模拟信号是一种以电或磁的形式模仿其他物理方式（如振动、声音、图像）所产生的信号，它的基本特征是具有连续性，电话信号就是一种模拟信号。

数字信号是在一段固定时间内保持电压（位）值的、离散的电脉冲序列，通常一个脉冲表示一位二进制数，现在计算机内部处理的信号都是数字信号。

2. 信　道

信道是指数据通信中发送端和接收端之间的通路。信道可分为物理信道与逻辑信道。

物理信道是指传输数据和信号的物理通路，由传输介质和相关的通信设备组成。根据传输介质不同，物理信道可分为有线信道（如双绞线、同轴电缆、光缆等）、无线信道和卫星信道；根据信道中传输的信号不同，物理信道又可分为模拟信道与数字信道。

逻辑信道也是一种网络通路，是在物理信道基础上建立的两个节点之间的通信链路。

3. 调制与解调

模拟信道不可以直接传输数字信号。例如：普通电话线是针对互通声音设计的模拟信道，只适用于模拟信号的传输，不可以直接传输数字信号。要在模拟信道上传输数字信号，就要在信道两端分别安装调制解调器（Modem），其具有两种工作顺序相反的功能：调制和解调。调制在发送端，是将数字信号转换成模拟信号的过程；解调在接收端，是将模拟信号还原成数字信号的过程。

4. 数据通信的主要技术指标

在数字通信中，我们一般使用比特率和误码率来分别描述数据信号传输速率的大小和传输质量的好坏等；在模拟通信中，我们常使用带宽和波特率来描述通信信道传输能力和数据信号对载波的调制速率。

（1）带宽（Band Width）。在模拟信道中，我们常用带宽表示信道传输信息的能力，带宽即传输信号的最高频率与最低频率之差。理论分析表明，模拟信道的带宽或信噪比越大，信道的极限传输速率也越高。这也是为什么我们总是努力提高通信信道带宽的原因。

（2）比特率。即数据传输速率，它表示单位时间内传输的二进制代码的有效位数，单位为每秒比特数 bit/s（bps）。在数字信道中，通常用比特率表示信道的传输能力，常用的单位有 bit/s、Kbit/s、Mbit/s、Gbit/s。其中：1 Kbit=1×10^3 bit/s，1 Mbit=1×10^6 bit/s，1 Gbit=1×10^9 bit/s，1 Tbit=1×10^{12} bit/s。

（3）波特率。波特率指数据信号对载波的调制速率，它用单位时间内载波调制状态改变次数来表示，其单位为波特（Baud）。波特率与比特率的关系为：比特率=波特率×单个调制状态对应的二进制位数。

显然，两相调制（单个调制状态对应 1 个二进制位）的比特率等于波特率；四相调制（单个调制状态对应 2 个二进制位）的比特率为波特率的 2 倍；八相调制（单个调制状态对应 3 个二进制位）的比特率为波特率的 3 倍；依次类推。

（4）误码率。误码率指在信息传输过程中的出错率，用来衡量通信系统的可靠性。在计算机网络系统中，一般要求误码率低于 10^{-6}（百万分之一）。

6.2.3　计算机网络的功能

【知识点】

网络的功能、数据通信、资源共享、分布式处理

【相关知识介绍】

对于计算机网络功能可以说举不胜举，比如可以进行网络视频、数据传送、信息查询等，其中最重要的三大功能是：数据通信、资源共享和分布式处理。

（1）数据通信。数据通信是计算机网络的基本的功能，主要用来实现计算机与终端、计算机与计算机间的各种数据信息传递，如传真、电子邮件（E-mail）、电子数据交换（EDI）、电子公告牌（BBS）、远程登录（Telnet）与信息浏览等通信服务。

（2）资源共享。计算机网络的最主要的目的就是资源共享。所谓资源共享就是计算机网络中的用户能够部分或全部享受网络里的资源，包括硬件资源和软件资源，例如在单位的办公室里可以根据打印机的使用情况尽量少的采购，可以通过网络设置实现单个打印机多人使用，以充分实现对打印机的利用率，从而降低设备的投资费用。

（3）分布式处理。当某台计算机负担过重时，或该计算机正在处理某项工作时，网络可将新任务转交给该网络内部空闲的计算机来完成，这样处理能均衡各计算机的负载以提高处理问题的实时性，不仅提高了效率也提高了设备的利用率，使每台计算机得到充分利用。对一些大型综合问题，可将问题各部分交给不同的计算机分头处理，充分利用网络的设备资源，扩大计算机的处理能力，即增强实用性。对解决复杂问题来讲，多台计算机联合使用并构成高性能的计算机体系，这种协同工作、并行处理要比单独购置高性能的大型计算机便宜得多，使开发成本明显降低。

6.3　网络的分类

计算机网络分类标准很多，比如按网络的拓扑结构分，按网络的交换方式分，按网络的协议分等，这里我们列举了以下几种。

6.3.1　按网络覆盖的地理范围分类

【知识点】

局域网（LAN）、城域网（MAN）、广域网（WAN）

【相关知识介绍】

网络中的计算机设备之间的距离可近可远,网络覆盖地域的面积可大可小。按照网络中的计算机之间的距离和网络覆盖面的不同,一般分为局域网(Local Area Network,LAN)、城域网(Metropolitan Area Network,MAN)和广域网(Wide Area Network,WAN)。

(1)局域网(LAN)。局域网是由地理范围在几千米以内(如一个学校、工厂和机关内)的、采用单一或有限的传输介质、按照某种网络结构相互连接起来的计算机组成的网络。主要特点:数据传输速率极高;地理范围有限;误码率低;易维护。

(2)城域网(MAN)。城域网是一种介于局域网和广域网之间的一种网络类型,也可认为是一种大型的 LAN,一般使用和 LAN 相同的技术。

(3)广域网(WAN)。广域网是一种跨地区的数据通信网络,通常包含一个国家或地区,其组成如图 6.1 所示。广域网通常由两个或多个局域网组成。广域网包含运行用户程序的机器和子网两部分。计算机常常使用电信运营商提供的设备作为信息传输平台,例如通过公用网,如电话网,连接到广域网,也可以通过专线或卫星连接。国际互联网(Internet)是目前最大的广域网。

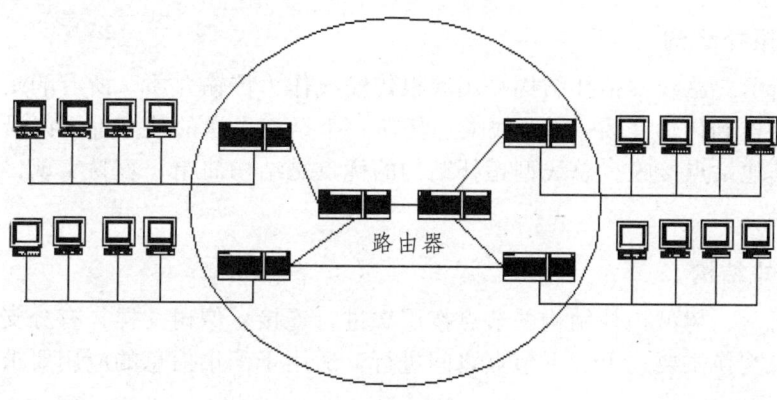

图 6.1 广域网组成示意图

6.3.2 按网络的拓扑结构分类

【知识点】

网络拓扑结构、总线型结构、环型结构、星型结构

【相关知识介绍】

网络拓扑结构是指构成网络的节点(如工作站)和连接各节点的链路(如传输线路)组成图形的共同特征。网络拓扑结构主要有星型、环型和总线型等几种。

1. 星型拓扑结构

星型拓扑结构是最早的通用网络拓扑结构,如图 6.2 所示。在星型拓扑结构中,节点通过点到点通信链路与中心节点连接。中心节点控制全网的通信,任何两点之间的通信都要经过中心节点,拓扑结构简单,易于实现,便于管理。网络的中心节点是全网可靠性的关键,一旦发生故障就有可能造成全网瘫痪。

2. 环型拓扑结构

如图 6.3 所示，在环型拓扑结构中，节点通过点到点通信线路循环连接成一个闭合环路。环中数据将沿一个方向逐站传送。环型拓扑结构简单，传输延时确定，但环中点与点的通信线路会成为网络可靠性的"瓶颈"。任何一个节点出现故障都可能造成网络瘫痪。

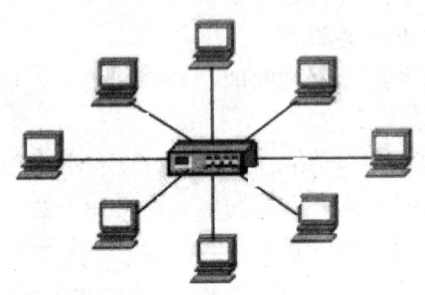

图 6.2 星型拓扑结构

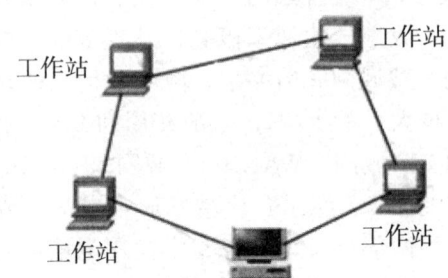

图 6.3 环型拓扑结构

3. 总线型拓扑结构

如图 6.4 所示，总线型拓扑结构采用单根传输线作为传输介质，所有的站点都通过相应的硬件接口直接连到传输介质——总线上。任何一个站点发送的信号都可以沿着介质传播，并且能被所有其他站点接收。总线型拓扑结构的优点是结构简单，容易实现，易于扩展，可靠性较好。

4. 树型拓扑结构

如图 6.5 所示，树型拓扑结构的节点按层次进行连接，像树一样，有分支、根节点、叶子节点等，信息交换主要在上、下节点之间进行，适用于汇集信息的应用要求。

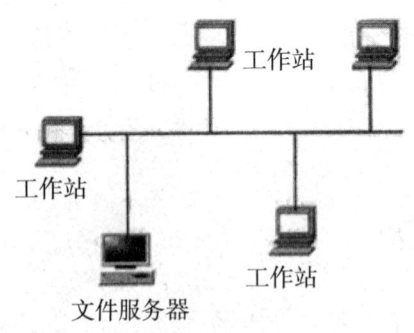

图 6.4 总线型拓扑结构

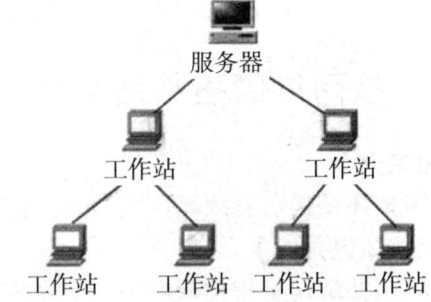

图 6.5 树型拓扑结构

5. 网状拓扑结构

如图 6.6 所示，网状拓扑结构没有上述 4 种拓扑那么明显的规则，节点的连接是任意的，没有规律。网状拓扑系统的可靠性高，但是结构复杂，广域网中基本都采用网状拓扑结构。

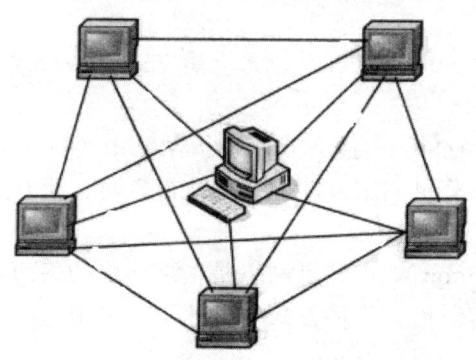

图 6.6 网状拓扑结构

6.3.3 按传输介质分类

【知识点】

传输介质、有线网、双绞线、同轴电缆、光纤、无线网

【相关知识介绍】

传输介质是指通信网络中数据发送方和接收方之间的物理媒介,传输介质分类根据形态可分为有线和无线(Wireless)两大类。

(1)有线网。所谓有线网就是采用看得见、摸得着的有线介质连接形成的网络,常用的有线传输介质有双绞线、同轴电缆和光导纤维。

双绞线(Twisted pair cable):是将两根相互绝缘的导线按一定规格相互缠绕而成的。双绞线点到点的通信距离一般不能超过 100 m。

同轴电缆(Coaxial cable):由内、外两个导体组成,内导体可以由单股或多股线组成,外导体一般由金属编织网组成。同轴电缆按其直径可分为粗缆和细缆。粗缆直径为 10 mm,细缆直径为 5 mm。

光纤(Fibre optic cable):光纤的纤芯由导光性极好的玻璃纤维或塑料制成,纤芯的外面是包层,最外面是塑料保护层,由两层折射率不同的材料组成。光纤的传输形式分为单模传输和多模传输,单模传输性能优于多模传输。一般光纤分为单模光纤和多模光纤,单模光纤传送距离为几十公里,多模光纤为几公里。光纤的传输速率甚至可以达到每秒几百兆位。

(2)无线网。无线网络是通过无线电波进行数据传输的网络。目前的无线网主要采用 3 种技术:微波通信、红外线通信和激光通信。这 3 种技术都是以大气为介质的。其中微波通信用途最广,目前的卫星网就是一种特殊形式的微波通信,它利用地球同步卫星作中继站来转发微波信号,一个同步卫星可以覆盖地球的 1/3 以上表面,3 个同步卫星就可以覆盖地球上全部通信区域了。

6.3.4 按传输技术分类

【知识点】

传输技术、广播方式、点到点

【相关知识介绍】

计算机网络按传输技术分类大概可以分为广播方式（Broadcast）和点到点（Point To Point）方式两类。

（1）广播方式（Broadcast）。广播方式网络指网络中的所有联网的计算机都连到一个公共的通信信道上，当一台计算机利用公共信道发送消息时，所有其他计算机都会接收到这个消息。

（2）点到点（Point to Point）。点到点网络是指网络中的每两台主机、节点交换机或主机与节点交换机间都存在通信信道，这种方式很显然不会出现访问控制问题，但势必也会造成一定资源的浪费。

6.4 网络的构建

6.4.1 组网与联网的硬件设备

【知识点】

组网设备

【相关知识介绍】

要把若干台计算机组成小局域网且与其他网络连接，需要一些特殊的网络硬件设备。

1. 局域网的组网设备

（1）传输介质：常用的传输介质有双绞线、同轴电缆、光缆和无线电波等。

（2）网络接口卡：也叫网络适配器（简称网卡），通常安装在计算机的扩展槽上，用于计算机和通信电缆的连接，使计算机之间进行高速数据传输。

（3）集线器（Hub）：局域网的基本连接设备。目前市场上的集线器主要有独立式、堆叠式和智能型等类型。

（4）交换机（Switch）：交换概念的提出是对共享工作模式的改进，共享式局域网在每个时间段上只允许一个节点占用公用的通信信道，而交换机支持端口连接节点之间的多个并发连接，从而增大网络带宽，改善局域网的性能和服务质量。

（5）无线AP（Access Point）：无线AP也称为无线访问点或无线桥接器，任何一台装有无线网卡的主机通过无线AP都可以连接有线局域网络。无线AP含义较广，不仅提供单纯性的无线接入点，也同样是无线路由器等设备的统称，兼具路由、网管等功能。单纯性的无线AP就是一个无线交换机，工作原理是将网络信号通过双绞线传送过来，转换成无线电信号发送出去，形成无线网的覆盖。无线AP型号不同具有不同的功率，可以实现不同程度、不同范围的网络覆盖，一般无线AP的最大覆盖距离可达300 m。

2. 网络互联设备

（1）路由器（Router）：负责不同广域网中各局域网之间的地址查找（建立路由）、信息包翻译和交换，实现计算机网络设备与通信设备的连接和信息传递，是实现局域网和广域网互联的主要设备。

（2）网桥（Bridge）：网桥用于实现相同类型局域网之间的互联，达到扩大局域网覆盖范围和保证各局域子网安全的目的。

（3）调制解调器（Modem）：调制解调器是 PC 机通过电话线接入因特网上必备设备，具有调制和解调两种功能。调制解调器分内置和外置两种。内置式 Modem 称为 Modem 卡，价格便宜，使用起来也方便，不需另外的电源，但是它需要插到计算机主板的扩展槽中，且抗干扰性差。外置式 Modem 是一个独立的盒子，需要接到计算机的串口上，灵活方便，质量较好，抗干扰性强，但价格比内置式高。

6.4.2 网络软件

【知识点】
网络软件
【相关知识介绍】
在计算机网络系统中包括有多种形式的软件系统，其中常见的分为网络操作系统、网络应用软件和数据通信软件三大类。

1．网络操作系统

所谓网络操作系统（Network Operating System，NOS）就是使网络中各计算机有效地共享网络资源，为网络中的各用户提供所需的各种服务的软件和有关规则的集合。一般的操作系统具有处理机管理、设备管理及文件管理等功能，而网络操作系统不光具有上述基本的功能，还具有提供高效、可靠的网络数据通信能力和提供多种网络服务的功能。目前，用得最广泛的网络操作系统主要有 Windows NT 系统、NetWare 系统和 Unix 系统等。

2．网络应用软件

网络应用软件是指通过网络能够为用户提供各种服务的软件。现在的网络应用软件随处可见，例如网络蚂蚁、网际快车、迅雷，等等，可以说应有尽有。

3．数据通信软件

数据通信软件是指按照网络的通信协联络网络中的设备完成数据通信功能的软件。网络通信协议（Protocol）是网络中的计算机实现通信的必备条件，两台连接到局域网中的计算机要想实现数据的通信，则必须使用相同的通信协议，只有在协议的控制下，两个不同的网络才能进行数据通信。

TCP/IP 协议（Transport Control Protocol/Internet Protocol，传输控制协议/Internet 协议）是目前最流行的商业化协议，被公认为是当前的工业标准或事实标准。1974 年出现了 TCP/IP 参考模型，它将计算机网络划分为 4 个层次：应用层（Application Layer）、传输层（Transport Layer）、互联层（Internet Layer）、主机到网络层（Host-to-Network Layer）。TCP/IP 有 100 多个协议，其中用得最广的是 SMTP（电子邮件协议）、FTP（文件传输协议）、TELNET（远程登录协议）。

6.4.3 无线局域网

【知识点】
无线局域网

【相关知识介绍】

由于有线网络的不便携性和维护困难，由此产生了无线网络。在无线通信的发展史上，从红外线技术到蓝牙（Bluetooth），都可以无线传输数据，多用于系统互联，但却不能组建局域网。新一代的无线网络不仅仅能将计算机相连，还可以建立无需布线且使用非常自由的无线局域网 WLAN（Wireless LAN）。WLAN 中有许多计算机，每台计算机都有一个无线电调制器和一个天线，它可以通过该天线与其他系统通信。通常室内墙壁或天花板上也有一个天线，所有机器都与它通信，彼此之间就可以相互通信了。

在无线局域网的发展中，Wi-Fi（Wireless Fidelity）具有较高的传输速度、较大的覆盖范围等优点，发挥了重要作用。针对无线局域网，IEEE（Institute of Electrical and Electronics Engineers，美国电气和电子工程师协会）制定了一系列无线局域网标准，即现在已非常普及的 IEEE 802.11 家族，包括 802.11a、802.11b、802.11g 等。

6.4.4 简单局域网的组建

【知识点】

简单局域网的组建

【相关知识介绍】

局域网最大的特点在于可实现资源的最佳利用，比如共享磁盘和打印机，从而可以实现在组建的局域网内部进行文件共享，同时还可以在任何一台共享打印机上进行打印，那么能不能多机共享一个 Modem 上网？答案是肯定的，但需借助相关软件比如代理软件 Wingate 和 WinProxy 等。组建一个小型局域网相对要简单一些，我们只要添置几块网卡和一些数据线，就可以自己动手实现了。Windows 内置了点到点（PC to PC）的网络配置，这使建立小型网络变得更为容易。如果接入局域网计算机较多，那么就需要一个成熟的网络操作系统来管理网络，例如：Windows Server 2008、Novell Netware 或 Linux 等。

【任务】

如何把两台装有 Windows 系列操作系统的 PC 机连接起来，如何设置一台计算机为服务器，另一台计算机为客户机。

【解决方案】

具体的操作过程及步骤如下：

（1）服务器配置。确定一台计算机作为服务器，完成代理上网服务的功能。在作为服务器的计算机上安装两块网卡，分别是 TP_Link RTL 8139V 和 MX98715。RTL 8139V 连接本地局域网，MX98715 则连接到 Internet 上。假定 ISP（Internet Service Provider，互联网服务提供商）给这条线路分配的 IP 地址是：192.168.16.117，子网掩码是：255.255.255.0，网关是：192.168.18.1，DNS 是：221.137.163.249。服务器上使用的操作系统是 Windows 2008 Server 版。

（2）客户机配置。在客户机上安装一块网卡（现在的计算机多数都是集成网卡，不需要单独安装），并且与交换机连接好，将每台计算机上的网卡都驱动起来，并且配备相应的网线，客户机上需要安装 Windows 7 的操作系统。

（3）用鼠标右键单击"网络"，选择"属性"选项，进入"网络和共享中心"。选择"本地连接"。在"网络和共享中心"的窗口中可以看到"查看活动网络"当前有 1 个"本地连接"。

单击"本地连接"的图标,选择"属性",可以查看得知"本地连接"用的是 MX98715 网卡,因此将它作为连接 Internet 的通道。

(4)打开"本地连接"的属性窗口。双击"Internet 协议版本 4(TCP/IPv4)",填入 ISP 分配的 IP 地址和网关地址。这时服务器就可以正常上网了。由于客户机并没有跟服务器相连,因此还需要设置共享。

(5)打开"本地连接"的属性,单击"共享"选项卡,选中"允许其他网络用户通过此计算机的 Internet 连接来连接(N)"。单击"确定"按钮,会弹出一个对话框,提示会改变另一网卡的 TCP/IP 设置,单击"是"按钮即可。想要让局域网中的其他计算机都能实现共享上网,还要对服务器上另外一块与局域网相连的网卡进行设置。按照同样的办法,在"本地连接"上单击鼠标右键,依次选择"属性"→"Internet 协议版本 4(TCP/IPv4)"→"属性"选项,可以看到 IP 地址已经被系统自动设置(也可以自己更改)。网关主机的设置完成,已经共享了 Internet 连接。至此,服务器端的设置就完成了。

(6)客户端的设置,以 Windows 7 为例进行讲解。打开客户机上本地连接。在其属性的"Internet 协议版本 4(TCP/IPv4)"属性中,为每一台客户机指定一个内部的 IP 地址,而 DNS 可以设置成与服务器一样的地址,单击"确定"按钮之后局域网也就组建完成了。

(7)验证网络连通性:单击"开始"菜单下的"运行"命令,在命令行中输入"cmd",如图 6.7 所示,单击"确定"按钮进入命令提示符界面,在命令行中输入"Ping + IP 地址"如"Ping 192.168.18.117",如图 6.8 所示,单击 Enter 键,出现如图 6.9 所示的信息,表明网络已配置成功,客户机可以通过服务器共享上网了。而其他的客户机也可以按照同样的方法进行设置。

图 6.7 "运行"对话框

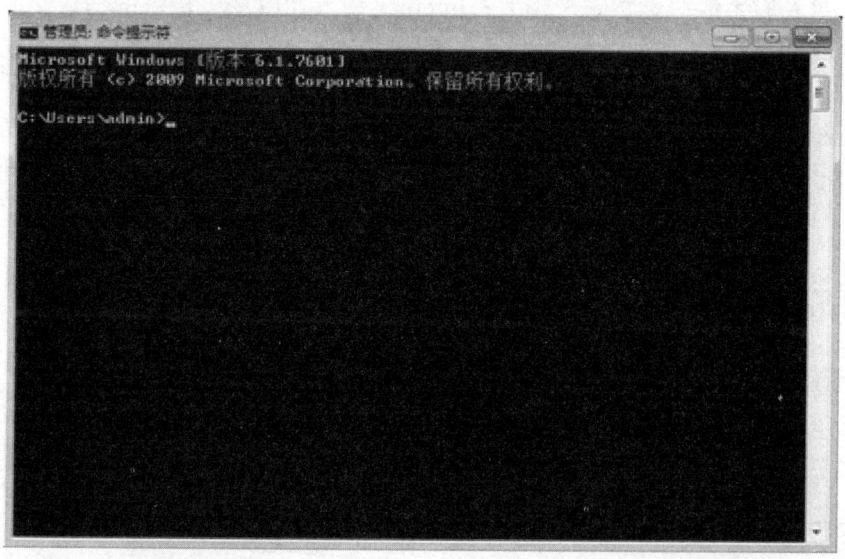

图 6.8 命令提示符窗口

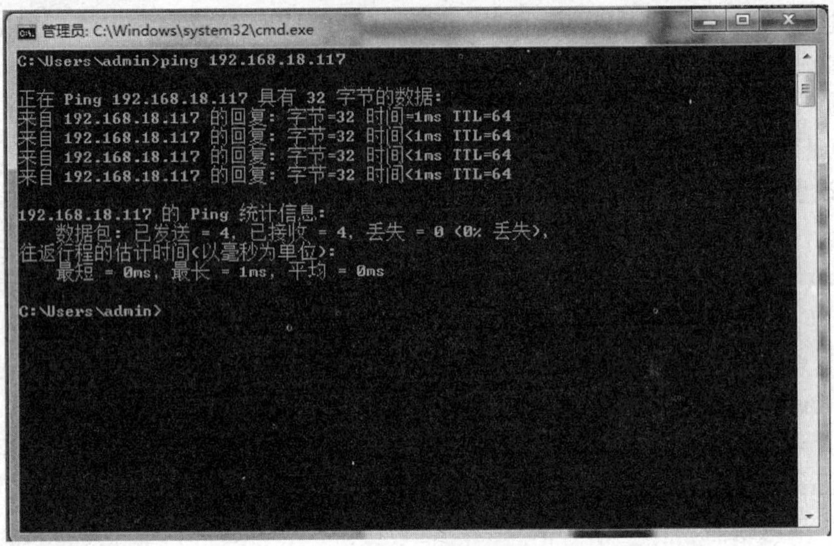

图 6.9 "ping"命令运行结果

（8）单击 IE 浏览器菜单上的"Internet 属性"，选择"连接"，选择"从不进行拨号连接"（如果可选的话）。接着在这个窗口中选择"局域网设置"，在"自动配置"中，清除"自动检测设置"和"使用自动配置脚本"复选框，在"代理服务器"中，清除"使用代理服务器"复选框，至此局域网的组建就完成了。

6.5 Internet 基础与应用

Internet 就是通常所说的互联网，是目前全球最大的、开放的、基于 TCP/IP 协议的众多网络相互连接而成的全球性的计算机网络。随着近几年网络技术的发展和个人 PC 数量的增加，Internet 对人们生活的影响越来越大，Internet 使人们改变了传统的信息交流方式，而且还可以从 Internet 获取需要的生产、生活、工作等方面的信息，可以说人们的生活已经离不开网络。

Internet 给我们提供了非常丰富的服务，主要有电子邮件（E-mail）、文件传输（FTP）、远程登录（Telnet）、万维网（WWW，通常简写为 Web）交互式信息浏览以及其他服务，如电子公告板（BBS）、新闻、文件查询、网络论坛、网络电话、电子商务等服务。

6.5.1 Internet 的起源与发展

【知识点】

Internet

【相关知识介绍】

1. Internet 的起源

Internet 的雏形是由美国国防部高级计划局资助建成的 ARPAnet（ARPA 是美国"国

防高级研究计划署"的英文缩写），于 1968 年主持研制用于支持军事研究的计算机实验网。ARPAnet 建网的初衷旨在帮助那些为美国军方工作的研究人员通过计算机交换信息，它的设计与实现是基于这样的一种主导思想：网络要能够经得住故障的考验而维持正常工作，当网络的一部分因受攻击而失去作用时，网络的其他部分仍能维持正常通信。

2. Internet 的发展

Internet 的快速发展出现在 20 世纪 80 年代中期。20 世纪 80 年代初期 ARPA 和美国国防部通信局研制成功用于异构网络的 TCP/IP 协议并投入使用；1983 年 TCP/IP 成为 ARPAnet 上标准的通信协议，这标志着真正意义的 Internet 出现了。到了 20 世纪 80 年代后半期在美国国会科学基金会（National Science Foundation）的支持下，用高速通信线路把全国建立的五大超级计算机中心用通信干线连接起来，组成全国科学技术网 NSFnet，实现了与 Internet 的全功能连接。Internet 在 20 世纪 80 年代的飞速发展带来的不仅仅是量的改变，同时也带来某些质的变化。由于很多企业以及研究机构甚至个人用户的进入，Internet 的使用者不再限于"纯粹"的计算机专业人员。新的使用者发现，加入 Internet 除了可共享 NSF 的巨型计算机外，还能进行相互间的通信，而这种相互间的通信对他们来讲更有吸引力。于是，他们逐步把 Internet 当作一种交流与通信的工具，而不仅仅只是共享 NSF 巨型计算机的运算能力。而此时的 Internet 还未涉及商业化，仅仅是限于学术和研究领域，到了 20 世纪 90 年代初，Internet 已不是单纯的由政府机构出钱，而在此时出现了一些私人资金的注入。正是私人资金的注入，使得在 Internet 上进行商业活动有了可能。1991 年，General Atomics、Performance Systems International、UUnet Technologies 等三家公司组成了"商业 Internet 协会"（Commercial Internet Exchange Association），宣布用户可以把他们的 Internet 子网用于任何的商业用途。由于这三家公司分别经营着自己的网络，所以在一定程度上可以绕开由美国国家科学基金出资的主干网络，而直接向客户提供 Internet，正是这一举措促使了其他 Internet 的商业子网也加入他们的行列，Internet 的商业化服务的出现为 Internet 以后完全商业化奠定了坚实基础。Internet 近年在我国也取得了迅速的发展，我国互联网络信息中心（CNNIC）近日发布的报告显示，截止 2013 年 12 月，我国网民规模达 6.18 亿，互联网普及率为 45.8%，较 2012 年增长了 3.7 个百分点。

6.5.2 接入方式

【知识点】

ADSL 接入技术、VDSL 接入技术、Cable-modem 接入技术、ISDN 技术、局域网接入 Internet

【相关知识介绍】

随着计算机技术和网络通信技术的蓬勃发展，传统的利用电话网络的 Internet 接入方式已经跟不上人们对网络速度的需求，其实这种传统的接入方式有其自身的弊病存在，比如带宽的限制和上网费用等。伴随着当前的房地产开发热潮，一个新的配套名次出现了——社区网，社区宽带的接入已经是现在新社区必不可少的一项基本功能，正如我们以前买房考虑的水电气一样。Internet 针对不同的客户需求提供了多种接入方式，下面我们就比较常见的几种进行简单介绍。

1. ADSL 接入技术

ADSL（Asymmetrical Digital Subscriber Line，非对称数字用户环路）是一种能够通过普通网提供宽带数据业务的技术，也是目前比较普遍的一种接入技术。ADSL 接入方案的最大特点就是不需要改造信号传输线路，完全可以利用普通铜质电话线作为传输介质，配上专用的 Modem 即可实现数据高速传输。ADSL 支持上行速率 640 Kbps～1 Mbps，下行速率 1～8 Mbps，其有效的传输距离在 3～5 km 范围以内。在 ADSL 接入方案中，每个用户都有单独的一条线路与 ADSL 局端相连，它的结构可以看作是星型结构，数据传输带宽是由每一个用户独享的。ADSL 接入还具有频带宽、安装方便及不交电话费等优点。

2. VDSL 接入技术

VDSL 与 ADSL 类似，也是非对称型，即利用双绞铜线提供上行与下行两个方向非对称的宽带业务。VDSL 在短距离内的最大下传速率可达 55 Mbps，上传速率可达 2.3 Mbps（将来可达 19.2 Mbps，甚至更高）。VDSL 有效传输距离可超过 1 000 m。但 VDSL 技术仍处于发展初期，长距离应用仍需测试，端点设备的普及也需要时间。

3. Cable-Modem 接入技术

有线电视网目前只是用于广播式的电视传播，多用户使用一条单向线路。为了充分利用这个资源便有了 Cable-Modem 技术，Cable-Modem（线缆调制解调器）是近些年开始试用的一种超高速 Modem，它利用现成的有线电视（CATV）网进行数据传输（已是比较成熟的一种技术）。随着有线电视网的发展壮大和人们生活质量的不断提高，通过 Cable Modem 利用有线电视网访问 Internet 已成为越来越受业界关注的一种高速接入方式。由于有线电视网采用的是模拟传输协议，因此网络需要用一个 Modem 来协助完成数字数据的转化。Cable Modem 连接方式可分为两种：对称速率型和非对称速率型。前者的 Data Upload（数据上传）速率和 Data Download（数据下载）速率相同，都在 500 Kbps～2 Mbps；后者的数据上传速率在 500 Kbps～10 Mbps，数据下载速率为 2～40 Mbps。当然采用 Cable-Modem 上网也有一定的缺点，由于 Cable-Modem 模式采用的是相对落后的总线型网络结构，这就意味着网络用户共同分享有限带宽；另外，购买 Cable-Modem 和初装费也都不算很便宜，这些都阻碍了 Cable-Modem 接入方式在国内的普及。但是，它仍然具有一定的市场潜力，毕竟我国 CATV 网已成为世界第一大有线电视网，其用户已达到 8 000 多万。

4. ISDN 技术

ISDN（Integrated Service Digital Network，综合业务数字网）接入技术就是现在常说的"一线通"，又称窄带综合业务数字网业务（N-ISDN），它是在现有电话网上开发的一种集语音、数据和图像通信于一体的综合业务形式。它采用数字传输和数字交换技术，将电话、传真、数据、图像等多种业务综合在一个统一的数字网络中进行传输和处理。它的优点在于上网的时候还可以打电话。

5. 局域网接入 Internet

局域网连接就是把用户的电脑连接到一个与 Internet 直接相连的局域网 LAN 上，并且获得一个永久属于用户电脑的 IP 地址。这样用户的电脑就可以通过局域网服务器接入 Internet。

其实对于 Internet 的接入方式还有光纤接入（其特点：速度快，价格高。一般用于机房或者大型企业需要）和无线接入（主要用在移动性比较强的地方，例如机场、医院学校等）等这里就不再详细介绍了。

6.5.3 IP 地址与域名系统

【知识点】
IP 地址、域名系统
【相关知识介绍】

为了使所有连接在 Internet 上的电脑主机在进行数据通信的时候能够相互识别，于是便出现了 IP 地址这个概念，IP 地址就是 Internet 给连接在其上的每一台主机都分配一个唯一的 32 位地址，地址就类似于学生宿舍的编号，并且这个编号是唯一的。目前的互联网是在 IPv4 协议的基础上运行的，它的地址位数是 32 位，也就是说，可以有 2^{32} 台电脑连到 Internet 上，但是随着计算机的普及，这个 32 位的协议已经显示出了它的劣势，在这时候就出现了 IPv6，IPv6 采用 128 位地址长度，理论上表示可以有 2^{128} 台电脑连到 Internet 上，几乎可以不受限制地提供地址，这是未来发展的方向。目前用得最多的还是 IPv4。

1. IP 地址

IP 地址是 Internet 协议所规定的一种数字型标志，它是一个由 0、1 两个数字组成的二进制数字串，一共有 32 bit。一个 IP 地址包含了两部分信息，即网络号和主机号。其中，网络号长度将决定整个 Internet 中能包含多少个网络，主机号长度则决定每个网络能容纳多少台主机。

为了便于管理、方便书写和记忆，每个 IP 地址分为 4 段，段与段之间用小数点隔开，每段再用一个十进制整数表示，每个十进制整数的范围是 0~255。例如，171.201.50.12 和 205.142.68.120 都是合法的 IP 地址。

按第 1 段的取值范围，IP 地址可分为 A、B、C、D、E 共 5 类：
- A 类 IP 地址：IP 地址第 1 段为 0~127。
- B 类 IP 地址：IP 地址第 1 段为 127~191。
- C 类 IP 地址：IP 地址第 1 段为 192~223。
- D 类和 E 类留作特殊用途。

2. 域名

使用数字的 IP 地址很难让人记住，而且从 IP 地址本身，也得不到更多的信息。于是人们用"域名"——一组有含义的英文简写名来代替 IP 地址。

每个域名对应一个 IP 地址，且在全球都是唯一的。

为了避免重名，主机的域名采用层次结构，各层次之间用"."隔开，从右向左分别为第一级域名（最高级域名）、第二级域名……直至主机名（最低级域名）。其结构如下：

主机名 …… 第二级域名 . 第一级域名
←──────────────── 从右向左级别递减

在国际上，第一级域名采用通用的标准代码，分为组织机构和地址模式两类。除美国以外的国家都用主机所在的国家或地区名称作为第一级域名，例如：cn（中国）、jp（日本）、kr（韩国）、uk（英国）。

我国的第一级域名是 cn，第二级域名也分为类别域名和地区域名。其中地区域名有：bj（北京）、sh（上海）等。类别域名如表 6.1 所示。

表 6.1 常用的类别域名

域名代码	说 明	域名代码	说 明
com	商业机构	edu	教育机构
net	网络机构	gov	政府部门
org	非营利机构	mil	军队
int	国际性机构		

下面通过一个例子说明域名的组成。北京大学的域区是 www.pku.edu.cn，其结构如下。
- cn：第一级域名，我国的第一级域名是 cn。
- edu：第二级域名，采用的是类别域名，代表教育机构。
- pku：主机名，采用的是北京大学的英文缩写。

关于域名还有以下几点要注意。
① 因特网的域名不区分大小写。
② 整个域名的长度不可超过 255 个字符。
③ 一台计算机一般只能拥有一个 IP 地址，但可以拥有多个域名地址。
④ IP 地址与域名间的转换由域名服务器 DNS 完成。

3. DNS 原理

域名和 IP 地址都表示主机的地址，实际上是一件事物的不同表示。当用域名访问网络上某个资源地址时，必须获得与这个域名相匹配的真正的 IP 地址，域名解析服务器（Domain Name Server，DNS）可以实现 IP 地址与域名的相互转换。用户可以将希望转换的域名放在一个 DNS 请求信息中，并将这个请求发送给 DNS 服务器，DNS 从请求中取出域名，将它转换为对应的 IP 地址，然后在应答中将结果地址返回给用户。

【任务一】
如何查看当前所使用计算机的 IP 地址。
【解决方案】

1. 用命令方式查看

单击"开始"菜单，在"搜索程序和文件"对话框中输入"cmd"，单击"确定"按钮进入命令提示符窗口，在命令行中输入"ipconfig"，单击 Enter 键，将得到如图 6.10 所示的信息，若想查看详细的 IP 信息，可以在命令行中输入"ipconfig /all"，其结果信息如图 6.11 所示。

图 6.10 ipconfig 命令查看 IP 地址

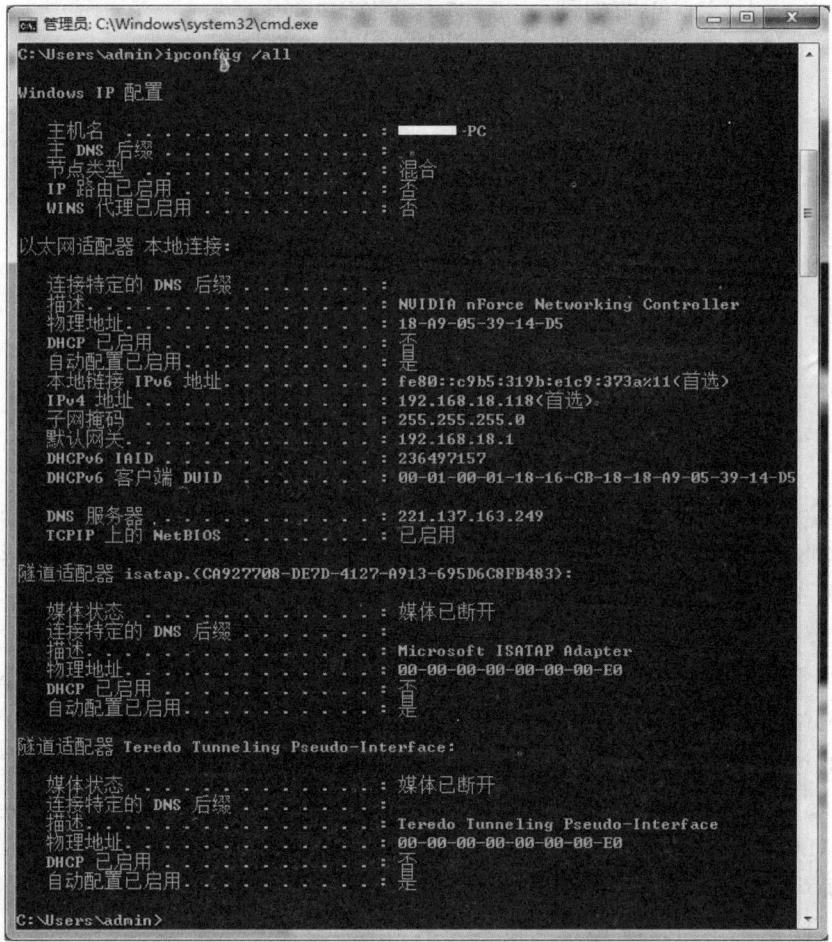

图 6.11 ipconfig /all 命令查看 IP 详细信息

2. 在视窗界面查看 IP 地址

选中桌面上的"网络"图标，单击鼠标右键，在弹出的快捷菜单中选择"属性"选项，在出现的"网络和共享中心"窗口中找到"查看活动网络"，可看到当前的连接"本地连接"状态，若是通过无线网卡连接上网，则可看到"无线网络连接"状态，选中所使用的连接，如"无线网络连接"，在"状态"窗口的"详细信息"中将看到当前计算机的 IP 地址，如图 6.12 所示。

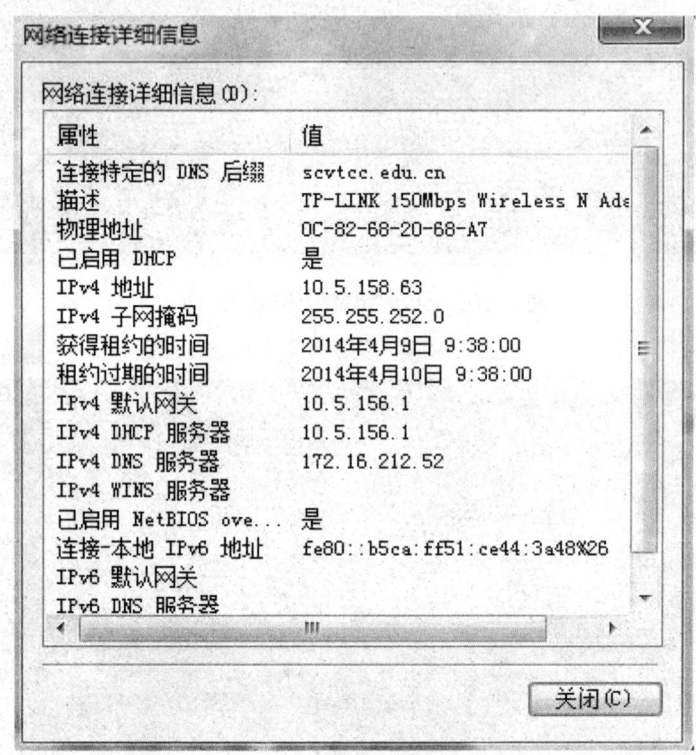

图 6.12　网络连接窗口

【任务二】

将当前所使用计算机的 IP 地址设置为 192.168.15.25，子网掩码设置为 255.255.255.0，默认网关设置为 192.168.15.254，首选 DNS 服务器设置为 61.139.2.69。

【解决方案】

选中桌面上的"网络"图标，单击鼠标右键，在弹出的快捷菜单中选择"属性"选项，在出现的"网络和共享中心"窗口中找到"查看活动网络"可看到当前的连接"本地连接"状态，若是通过无线网卡连接上网，则可看到"无线网络连接"状态。选中所使用的连接，如"本地连接"，在出现的"状态"菜单中选择"属性"，将出现图 6.13 所示的本地连接属性窗口，选中"Internet 协议版本 4（TCP/IPv4）"，单击"属性"按钮，将出现图 6.14 所示的界面，在该界面中按要求完成 IP 地址、子网掩码、默认网关和首选 DNS 服务器的设置，设置好后，单击"确定"按钮，IP 地址的设置完毕。

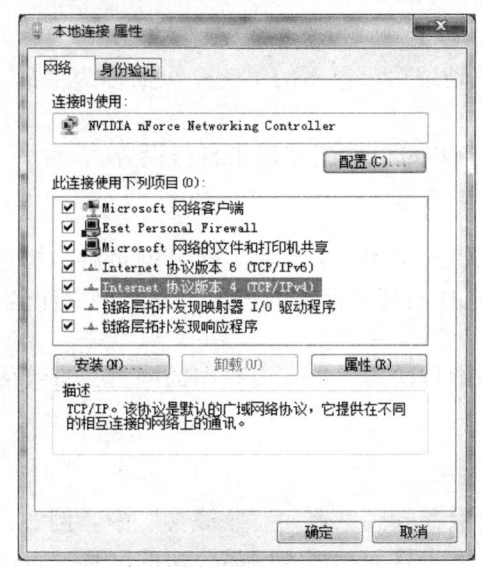
图 6.13 "本地连接属性"窗口

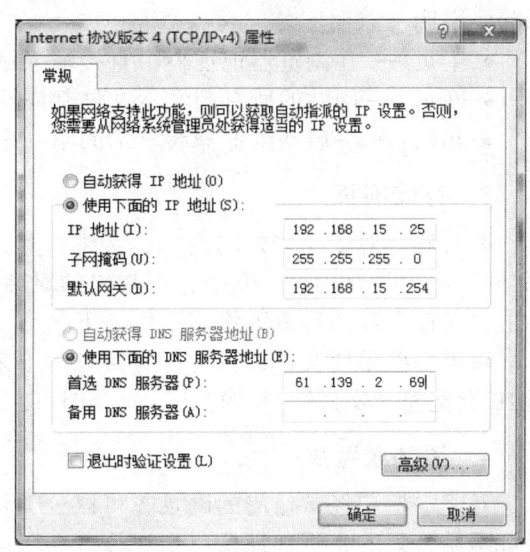
图 6.14 "Internet 协议（TCP/IP）属性"窗口

6.6 IE 浏览器及电子邮件

　　IE 浏览器也叫 Web 浏览器，从本质上来说，IE 浏览器仍然是一种应用软件，主要用于 Internet 中的客户端，方便用户查看网上信息、使用网络提供的各种资源。现在最流行的浏览器除美国微软公司的 Internet Explorer 之外，还有网景公司的 Netscape 和 Mozilla 公司的 Firefox 等。

　　此处，将以 Windows 自带的 Internet Explorer（以下简称 IE）为例说明浏览器的使用方法。

6.6.1　浏览器的使用

【知识点】
浏览器
【相关知识介绍】

1．IE 浏览器的启动

常用的启动 IE 的方法有以下 3 种：
（1）通过桌面上的"Internet Explorer 浏览器"图标 启动。
（2）通过"任务栏"中"快捷启动栏"的"启动 Internet Explorer 浏览器"图标启动。
（3）通过"开始"菜单的"所有程序"中的 Internet Explorer 命令启动。

2．访问网站

　　通常要利用 IE 浏览器访问某一个网站的主页，只需在浏览器的"地址栏"中输入网站地址（网站地址可以是 IP 地址，也可以是域名）即可。例如，要访问网易公司的网站主页，可在"地址栏"中输入 http://www.163.com/，也可以输入 202.181.28.52，然后按回车键即可，但人们更加喜欢用第一种方式。

　　进入网站主页后，可以通过主页中的超链接再去访问网站的其他网页。这里，有几个概念需要说明，以便区分。
- 主页——在浏览器地址栏中直接输入域名或 IP 地址后，显示的第一个页面称为主页。
- 网页——网站的所有超文本文件都叫网页。
- 起始页——启动浏览器后显示的第一个页面，用户可以在浏览器中自行设置。

3. 存储网页

有时候，对于一些好的网页，希望将其存储下来，最常用的方法是：打开网页后，执行"文件"→"另存为…"命令，在弹出的对话框中，选择网页要保存的位置，并给出文件名，单击"保存"按钮后就可将网页保存下来。

对于一些重要文件，也可以直接打印下来，打印的方法为：进入要打印的网页，直接使用 IE 浏览器"文件"→"打印"命令即可。

4. 添加收藏夹

对于一些要经常访问的网页，可以分类将其地址保存到浏览器的"收藏夹"中。例如，要将网易公司的主页地址保存到"收藏夹"中，其操作步骤为：进入网易公司的网页，点击 IE 浏览器"收藏夹"→"添加到收藏夹"命令，然后按照提示操作即可。

这样，以后要访问网易的网页时，就不用每次都输入地址，直接在"收藏夹"中就可以快速的访问。

5. 清除历史记录

默认的情况下，浏览器会记录最近 20 天访问过的网页，这样，当要再次去访问相同网页时，速度将变得很快。如果要再次去查看访问过的网页，只需单击工具栏中的"历史记录"按钮，在其中选择相应的记录即可。

然而，有时候并不希望自己的隐私数据在其中显示出来，此时，可以通过以下步骤清除历史记录，其操作步骤为：在退出 IE 浏览器之前，使用 IE 浏览器"工具"→"Internet 选项"命令，弹出"Internet 选项"对话框，在"常规"选项卡的"浏览历史记录"中单击"删除"按钮即可，如图 6.15 所示。

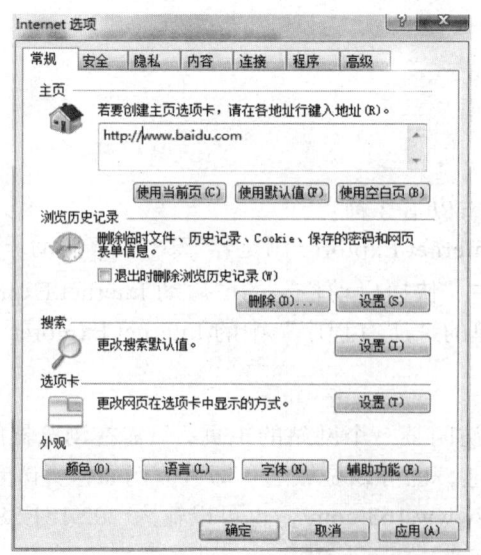

图 6.15 "Internet 选项"的"常规"选项卡

6. IE 浏览器的设置

浏览器可进行多种设置，来限制用户访问网络的环境。

（1）设置浏览器起始页。浏览器起始页是指浏览器启动时或单击"主页"按钮时显示的自动访问的网页，可以在浏览器的"Internet 选项"对话框中设置。设置方法为：在"Internet 选项"对话框的"常规"选项卡的"主页"输入框中输入网站地址，如图 6.15 所示。

（2）设置安全级别。在"Internet 选项"对话框的"安全"选项卡中，可以分别针对 Internet、Intranet 设置安全级别，安全级别共有 5 级：低、中低、中、中高、高，每一个级别允许的操作不同，级别越高，允许的操作越少。

对于 Internet 区域，安全级别最低只能为"中"；对于 Intranet 区域，安全级别最低可以为"低"，这是因为计算机在 Internet 中，面临的威胁更多。

除此之外，在"安全"选项卡中，还可以设置"受信任站点"和"受限制站点"。

（3）设置弹出窗口阻止程序。现在有一些网站，打开其网页后，总会随之弹出一些窗口，这不但影响正常使用，而且，容易使计算机受到威胁，为此，IE 浏览器专门设置了弹出窗口阻止功能。在"Internet 选项"对话框的"隐私"选项卡中，可以"启用"或"关闭"弹出窗口阻止程序，如图 6.16 所示。

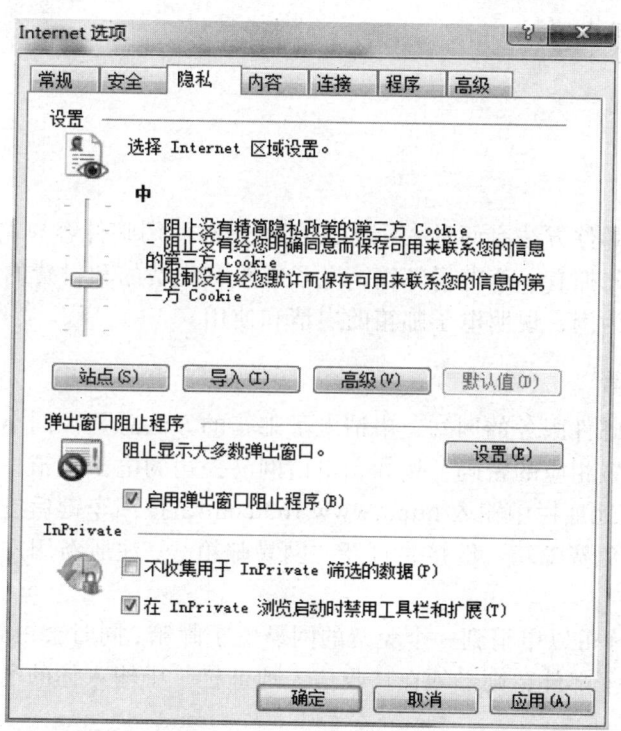

图 6.16 "Internet 选项"对话框的"隐私"选项卡

默认情况下，只要启用了弹出窗口阻止程序，所有站点的弹出窗口将被阻止。对于有些站点，如果需要允许其弹出窗口，只需单击上图中的"设置"按钮，在弹出的对话框中添加允许的站点即可，如图 6.17 所示。

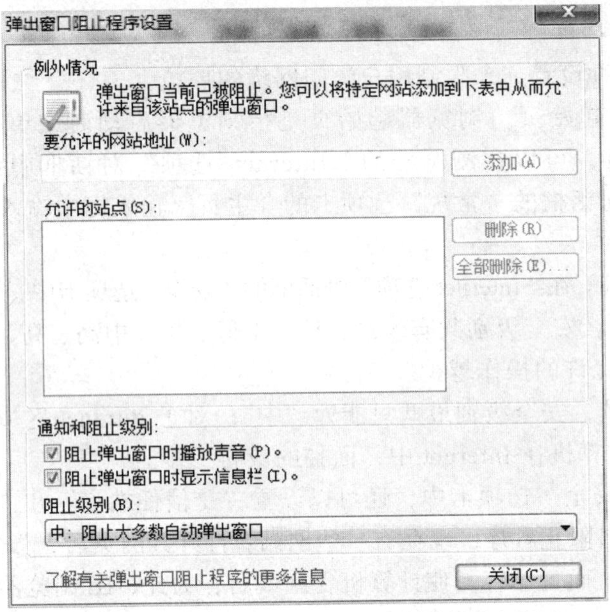

图 6.17 "弹出窗口阻止程序设置"对话框

6.6.2 收发电子邮件

【知识点】
电子邮件
【相关知识介绍】
常用的收发电子邮件方法有两种：通过 IE 浏览器和使用邮件客户端程序。但不论通过哪一种方式，都必须首先拥有一个电子邮箱，电子邮箱有免费的和付费的两种。下面就以网易公司提供的免费邮箱为例，说明电子邮箱的申请和使用。

1. 电子邮箱申请

每一个提供电子邮件服务的网站，申请电子邮箱的方法总是大同小异的，一般要求选择一个邮箱用户名和设置相应的密码。例如，申请网易公司的电子邮箱，其步骤如下：

（1）启动 IE，在地址栏中输入 http://www.163.com/，按回车键后进入网易公司首页。

（2）单击"注册免费邮箱"链接，打开"网易邮箱——注册新用户"页面，然后按照提示进行操作即可。

通过以上步骤，你可以申请到一个免费的网易电子邮箱，同时会得到一个电子邮件地址。如果有人要给你发电子邮件，则必须在"收信人地址栏"中输入你的电子邮件地址，否则电子邮件不能送达。

电子邮件地址是一串英文字母、数字和特殊符号的组合，中间不能有空格和逗号，其格式为：用户名@域名，如 zhangsan@163.com、ls123@163.com 等。

2. 通过 IE 浏览器收发电子邮件

通过 IE 浏览器收发电子邮件是人们经常使用的，其操作步骤如下：

(1) 启动 IE，进入网易主页。

(2) 在网易主页中相应位置输入"用户名"和"密码"，在"选择去向"的下拉列表中选择"163 邮箱"，单击"登录"按钮，即可进入电子邮箱操作页面。

(3) 一般地，收信操作是自动完成的；同时在电子邮箱操作页面中还可写信和发信，如图 6.18 所示。

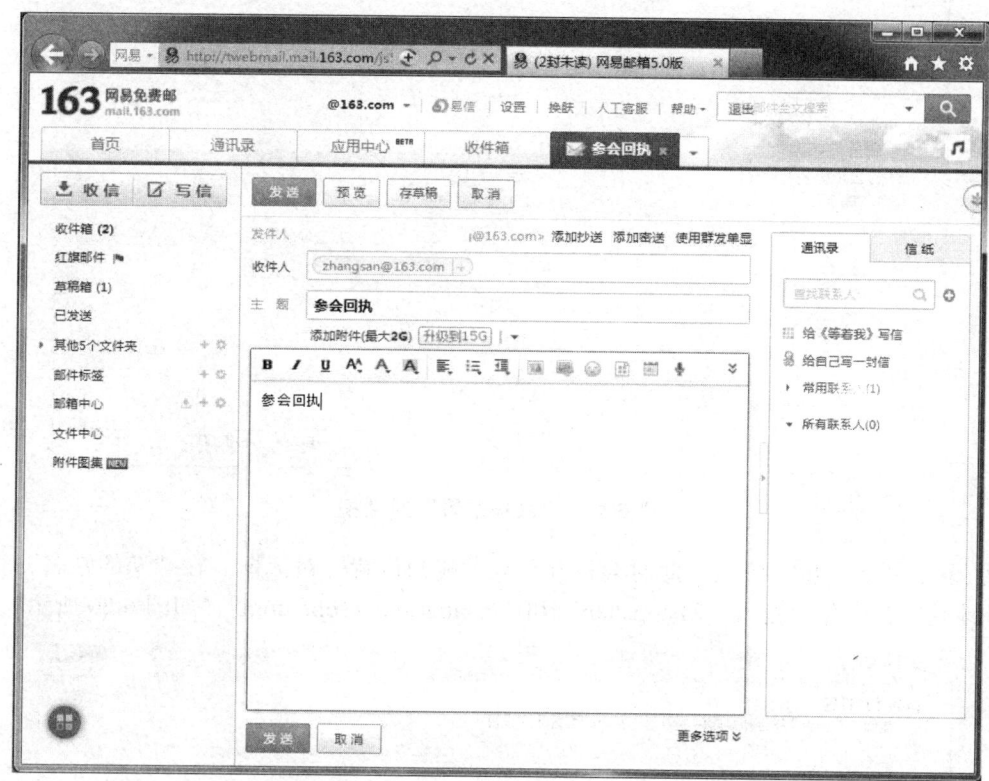

图 6.18　通过浏览器写电子邮件

3. 通过邮件客户端程序收发电子邮件

每一次收发电子邮件都要进入相应的网站，操作起来很不方便，为此，电子邮件客户端程序应运而生。通过电子邮件客户端程序，收发电子邮件就不需要直接进入网站，就如同使用本机上的文件一样。但要使用电子邮件客户端程序，前提是必须已经拥有一个电子邮箱，同时还要经过必要的设置。下面以 Microsoft Outlook 2010 为例介绍电子邮件的接收和发送方法。

(1) Microsoft Outlook 2010 的启动

方法一：执行"开始"→"所有程序"→"Microsoft Office"→"Microsoft Outlook 2010"命令，打开 Microsoft Outlook 2010 窗口。

方法二：单击桌面快捷方式中的 按钮，启动 Microsoft Outlook 2010。

(2) 添加新账户。

第一次使用 Microsoft Outlook 2010 时，Microsoft Outlook 2010 会自动提醒用户添加账户，此外，我们还可以添加另外的账户，下面我们以添加一个账户名为"Zhangshan"，E-mail 地址为"Zhangshan@sohu.com"的新账户为例，介绍如何添加账户。

① 执行"工具"→"账户"命令，弹出"Internet 账户"对话框，单击"添加"按钮，在弹出的菜单中，单击"邮件"，如图 6.19 所示。

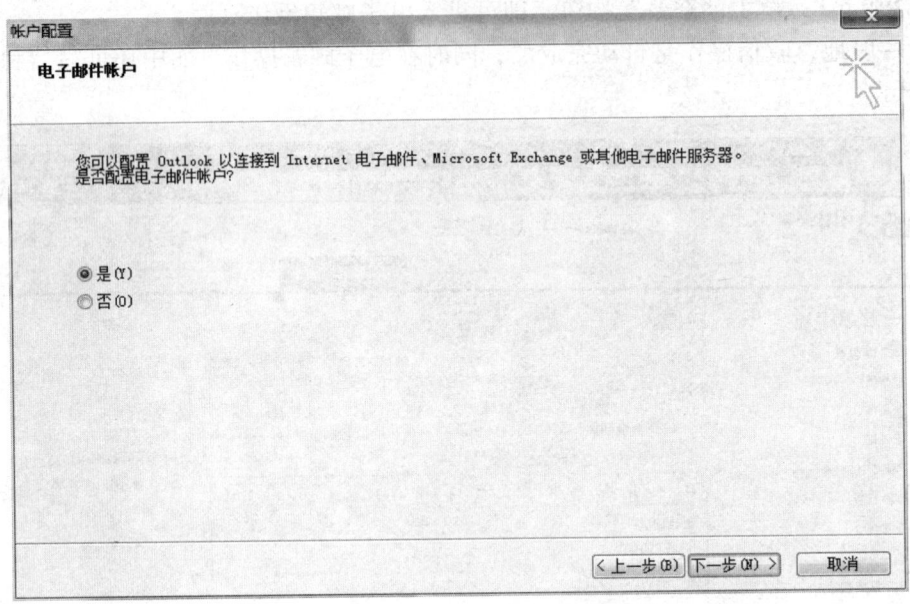

图 6.19 "帐号配置"对话框

② 单击"下一步"按钮，此时会打开"自动帐户设置"对话框。在"您的姓名"和"电子邮件地址"框中分别输入"Zhangshan"和"Zhangshan@sohu.com"，如图 6.20 所示。

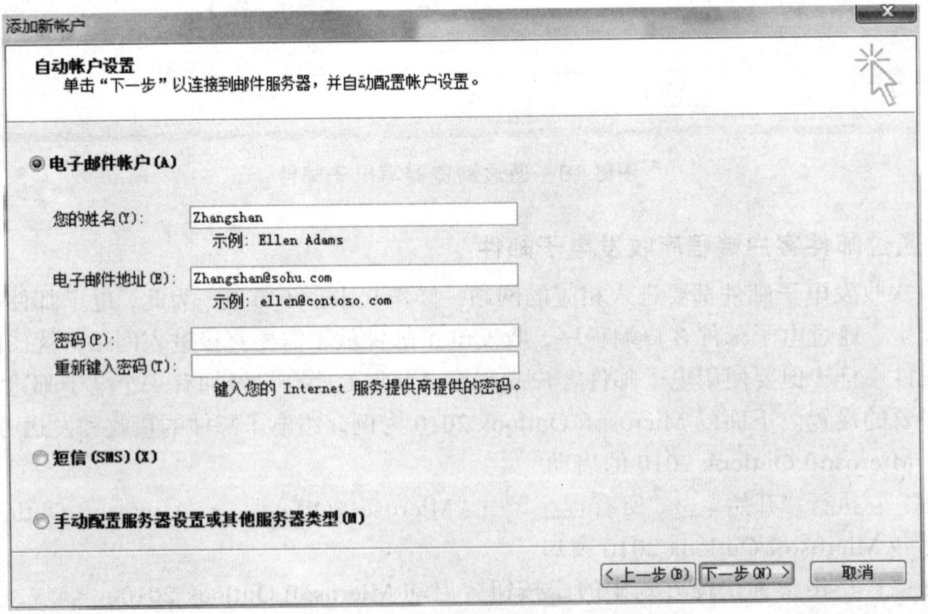

图 6.20 添加新帐户向导之（一）

③ 选择"手动配置服务器设置或其他服务器类型（M）"，单击"下一步"按钮，显示"电子邮件设置"对话框。在"接收邮件服务器"和"发送邮件服务器（SMTP）"框中分别输入

接收邮件服务器地址和发送邮件服务器地址。两者可以相同，也可以不同，如接收邮件服务器输入"POP3.sohu.com"，外发邮件服务器输入"SMTP.sohu.com"，如图 6.21 所示。

④ 单击"下一步"按钮，生成"Internet Mail 登陆"对话框。这时，系统会主动填入账号，就是邮件地址中的用户名。另外，还要键入申请邮箱时设置的密码，如图 6.21 所示。如果 Internet 服务提供商提供了"安全密码验证"服务，那么应选中"要求使用安全密码验证（SPA）进行登录"复选标记。

⑤ 单击"下一步"按钮，显示"祝贺您！"对话框，单击"完成"按钮。此时将返回"Internet 账户"对话框。

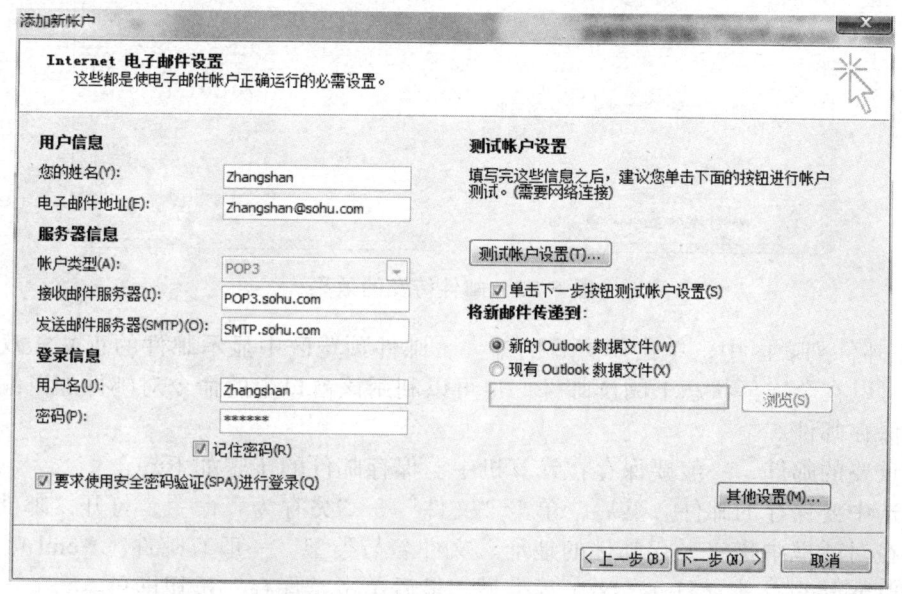

图 6.21 添加新帐户向导之（二）

（3）发送邮件。

现在，我们已经在 Microsoft Outlook 2010 设置好账号了，这样就可以收发电子邮件了。我们先给自己或朋友发送一个试验邮件，具体的操作步骤如下。

① 新建邮件。在打开的 Microsoft Outlook 2010 窗口中，单击工具栏"创建邮件"按钮，弹出"新邮件"窗口。

② 填写信头。在"收件人"栏中输入收件人的电子邮件地址，如 wangbingbing_scu@sohu.com；在"抄送"栏中输入将要抄送的电子邮件地址，如 zuzhijigbgs@sohu.com；在"主题"栏中输入该邮件的主题，邮件主题一般是一句简要描述邮件内容的话，如：邮件试验。

③ 填写信体。将光标插入点移到信体部分，键入邮件内容。若要在邮件中发送附件，则在"新邮件"窗口中，单击"插入"→"文件附件"命令，或单击工具栏中"附件"按钮，屏幕上出现"插入附件"对话框。在该对话框中选定要发送的文件，单击"附件"按钮返回到"新邮件"窗口。附件可以有多个，只要重复以上过程即可插入多个附件。

④ 发送邮件。当邮件撰写完成后，单击工具栏"发送"按钮，邮件就可以被发送出去了。如图 6.22 所示。

（4）接收邮件。

① 单击文件夹区的"收件箱"文件夹，在邮件列表区中列出了位于"收件箱"中的所有电子邮件。

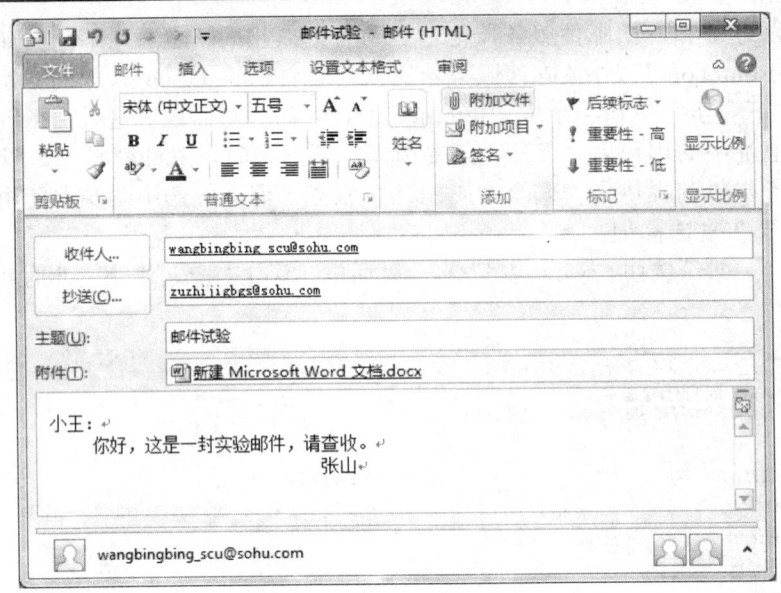

图 6.22 邮件待发的效果

② 在邮件列表区中，单击要查看的邮件，邮件预览区中显示邮件的正文。双击要查看的邮件，可以在全屏幕状态下阅读邮件，也可以利用该窗口中的命令对邮件加以编辑。

（5）保存邮件。

对于重要的邮件，一般要保存在计算机中。保存邮件的步骤如下。

首先选中要保存的邮件。然后，单击"文件"→"另存为"命令，打开"邮件另存为"对话框。在对话框中指定另存邮件的地址、文件名与类型。一般有邮件（*.eml）、文本文件（*.txt）和 Unicode 文本文件（*.txt）等类型。最后单击"保存"按钮即可。

（6）转发与回复邮件。

① 转发邮件。单击"收件箱"文件夹，选择要转发的邮件，单击"邮件"→"转发"命令，或者单击工具栏上的"转发"按钮 ，打开转发邮件窗口。如果不需要修改邮件内容，则输入收件人地址后，单击工具栏上的"发送"按钮，邮件便会发送出去。

② 回复邮件。接到一封电子邮件后，如果需要回复，可进行以下操作。单击"收件箱"文件夹，打开或选择要回复的邮件。如果仅回复邮件发件人，则单击"邮件"→"答复发件人"命令，或单击工具栏上的"答复"按钮 ；如果回复原邮件"收件人"和"抄送"的全部收件人，可单击"全部回复"命令，或者单击工具栏上的"全部答复"按钮 。然后在邮件内容编辑框中，可以输入回复的内容，原有的邮件会自动附加在邮件的末尾。单击"发送"按钮，就完成回复邮件工作了。

6.6.3 搜索引擎的使用

【知识点】

搜索引擎

【相关知识介绍】

在 Internet 广阔的信息海洋中，要想找到自己需要的信息并不是件容易的事，而搜索引擎正是为了解决信息查找问题而出现的。

常见的搜索引擎有百度（Baidu）、雅虎（Yahoo）等，下面就以百度为例，介绍搜索引擎的使用方法。启动百度后，其界面如图 6.23 所示。

图 6.23 百度搜索引擎

1. 搜索单一信息

直接在"搜索条件"输入框中输入单一条件，如输入"网页设计"，就可得到与网页设计相关的所有内容。

2. 减少无关的资料

使用单一搜索，可以得到所有与搜索条件相关的信息，如果信息太过庞杂，可以使用"-"符号，减少不需要的资料。如搜索"网页设计"相关资料，如果不想要与 JSP 相关的，可在搜索条件输入框中输入"网页设计 -JSP"（注意："-"前必须有一个空格），就可得到除 JSP 之外的所有网页设计资料。

3. 增加搜索条件

可以使用"+"号增加搜索条件，如搜索"网页设计"相关资料，且只要 JSP 相关的，可在搜索条件输入框中输入"网页设计 +JSP"（注意："+"前必须有一个空格），就可得到所有与网页设计相关的 JSP 资料。

本章小结

本章从网络的产生说起，对网络的定义进行了相应的解释，从不同侧面对网络的分类进行了说明，并对各自的特点进行了叙述，从两个方面对网络系统的组成进行了介绍，最后对 Internet 的使用从不同方面进行了叙述。

参 考 文 献

[1] 杨桦，傅丽霞. 计算机信息技术基础教程[M]. 北京：电子工业出版社，2008.
[2] 赵玲，青巧. 计算机信息技术基础实训指导[M]. 北京：电子工业出版社，2008.
[3] 司存瑞. 计算机等级考试（一级）试题精解[M]. 西安：西安电子科技大学出版社，2010.
[4] 谢尊贤. 计算机应用基础[M]. 西安：西安电子科技大学出版社，2010.
[5] 王培科. 计算机应用基础教程[M]. 北京：高等教育出版社，2010.
[6] 冯小辉. 计算机文化基础[M]. 北京：机械工业出版社，2010.
[7] 张彦，苏红旗，等. 全国计算机等级考试一级教程——计算机基础及 MS office 应用[M]. 北京：高等教育出版社，2013.
[8] 吴爱妤. Excel 2007 高效办公 800 招[M]. 北京：机械工业出版社，2009.